JÜRGEN BLOMEYER

Die Erinnerungsbefugnis Dritter in der Mobiliarzwangsvollstreckung

Schriften zum Prozessrecht

Band 5

Die Erinnerungsbefugnis Dritter in der Mobiliarzwangsvollstreckung

Zugleich Gedanken zur Verfahrensnatur der Erinnerung und zur Rechtskraft der Erinnerungsentscheidung

Von

Dr. Jürgen Blomeyer

DUNCKER & HUMBLOT / BERLIN

Gedruckt 1966 bei Buchdruckerei Bruno Luck, Berlin 65
Printed in Germany

Vorwort

Diese Arbeit befaßt sich mit einem Problemkreis der Zwangsvollstreckung, welcher bisher zwar von Rechtsprechung und Literatur in seinen Einzelfragen behandelt, in seiner Gesamtheit jedoch — soweit ersichtlich — noch nicht monographisch untersucht wurde.

Die hier veröffentlichte Abhandlung ist die überarbeitete, teils erweiterte und teils verkürzte Fassung einer Dissertation, welche der juristischen Fakultät der Universität München im Herbst 1965 vorgelegen hat. Sie geht auf eine Anregung meines verehrten Lehrers Herrn Professor Dr. Rudolf Pohle zurück, dem ich an dieser Stelle für die Betreuung der Dissertation wie auch für seine vielfältige wissenschaftliche Belehrung und sein wohlwollendes Interesse an meiner Arbeit ganz besonders danken möchte. Auch Herrn Professor Dr. Gotthard Paulus, dem Zweitberichterstatter der Dissertation, gilt mein Dank für seine wertvollen Ratschläge und Hinweise. Nicht zuletzt bin ich Herrn Ministerialrat a. D. Dr. Johannes Broermann, dem Inhaber des Verlags Duncker & Humblot in Berlin, für seine großzügige Förderung der Arbeit, ihre Aufnahme in die Reihe „Schriften zum Prozessrecht", zu Dank verpflichtet.

München, im April 1966 *Jürgen Blomeyer*

Inhaltsverzeichnis

Abkürzungsverzeichnis

aA	anderer Ansicht
abl.	ablehnend
AcP	Archiv für civilistische Praxis
AG	Amtsgericht
AkadZ	Zeitschrift der Akademie für Deutsches Recht
a.M.	anderer Meinung
AP	Arbeitsrechtliche Praxis
ARS	Arbeitsrecht-Sammlung, herausgegeben von Dersch usw.
AöR	Archiv des öffentlichen Rechts
ArchSächsRpfl	Sächsisches Archiv für Rechtspflege
B	Bund (es)
BAG	Bundesarbeitsgericht
BB	Der Betriebsberater
BGH	Entscheidungen des Bundesgerichtshofes in Zivilsachen
BGB	Bürgerliches Gesetzbuch
BGBl	Bundesgesetzblatt
BSG	Bundessozialgericht
BVerfG	Bundesverfassungsgericht
BVwG	Bundesverwaltungsgericht
das.	daselbst
DGVZ	Deutsche Gerichtsvollzieherzeitung
DJZ	Deutsche Juristenzeitung
DNotZ	Deutsche Notarzeitschrift
DöV	Die öffentliche Verwaltung
DR	Deutsches Recht
DRZ	Deutsche Rechtszeitschrift
DRiZ	Deutsche Richterzeitung
DVBl	Deutsches Verwaltungsblatt
FGG	Gesetz betreffend die Angelegenheiten der freiwilligen Gerichtsbarkeit
GBO	Grundbuchordnung
GG	Bonner Grundgesetz
GruchBeitr.	Beiträge zur Erläuterung des deutschen Rechts, begründet von Gruchot
GrünhutZ	Zeitschrift für das Privat- und öffentliche Recht, herausgegeben von Grünhut
GVG	Gerichtsverfassungsgesetz
HGB	Handelsgesetzbuch
HRR	Höchstrichterliche Rechtsprechung
JJB	Jahrbücher für Dogmatik des bürgerlichen Rechts, begründet von Ihering
JMBlNRW	Justizministerialblatt für das Land Nordrhein-Westfalen
JR	Juristische Rundschau
JW	Juristische Wochenschrift, Organ des deutschen Anwaltvereins

JZ	Juristenzeitung
KG	Kammergericht
KGBl	Blätter für Rechtspflege im Bezirk des Kammergerichts
KO	Konkursordnung
krit.	kritisch
Lb	Lehrbuch
LG	Landgericht
LM	Lindemaier-Möhring, Das Nachschlagewerk des Bundesgerichtshofs in Zivilsachen
MDR	Monatsschrift für Deutsches Recht
Mot.	Begründung zum Entwurf einer Zivilprozeßordnung für das Deutsche Reich, Berlin 1874
N	Fußnote
Nachw.	Nachweise
NJW	Neue Juristische Wochenschrift
ÖJBl	Österreichische Juristenblätter
OGH	Entscheidungen des Obersten Gerichtshofs für die Britische Zone in Zivilsachen
OHG	Offene Handelsgesellschaft
OLGE	Rechtsprechung der Oberlandesgerichte auf dem Gebiet des Zivilrechts, herausgegeben von Mugdan und Falkmann
OVG	Oberverwaltungsgericht
Recht	Das Recht, Rundschau für den deutschen Juristenstand
RG	Entscheidungen des Reichsgerichts in Zivilsachen
RheinZ	Rheinische Zeitschrift für Zivil- und Prozeßrecht
Rpfl	Der deutsche Rechtspfleger
Rspr.	Rechtsprechung
SAE	Sammlung arbeitsrechtlicher Entscheidungen, herausgegeben von der Bundesvereinigung deutscher Arbeitgeberverbände, Düsseldorf
SA	Seufferts Archiv für Entscheidungen der obersten Gerichte
SJZ	Süddeutsche Juristenzeitung
VerwArch	Verwaltungsarchiv
VGH	Verwaltungsgerichtshof
VwGO	Bundesverwaltungsgerichtsordnung vom 21. 1. 1960
ZP	Zivilprozeß
ZPO	Zivilprozeßordnung
zust.	zustimmend
ZVG	Gesetz betr. die Zwangsversteigerung und Zwangsverwaltung
ZZP	Zeitschrift für deutschen Zivilprozeß und das Verfahren in Angelegenheiten der freiwilligen Gerichtsbarkeit, begründet von Busch

Vorbemerkung

Ziel und Weg der Arbeit

Es liegt in der Natur der Zwangvollstreckung, daß außer dem Vollstreckungsschuldner auch andere Personen durch einen einzigen Vollstreckungsakt beeinträchtigt werden. So belastet die Pfändung von Arbeitseinkommen nicht nur den Schuldner, den Arbeitnehmer, sondern auch den Drittschuldner, den Arbeitgeber.

Es liegt nun nahe, allen gleichzeitig durch einen Vollstreckungsakt betroffenen Personen den für die Geltendmachung von Vollstreckungsmängeln bestimmten Rechtsbehelf, die Erinnerung nach § 766 ZPO, an die Hand zu geben. Bildlich gesprochen würde man den Rechtsbehelf der Erinnerung auf diese Weise „subjektiv vervielfältigen“[1].

Aufgabe der Arbeit ist es, zu untersuchen, ob es eine solche „Vervielfältigung“ bei der Erinnerung gibt, ob also tatsächlich andere Personen neben dem Vollstreckungsschuldner zur Erinnerung gegen einen einzigen Vollstreckungsakt befugt sind.

Zwei Teilfragen, die zugleich den Gang der Untersuchung vorzeichnen, sind in dieser Problemstellung enthalten,

1. die Frage, ob dritte Personen neben dem Schuldner überhaupt erinnerungsbefugt sind, und
2. die Frage, ob die eventuell erinnerungsbefugten Dritten auch dann noch mit Erfolg erinnern können, wenn der Schuldner bereits erfolglos erinnert hat.

Die erste Frage wird meist kurzerhand ohne systematischen Aufwand bejaht, der zweiten kaum Beachtung geschenkt. Damit wird man der Bedeutung beider Fragen nicht gerecht, sind doch mit ihnen — im „Modell“ — Grundfragen des Prozesses, ja staatlicher Tätigkeit überhaupt, angesprochen.

---

[1] Dieser Ausdruck ist dem Untertitel von H. C. Hirschs Schrift „Die Übertragung der Rechtsausübung“ entlehnt, die dem Phänomen der Vervielfältigung von Rechten gewidmet ist. — Kommen nur zwei Erinnerungsbefugte in Betracht, wird aus der „Vervielfältigung“ eine „Verdoppelung“. Von einer solchen spricht Heintz in seiner Münchner Dissertation (1961) S. 72 ff. bei der Untersuchung der Befugnisse von Vollstreckungsschuldner und gesetzlichem Vertreter.

Auch wenn es der „einfache" — und doch so schillernde — Rechtsbehelf der Erinnerung nicht verdiente, mit den gestellten Fragen systematisch untersucht zu werden, wäre die Untersuchung doch schon deshalb gerechtfertigt, weil die Betrachtung eines „Modells" stets die Struktur allgemeiner Prozeßprobleme erkennen, ihre Lösung vorbereiten hilft.

Die Zweiteilung der Fragestellung erscheint auf den ersten Blick problematisch, die zweite Frage nach Beantwortung der ersten nicht mehr veranlaßt. Spricht man Dritten die Erinnerungsbefugnis generell ab, stellt sich die zweite Frage nicht mehr. Spricht man ihnen aber die Erinnerungsbefugnis zu, droht jener schon vom Reichsgericht[2] aufgestellte Satz, daß die Verleihung eigener Rechte an mehrere Personen zur Erreichung *eines* Ziels gleichzeitig den Ausschluß jeglicher Rechtskrafterstreckung bedeute, die Diskussion über die zweite Frage abzuschneiden. Denn dasjenige Mittel, mit dem die gegen den Schuldner ergangene Entscheidung gegen Dritte wirken könnte, ist gerade die Rechtskrafterstreckung. Dennoch ist die Erörterung der zweiten Frage sinnvoll; denn der genannte Satz ist nicht von zwingender, allgemeiner Bedeutung, seine Geltung auf dem hier zu behandelnden Gebiet zu bezweifeln.

Zunächst sei noch der Standpunkt des Problems innerhalb einer noch umfassenderen Problematik gekennzeichnet, welche die Vervielfältigung von Rechtsbehelfen schlechthin betrifft. In dieser Arbeit geht es um die *subjektive* Vervielfältigung. Das Gegenstück zu diesem Problem ist die Frage, ob *eine* Person befugt ist, mit *verschiedenartigen* Rechtsbehelfen einundenselben Akt anzugreifen. Auch hier geht es um eine Vielzahl von Rechtsbehelfen, jedoch um eine *objektive* Vielzahl. Die Parallele zum Problem dieser Arbeit scheint äußerlicher Natur. Daß dies jedoch nicht der Fall ist, vielmehr beide Fragen innerlich verwandt, Ausformungen eines Grundproblems sind, wird bereits dadurch nahegelegt, daß sich die Zweiteilung des Problems bei beiden Fragen wiederfindet.

Von einer geteilten Fragestellung geht bei der objektiven Variante des Problems der BGH aus, wenn er Vollstreckungshindernisse nach BVFG nicht nur mit der Erinnerung nach § 86 I 2 BVFG, sondern auch mit der Vollstreckungsgegenklage geltendzumachen gestattet, aber offenläßt, ob letztere dann ausgeschlossen ist, wenn von der ersteren erfolglos Gebrauch gemacht worden ist[3].

---

[2] RG 149, 194 betr. § 432 BGB, RG 93, 127 (129) betr. § 2039 BGB, Weigelin Forderungspfandrecht S. 80 und Falkmann-Hubernagel § 835 4 betr. § 835 ZPO.

[3] BGH WM 1958, 105 (107).

Diese von höchster Instanz gutgeheißene Zweiteilung der objektiven Seite des Problems gibt nicht nur „Rückendeckung“ für die Zweiteilung der subjektiven Seite, sondern zeigt zugleich, daß es in beiden Fällen um die Grundfrage geht, einen Kompromiß zu finden zwischen dem Interesse der durch einen Staatsakt belasteten Personen, einunddenselben Akt so oft wie möglich auf seine Rechtsmäßigkeit prüfen zu lassen, und dem Interesse des Staats und der durch einen Staatsakt begünstigten Personen, einunddenselben Staatsakt nur einmal überprüfen zu lassen.

Ein derartiger Kompromiß läge jeweils in der Bejahung der ersten und der Verneinung der zweiten Teilfrage:

Man läßt den belastenden Akt zwar grundsätzlich von allen Interessenten anfechten und gestattet einem Interessenten mehrere Wege zur Anfechtung, schließt die Anfechtung jedoch dann aus, wenn der Akt auf Anfechtung durch einen von mehreren Befugten oder mittels eines von mehreren verschiedenartigen Rechtsbehelfen bereits einmal überprüft worden ist.

Von der gemeinsamen Wurzel beider Vervielfältigungsprobleme abgesehen, gibt es gerade bei der vollstreckungsrechtlichen Erinnerung einen weiteren Zusammenhang, der es erfordert, im Rahmen der Frage, ob mehrere Personen überhaupt nebeneinander befugt sind, auf das Problem einzugehen, ob einer Person mehrere Anfechtungsmittel zustehen.

Den „Hauptverdächtigen“ für die Erinnerung stehen jeweils weitere Rechtsbehelfe zur Seite, die mit der Erinnerung in Konkurrenz treten, die Erinnerung verdrängen, d. h. der Erinnerungsbefugnis des Betreffenden entgegenstehen könnten:

Dem Vollstreckungsschuldner steht die Vollstreckungsgegenklage, dem nachpfändenden Gläubiger die Widerspruchsklage nach § 878 ZPO, dem Dritteigentümer die Drittwiderspruchsklage und dem Drittschuldner die Einwendung im Zahlungsprozeß mit dem Gläubiger zu.

Erster Teil

Gibt es Dritte, die neben den Parteien der Zwangsvollstreckung erinnerungsbefugt sind?

Heute[4] ist es unbestritten, daß auch Dritte[5] nach § 766 ZPO erinnern dürfen[6]. Der Wortlaut des § 766 ZPO, der im Gegensatz zu § 767 ZPO keinen Rechtsbehelfsbefugten nennt[7], begünstigt diese Meinung[8]. Auch darin ist man sich einig, daß nicht jeder Dritte erinnern darf, sondern nur ein solcher, der eine bestimmte *rechtliche Nähe*[9] zur Vollstreckung und ihrem Gegenstand aufweist[10].

Verweilt man kurz bei der „rechtlichen Nähe" als Ausgangspunkt der Erinnerungsbefugnis Dritter, stellt man fest, daß man hier ein Merkmal anspricht, das bei einem umstrittenen „Drittproblem" im BGB eine wichtige Rolle spielt, nämlich bei der „Drittwirkung des Schuldverhältnisses". In den Haftungsgenuß aus fremden Schuldverhältnis soll der Dritte gelangen, der dem Schuldverhältnis rechtlich nahesteht. Einerlei, ob man die inhaltliche Drittbezogenheit des Schuldverhältnisses, die Leistungsnähe des Dritten mit Gernhuber genügen läßt[11] oder mit Larenz zusätzlich ein besonders nahes Verhältnis des Dritten zum Gläubiger fordert[12], immer ist es die rechtliche Nähe des Dritten zum Schuldverhältnis und seinen Subjekten, die darüber ent-

---

4 Nessel (Gruch Beitr. 28, 131 ff.) versagte noch jedem Dritten die Erinnerung.

5 Die *Parteien* dürfen *typischerweise* erinnern (Voss Gruch Beitr. 23, 235).

6 Für alle Stein-Jonas § 766 I 2a.

7 Siehe bereits hierzu RG 34, 377 ff.

8 Die Normen, die ausdrücklich Dritte berechtigen (§§ 771, 760, 850e, 850g 2 ZPO) geben für § 766 ZPO nichts her, da sie Schluß und Gegenschluß erlauben. Früher gaben §§ 861 II und 862 III ZPO bestimmten Dritten und ein — allerdings von Schultz Vollstreckungsbeschwerde S. 511 nur vorgeschlagener — § 766 a ZPO allen rechtlich interessierten Dritten die Erinnerung.

9 Einem derart umfassenden, inhaltsarmen Kriterium entging die Literatur zur Anfechtungsbefugnis bei HV-Beschlüssen der Aktiengesellschaft dadurch, daß sie die Betroffenheit rigoros in der Person des Aktionärs typisierte (dazu Arens Streitgegenstand S. 90 ff.).

10 Braun Diss. S. 46, 47.

11 FS Nikisch S. 249 ff., JZ 62, 553 i. A. an Blomeyer Lb Schuldrecht § 42 III 3.

12 Lb I § 11 III und NJW 60, 78 ff. (Schutzpflichtverhältnis).

scheiden soll, ob der Dritte Ansprüche aus fremden Verträgen herleiten kann.

Besonders eng wird die aufgeworfene Parallele bei den Dritten, die mit einem Mieter in Wohngemeinschaft leben und damit Nutznießer des zwischen Hauseigentümer und Mieter herrschenden Mietverhältnisses sind. Hier liegt die Frage nahe, ob diese Dritten nicht gegenüber regelwidriger Räumungsvollstreckung ebenso wie gegenüber vertragswidrigem Verhalten des Vermieters[13] Schutz verdienen und deshalb zur Erinnerung zugelassen werden müssen.

Beiden Problemen liegt die Frage zugrunde, ob das „Gesetz" auch den Dritten schützt oder begünstigt. In der Zwangsvollstreckung bezieht sich diese Frage auf die einzelne Zulässigkeitsnorm, im Schuldrecht auf die „lex contractus"[14].

Ebenso wie die Schwierigkeit der schuldrechtlichen Parallelfrage darin liegt, im Einzelfall den berechtigten vom unberechtigten Dritten abzugrenzen, ist es bei der Erinnerung problematisch, die Grenze zwischen der für die Befugnis noch ausreichenden rechtlichen Nähe und der nicht mehr genügenden zu finden.

Eine sytematische Untersuchung des Problems fehlt[15]. Rechtsprechung und Lehre haben einer Reihe von Dritten die Erinnerung gestattet unter Berufung auf deren rechtliches Interesse oder die den Dritten zugefügte Rechtsverletzung, ohne die Grundlagen und den prozessualen Standort einer derartigen „Drittbefugnis" deutlich zu machen.

Hier soll versucht werden, die Erinnerungsbefugnis Dritter sytematisch zu erforschen. Die Untersuchung beschränkt sich auf die Frage, ob und gegebenenfalls welche Dritten Vollstreckungsakte *anfechten* dürfen. Damit scheiden alle Dritten aus, denen es wie dem Gläubiger darauf ankommt, mit der Erinnerung die Vornahme[16] eines beantragten Vollstreckungsakts durchzusetzen[17]. Auch die Untersuchung der Struktur der Erinnerung im Rahmen des ersten Abschnitts der Arbeit bleibt

---

13 RG 90, 65; 102, 231.

14 Larenz Lb I § 11 III und NJW 60, 81 („ergänzende *Vertrags*auslegung") gegen Gernhuber a.a.O. („gesetzliche Verpflichtung").

15 Die gleichlautende Feststellung Karl Blomeyers (ArchSächsRpfl 1931, 161 [213]) gilt noch heute.

16 Grundsätzlich kann mit der Erinnerung nicht nur die Beseitigung, sondern auch die Vornahme eines Vollstreckungsakts erstrebt werden (s. Stein-Jonas § 766 II 2).

17 Ein Interesse Dritter an der Vornahme eines Vollstreckungsakts könnte darin liegen, daß ihnen der Vollstreckungsakt Vorteil bringt (a. A. wohl Bernhardt Amtsgewalt S. 53). So nützt die Überweisung einer Forderung u. U. dem Drittschuldner, der eine Forderung gegen den Gläubiger hat, da

daher auf die Erinnerung in ihrer Funktion als Anfechtungsmittel beschränkt[18].

Die Untersuchung gliedert sich in zwei Hauptabschnitte. Zunächst wird gefragt, ob und auf welchem prozeßtechnischen Weg es überhaupt möglich ist, Dritte mit der Erinnerung an der Zwangsvollstreckung zu beteiligen. Danach wird geprüft, welche sachlichen Anforderungen an Dritte zu stellen sind, damit sie Erinnerung einlegen dürfen.

---

der Drittschuldner hier — nach h. M. (siehe Stein-Jonas § 835 VII) — aufrechnen kann. Dennoch wird man jedem Dritten eine Erinnerung auf der Gläubigerseite, auf der Seite des Vollstreckungsantragstellers, in Anwendung eines allgemeinen, in § 20 II FGG geäußerten Rechtsgedankens verweigern müssen; das kann hier jedoch nicht näher ausgeführt werden.

[18] In ihrer „Vornahmefunktion" erforderte die Erinnerung eine gesonderte Untersuchung.

Erster Abschnitt

Die verfahrensrechtliche Natur der Erinnerung Dritter

Da § 766 ZPO über die Person des Anfechtungsberechtigten schweigt und deshalb auch nichts über die Zulässigkeit einer Erinnerung *Dritter* sagt, ist zunächst zu untersuchen, ob und in welcher Form die Anfechtung eines Vollstreckungsakts durch einen Dritten mit dem System des Zivilprozesses im Einklang steht. Zur Beantwortung dieser Frage ist zu prüfen, ob und in welcher Form der Zivilprozeß[19] überhaupt die Anfechtung von Hoheitsakten durch Dritte kennt.

Das Gesetz gestattet einmal einem Dritten die Anfechtung einer zwischen zwei anderen Personen ergangenen Entscheidung in der Form eines *Rechtsmittels unter gleichzeitigem Beitritt* zu dem zwischen den beiden anderen Personen laufenden Verfahren (§ 66 II ZPO); zum anderen gewährt es einem Dritten in der Zwangsvollstreckung eine *selbständige Klage* zur Beseitigung einer durch einen Vollstreckungstitel oder auf Grund eines solchen gegen ihn erzeugten Vollstreckungswirkung (§ 771 ZPO). Stellt man beide „Drittanfechtungs"-formen gegenüber, so drängt sich die Vermutung auf, daß der Zivilprozeß einem Dritten die Anfechtung von Hoheitsakten durch *Rechtsmittel* lediglich mit der prozessualen Beschränkung gewährt, daß der Dritte gleichzeitig dem Verfahren, welches dem anzufechtenden Hoheitsakt voranging, in der

---

[19] In der *Freiwilligen Gerichtsbarkeit* und im *Verwaltungsprozeß* dürfen diejenigen, die in ihren Rechten „beeinträchtigt" (§ 20 FGG) oder „verletzt" (§ 42 VwGO) sind, ohne Rücksicht auf ihre verfahrensrechtliche Stellung als „Parteien" oder „Dritte" Hoheitsakte anfechten; in der verwaltungsprozessualen Literatur wird aber die Klagebefugnis Dritter als besonderes Problem angesehen (hierzu instruktiv Bernhardt JZ 63, 302 ff.). Da die Voraussetzungen dieser beiden Anfechtungsrechte in der bunten Skala, auf die man in der Literatur zu § 766 ZPO stößt, nicht fehlen (*Rechtsbeeinträchtigung:* Falkmann-Hubernagel § 766 Anm. 5, Wieczorek § 766 B IV b 6, OLG München ZZP 52, 345, Schultz Vollstreckungsbeschwerde S. 136 ff.; *Rechtsverletzung:* Sydow-Busch § 766 1 d; *Rechtsbetroffenheit:* RG 34, 377 (380), RG 50, 71, Schönke-Baur Lb § 38 I 2, Braun Diss. S. 61; *Rechtsschutzbedürfnis:* Schönke Rechtsschutzbedürfnis S. 41; *Beteiligung:* RG 121, 349, RG JW 28, 2713 (14); *Recht auf gehörige Vollstreckung:* RG 140, 43 (45); *Mitleidenschaft:* Rosenberg Lb § 185 3) und die Gleichheit der Voraussetzungen auf eine Gleichheit der Struktur schließen läßt, kann man auch in der Erinnerung Dritter ein der FGG-Beschwerde oder der mit dieser innerlich verwandten (siehe dazu Lüke ZZP 76, 1 [15]) VwGO-Anfechtungsklage ähnliches Institut vermuten.

Form der Nebenintervention beitritt, die Anfechtung durch *Klage* einem Dritten jedoch ohne diese Beschränkung gestattet.

Obwohl es sich bisher lediglich um die Vermutung eines derartigen prozeßimmanenten Prinzips handelt, ist bereits hier die Prüfung, ob es sich bei der Erinnerung um ein Anfechtungsmittel des Rechtsmittel- oder Klagetyps handelt, veranlaßt. Denn jene Vermutung kann nur nach genauer Analyse beider Anfechtungsformen zum Beweis verdichtet werden, und diese Analyse ist wiederum notwendiger Bestandteil der Untersuchung, ob es sich bei der Erinnerung um einen rechtsmittel- oder klageähnlichen Rechtsbehelf handelt.

A. Prozessuale Einordnung der Erinnerung: Klage- oder Rechtsmitteltyp?

I. Verfahrenskontinuität und Verfahrensneubeginn als gegensätzliche Anfechtungsformen

Sieht man im Sinn der üblichen Begriffsbestimmung auch den Devolutiveffekt als Essentiale eines Rechtsmittels an[20], ist es ausgeschlossen, die Erinnerung als Rechtsmittel zu betrachten[21]. Denn von der „Überprüfung durch ein höheres Gericht" läßt sich weder dort, wo das Vollstreckungsgericht über die Ordnungsmäßigkeit der von ihm selbst erlassenen Hoheitsakte entscheidet[22], noch dort, wo es über Maßnahmen des Gerichtsvollziehers befindet, sprechen. Auch gegenüber dem Gerichtsvollzieher ist das Vollstreckungsgericht nicht im instantiellen Sinn übergeordnet[23], sondern fungiert nur als Aufsichtsorgan im weiteren Sinn[24].

Es ist jedoch fraglich, ob diese Begriffsbestimmung die einzig mögliche ist und vor allem dann noch Geltung beansprucht, wenn man das *Rechtsmittel* als Anfechtungsform in *Antithese* zur *Klage* stellt. Da der Zivilprozeß durch eine Klage *eingeleitet*[25] und durch ein Rechts-

---

[20] Baumbach Grundzüge vor § 511 ZPO Anm. 1, Rosenberg Lb § 132 I 2b; s. neuestens auch Schwab Heymann-Festschrift S. 208.

[21] Schultz Vollstreckungsbeschwerde S. 481 f.: „Rechtsmittel im weiteren Sinn"; Weismann Lb II § 140 II: „uneigentliches Rechtsmittel".

[22] Auch hier findet die Erinnerung statt (s. Stein-Jonas § 766 I 2; a. A. früher Oertmann System II § 307 2 d).

[23] Stein-Juncker Lb § 108 II; nicht eindeutig Bruns Lb § 13 I C; a. A. Endemann § 685 ZPO Anm. IA, Neukamp § 766 ZPO 1a, Schultz a.a.O. S. 485.

[24] Siehe Hein Identität I S. 163/4 N 8.

[25] Siehe Baumbach Übersicht vor § 253 ZPO Anm. 1.

mittel *fortgesetzt*[26] wird, liegt es nahe, Rechtsmittel und Klage — wenigstens im zivilprozessualen Bereich — als verschiedene Bezeichnungen für zwei unterschiedliche Verfahrensprinzipien, nach denen die Anfechtung von Hoheitsakten erfolgen kann, anzusehen:

Will der Gesetzgeber auf die Initiative des Betroffenen hin prüfen lassen, ob ein Hoheitsakt gesetzesgemäß ergangen ist, bieten sich ihm zwei technische Möglichkeiten. Er kann das Verfahren, das zum Erlaß des Erstaktes führte, über den zu überprüfenden Erstakt hinaus bis zum überprüfenden Zweitakt fortdauern lassen und dem Betroffenen in Gestalt eines Rechtsmittels die Handhabe geben, den neuen vom Erst — zum Zweitakt reichenden *Verfahrensabschnitt* einzuleiten. Er kann aber auch ein neues Verfahren konstituieren, zu dessen sachlichem Gegenstand das Ergebnis des ursprünglichen Verfahrens, den Erstakt, machen und dem Betroffenen in Gestalt einer Klage das Mittel an die Hand geben, dieses *neue Verfahren* einzuleiten. Genau betrachtet, wird allerdings auch mit dem Rechtsmittel ein neues Verfahren ausgelöst; es ist dies jedoch nur das unselbständige, an das fortlaufende „Grundverfahren" angelehnte Rechtsmittelverfahren[27], das selbständige Bedeutung nur am Anfang hat, wenn es um die Zulässigkeit des Rechtsmittels geht[28]. Im übrigen — soweit es also um die Begründetheit geht — wird dieses Verfahren völlig von dem in die zweite Instanz gelangten Grundverfahren überlagert[29]. Das Rechtsmittelverfahren hat seine Funktion dadurch erfüllt, daß es das Grundverfahren in die zweite Instanz gebracht hat[30]. Dennoch *existiert* es weiter, was sich an vielen Problemen, die auf dem eigenartigen doppelten Verfahrensboden von Grund- und Rechtsmittelverfahren beruhen, zeigt[31]. Danach wird also durch ein *Rechtsmittel* das *ursprüngliche Verfahren fort-*

---

[26] Der ZPO liegt, wie der schon zitierte § 66 II zeigt, die Vorstellung zugrunde, daß der Prozeß nicht mit der einen Instanz endet und der anderen neu beginnt, sondern daß er über die Rechtsmittelinstanzen fortdauert (s. Rosenberg Lb § 132 I 2b, früher bereits Fitting Lb § 81 II, Planck Lb II § 138; a. A. Wach Vorträge S. 244).

[27] Auf dieses stellt einseitig Fenn Anschlußbeschwerde S. 160 ab.

[28] Hierauf wird bei Erörterung der materiellen Rechtskraft zurückgekommen.

[29] Siehe Blomeyer Lb § 101 II.

[30] Siehe Blomeyer a.a.O.; ebenso Wurzer Nichturteil S. 193 f. — Die abweichende Ansicht Jauernigs Zivilurteil S. 100 (106 ff.) leugnet schlüssig die hier herausgestellte Unterscheidung, da sie das beim Rechtsmittel fortlaufende Grundverfahren übergeht.

[31] Beispiel: Dauert die notwendige Streitgenossenschaft 1. Instanz kraft § 62 ZPO stets in 2. Instanz fort? Die h. M. (siehe Schumann ZZP 76, 381, 389 ff. mit Lit. in N 23, 25) bejaht dies, Behringer Diss. S. 241 ff. verneint es — zu Unrecht, denn das Rechtsmittel *eines* Genossen führt das Ursprungsverfahren als solches fort (s. schon Heffter System S. 126).

gesetzt, in ein neues Stadium überführt und ein *unselbständiges Verfahren zusätzlich* eingeleitet, während durch eine Klage ein *neues selbständiges Verfahren* ausgelöst wird[32].

Versucht man nun den Rechtsbehelf der Erinnerung auf der Grundlage dieser verfahrensrechtlichen Unterscheidung zu qualifizieren, so stellt man fest, daß bereits auf den ersten Blick vieles dafür spricht, daß mit der Erinnerung ein neues Verfahren eingeleitet wird, die Erinnerung also dem Anfechtungsprinzip des *Verfahrensneubeginns* und nicht demjenigen der *Verfahrenskontinuität* zugehört:

Einmal heißt es heute z. B., daß sich der Zwangsvollstreckungsbegriff des § 788 ZPO nicht auf die „selbständigen" Rechtsbehelfsverfahren nach §§ 766 etc. ZPO erstrecke[33], daß mit der Erinnerung ein „selbständiges Sonderverfahren" eingeleitet werde[34].

Andererseits hieß es bereits früher, der Schuldner müsse seine Einwendungen gegen den erlassenen Vollstreckungsakt zunächst in der Form einer einfachen *Klage*[35] gegenüber dem Vollstreckungsorgan geltendmachen und könne erst gegen die Zurückweisung dieser Klage Rechtsmittel einlegen[36], ferner, die prozessuale Lage nach Erlaß eines Vollstreckungsakts sei für die Einlegung eines Rechtsmittels noch nicht reif, da der Vollstreckungsakt ohne Anhörung des Schuldners erlassen

---

32 Ähnlich spricht Bettermann bei der VwGO-Anfechtungs*klage* von einer scharfen Verfahrenszäsur (FS Lent S. 17 [37] u. FS Jellinek S. 384 ff.; a. A. Wacke AöR 79, 158 [164 ff.]). Der oben herausgestellten Unterscheidung entspricht diejenige Bettermanns zwischen Beschwerde- und Verwaltungsgerichtsprinzip (a.a.O. und DVBl 53, 163).

33 Rosenberg Lb § 182 V, Baumbach § 788 ZPO Anm. 5, Donau NJW 57, 636, OLG Hamm JMBl NRW 56, 186, auch schon RG 85, 132 (133). — Für den unselbständigen Charakter der Erinnerung plädieren allerdings diejenigen, die die Zuständigkeit des Arrestgerichts für die Erinnerung mit dem „unselbständigen Annexcharakter" der Erinnerung gegenüber dem einzelnen Arrestpfändungsakt begründen: u. a. Stein-Jonas § 766 III mit Rechtspr.

34 Pieper Diss. S. 198.

35 Mittermaier Lb III S. 184 (Bei Vollstreckung ohne Verhandlung — erg. zwischen Gläubiger und Schuldner — ist einfach gegen den Vollstreckungsbeamten zu *klagen*). Die heute ziemlich seltene Vorstellung, daß mit der Erinnerung gegen das *Vollstreckungsorgan* geklagt wird, war in der früheren, freilich sehr vom gemeinen Prozeß beeinflußten Literatur zur ZPO sehr verbreitet; sie findet sich u. a. bei Endemann § 685 ZPO I B und bei Struckmann-Koch § 766 ZPO Anm. 3.

36 Die Verwerfung von Einwendungen gegen die Art und Weise der Zwangsvollstreckung ist mit der *Berufung* angreifbar (Bayer Vorträge S. 1127); ebenso der § 28 eines unbekannten, von Lotz AcP 13, 432 ff. mitgeteilten Entwurfs zu einer weimarischen Prozeßordnung: Gegen die Entscheidung, die auf den Streit über die Einwendungen gegen die Art und Weise der Zwangsvollstreckung ergeht, ist die *Berufung* gegeben.

werde[37]. Schließlich legt auch der Blick auf den Verwaltungsprozeß nahe, daß die Erinnerung dem Prinzip des Verfahrensneubeginns angehört und deshalb den Namen Klage verdient. Denn die Anfechtung eines Vollstreckungsakts mittels Erinnerung soll strukturell der Anfechtung eines Verwaltungsakts mittels Anfechtungs*klage* gleichen[38].

Demgegenüber spricht allerdings auch ein Gesichtspunkt dafür, daß die Erinnerung nach dem Prinzip der Verfahrenskontinuität gebaut ist: die allgemeine Charakterisierung der Zwangsvollstreckung als eines zwischen Vollstreckungsgläubiger- und -schuldner ablaufenden Zweiparteienverfahrens[39]. Handelt es sich bereits vor Erlaß eines Vollstreckungsakts um ein Verfahren, an dem auch der Schuldner beteiligt ist, so stellt sich die Frage, ob nicht dieses Verfahren mit der Anfechtung des Vollstreckungsakts durch den Schuldner lediglich *fortgesetzt* wird.

Will man nun die Frage beantworten, welchem der beiden Prinzipien die Erinnerung wirklich zuzurechnen ist, muß man tiefer in die Prinzipientrennung eindringen und untersuchen, welche verschiedenen Zwecke beiden Anfechtungswegen zugrunde liegen. Bevor dies geschieht, soll die Erinnerung zum besseren Verständnis der Problematik mit Anfechtungsmitteln verglichen werden, die eindeutig dem einen oder anderen Prinzip zugehören.

II. Vergleich der Erinnerung mit eindeutig dem einen oder anderen Anfechtungsprinzip zugeordneten Anfechtungsmitteln

Erst streiten A und B um den Erlaß eines Leistungsurteils, dann wird das Urteil unter Verstoß gegen Normen, die Art und Weise der Urteilsfindung regeln, erlassen. Der durch dieses Urteil betroffene Beklagte B rügt diesen Verstoß mit der *Berufung*. Nun streiten die Parteien weiter über dieselbe Sache. Nur ist jetzt in diesen Streit der akzessorische Streit um die Berechtigung des zunächst erlassenen Urteils eingeflochten.

---

[37] Seuffert Bayerischer Civilprozeß S. 31 N 72 und S. 354: Noch keine *Berufung* des Schuldners nach Zwangsverfügung auf einseitigen Antrag des Gläubigers; Berufung erst nach erfolgloser Remonstration. — Dieser Vorstellung entspricht die Ansicht Windscheids Pandekten I § 128 1 Note 1, daß der dem Vollstreckungsakt vorangehende Antrag des Gläubigers keine Klage sei, weil er noch nicht zu einer Entscheidung zwischen Gläubiger und Schuldner führe.

[38] Hein ZZP 69, 231 ff., Lüke ZZP 67, 356.

[39] Rosenberg Lb § 179 I, II, Müller Pfändungspfandrecht S. 115, Lüke Diss. S. 30, Blomeyer Lb § 6 II u. a. m.; ebenso für das Schweizer Recht Guldener S. 24 ff. — Allerdings findet sich oft der Zusatz, daß die Kontradiktorik meist fehle (Stein-Jonas VI vor § 704, Guldener a.a.O. S. 25). Unbestimmter sagen Simeon-David Rechtsgang II S. 525: „Auch das Vollstreckungsverfahren steht im Zeichen des Zweiparteienverfahrens."

Ist nun das Leistungsurteil unanfechtbar, so streiten die Parteien wiederum, jetzt aber um den Erlaß eines Vollstreckungsakts auf der Grundlage des Urteils. Der Kläger beantragt die Vollstreckungsmaßnahme, diese wird erlassen — wiederum unter Verstoß gegen Normen, welche die Art und Weise des Erlasses regeln, — und der Beklagte rügt auch diesen Verstoß, jetzt aber mit der Erinnerung. Warum sollte nicht nun auch diese Rüge im gleichen Verfahren wie bisher erhoben, in den Streit um die Berechtigung des bereits erlassenen Vollstreckungsakts eingeflochten sein?

Stellt man diesem Vergleich denjenigen mit der *Vollstreckungsgegenklage* gegenüber, so fragt man allerdings, weshalb nicht auch die Erinnerung wie jene Klage ein neues Verfahren auslösen soll. Mit der Klage nach § 767 ZPO ficht der durch das Leistungsurteil Betroffene den Leistungsbefehl des Urteils in völlig selbständigem Verfahren an[40]. Dieses Verfahren hat keine prozessuale Beziehung zum vorangegangenen, in dem die Vollstreckbarkeit begründet wurde, sondern hat nur das Ergebnis jenes Verfahrens zum sachlichen Gegenstand. Der Leistungsbefehl wird darauf geprüft, ob seine Voraussetzungen vorliegen, genauer gesagt, ob sie *noch* gegeben sind (§ 767 II ZPO). Dieses neue Verfahren findet zwischen dem durch den Leistungsbefehl Betroffenen und dem dadurch Begünstigten statt. Hier ist Aktivsubjekt, wer Passivsubjekt wäre, Passivsubjekt, wer Aktivsubjekt wäre, und Klagegrund, was Verteidigungseinwand wäre, wenn das alte Verfahren fortdauern würde.

Daß sich diese Struktur des Verfahrens bei der Erinnerung wiederfindet, legt der dem § 767 ZPO verwandte Wortlaut des § 766 ZPO nahe[41]. Wie mit der Gegenklage nach § 767 ZPO der Leistungsbefehl des Urteils als „Materie" betrachtet[42] und in selbständigem Verfahren

---

40 Siehe Rosenberg Lb § 183 III 9 a gegen RG 153, 218.

41 Rein obiter, ohne auf das Strukturproblem bei § 766 ZPO einzugehen, schaltet Bötticher Gestaltungsrecht S. 5 § 766 mit § 767 ZPO gleich, indem er die Klage nach § 42 VwGO als mit den Rechtsbehelfen nach §§ 766, 767 ZPO verwandt bezeichnet.

42 „Materie" ist hier relativ gemeint. Relativ ist das Gegensatzpaar „materiell-formell" auch innerhalb eines Rechtsgebiets anwendbar, das im Verhältnis zu einem anderen Rechtssektor einheitlich formeller Natur ist. In derart relativer Betrachtung sagt bereits Koch Lb preuss. CP § 21 I S. 23, daß formell jene Normen seien, die dem Richter Schritte und Handlungen zur Entscheidung vorschrieben, „materielle Rechtsbestimmung" sei, was das streitige Recht selbst modifiziere. „Was das streitige Recht selbst modifiziert", ist bei der Klage nach § 767 ZPO die Vollstreckbarkeit des Urteils und ihre Noch-Berechtigung. Unter Beachtung dieser Relativität (dazu eingehend neuerdings Krusch Seite und Einheit S. 136 f.) verträgt sich die Ansicht vom materiell-rechtlichen Gegenstand der Vollstreckungsgegenklage mit der allgemeinen Auffassung vom prozessualen Gegenstand dieser Klage (dazu u. a. Pohle FS Dölle S. 317 [326]).

unter Berufung auf den Fortfall seiner Voraussetzungen angefochten wird, so könnte auch bei der Erinnerung der ergangene Vollstreckungsakt als „Materie" angesehen und ebenfalls selbständig angefochten werden. In dieser Betrachtung hätte die Gegenklage der Erinnerung nur noch voraus, daß mit ihr ein bedeutenderer Hoheitsakt angefochten würde, dieser Bedeutung entsprechend mündliche Verhandlung obligatorisch und der Klagegrund auf den nachträglichen Fortfall der Voraussetzungen des anzufechtenden Akts beschränkt wäre.

Neben der Klage nach § 767 ZPO bietet sich die Anfechtungsklage nach § 42 VwGO als Modell einer dem Klageprinzip angehörenden Erinnerung an[43]. Mit dieser Klage wird ein Verwaltungsakt, der zunächst gegenüber dem Betroffenen — ohne Rücksicht auf seine Rechtmäßigkeit — wirksame „Materie" darstellt, in selbständigem Prozeß angefochten.

Der Ausgangspunkt für die Prüfung, zu welchem Prinzip die Erinnerung wirklich gehört, liegt in der kritischen Betrachtung der zunächst gezogenen Parallele zwischen Erinnerung und Berufung:

Bei der Berufung hieß es, daß die Parteien weiter *streiten;* bei der Erinnerung wurde gefragt, weshalb die Anfechtung nicht auch im gleichen *Verfahren* wie bisher erfolgen sollte. Diese unterschiedliche Wortwahl hat folgenden Grund. Im Erkenntnisverfahren ist dem Beklagten bereits vor Erlaß des mit der Berufung anzufechtenden Urteils Gelegenheit zur Verteidigung gegeben. Mithin stellt sich seine Berufung als Fortsetzung eines bereits vorher zwischen dem Kläger und dem Beklagten herrschenden Streits dar.

Anders ist die Situation in der Zwangsvollstreckung, jedenfalls im Anwendungsbereich der Erinnerung. Hier wird der Vollstreckungsakt zunächst ohne Mitwirkung des Beklagten, seine vorherige Anhörung, erlassen[44]. Folglich kann davon, daß die später eingelegte Erinnerung die Fortsetzung eines *Streits* bedeute, keine Rede sein. Hier kann man allenfalls sagen, daß mit der Erinnerung ein laufendes *Verfahren*

---

[43] Als Quasi-Anfechtungsklage nach VwGO sieht Hein ZZP 69, 231 (243 ff.) die Erinnerung an. Die Verwandtschaft der Klagen nach § 767 ZPO und § 42 VwGO hebt besonders Bötticher a.a.O. und FS Dölle S. 41 (60 ff.) hervor.

[44] Nach allg. Ansicht soll der Schuldner dort, wo er als typischer Gegner des Vollstreckungsakts vor dessen Erlaß nicht gehört worden sei, seine Einwendungen erst mit der Erinnerung vorbringen müssen, da noch keine mit der sofortigen Beschwerde anfechtbare Entscheidung vorliege: Stein-Jonas § 793 I und § 766 I 2a, Rosenberg Lb § 183 II 2b, Baumbach § 766 3 B, Falkmann-Hubernagel § 766 4, RG 16, 317 ff. u. a. m. — Die von Schultz begründete Theorie der freien Konkurrenz beider Rechtsbehelfe, desjenigen nach § 766 und desjenigen nach § 793 ZPO, (Vollstreckungsbeschwerde), stieß überall auf Ablehnung (u. a. Pohle MDR 52, 513 [514], Pieper Diss. S. 131 ff.). Eine nahezu erschöpfende Darstellung des Meinungsstands gibt Pieper a.a.O. S. 134 ff.

fortgeführt wird. Dieser Unterschied in der Ausgangssituation gibt Anlaß zur Frage, nach welchen Merkmalen zu beurteilen ist, ob ein Verfahren durch Anfechtung lediglich fortgesetzt wird oder neu beginnt, wenn in dieser Differenzierung das Kriterium dafür liegen soll, ob ein Anfechtungsmittel dem Rechtsmittel- oder Klagetyp angehört.

Konkret auf die Erinnerung zugeschnitten bedeutet diese Frage: Genügt es für die Zuordnung der Erinnerung zum Anfechtungstyp des Rechtsmittels, daß der anfechtende Schuldner bereits vor Erlaß des anzufechtenden Vollstreckungsakts in dem durch Antrag des Gläubigers eingeleiteten Vollstreckungsverfahren[45] dem Gläubiger als *typischerweise Betroffener* gegenüberstand, oder muß die Erinnerung deshalb, weil dem Schuldner vor Erlaß des Vollstreckungakts keine *verfahrensrechtliche Beteiligtenstellung* zukommt, dem Klagetyp zugerechnet werden?

Diese Frage kann in ihrer abstrakten und konkreten Ausprägung nur aus den Zwecken beider Anfechtungsprinzipien beantwortet werden.

III. Die Bestimmung des Unterscheidungsmerkmals beider Anfechtungsprinzipien aus den unterschiedlichen, mit ihnen verfolgten Zwecken

Setzt man Klage und Rechtsmittel als verschiedene Verfahrenstypen in Antithese, muß man aus der allgemein üblichen Kennzeichnung des Rechtsmittels, daß es der Überprüfung[46] einer *gerichtlichen Entscheidung* diene[47], den das Rechtsmittel als Verfahrensform kennzeichnenden Zweck ableiten, *Rechtsprechung fortzusetzen*. Denn das Rechtsmittel setzt voraus, daß eine gerichtliche Entscheidung, ein Rechtsprechungsakt also, bereits vorliegt.

---

[45] Die Vollstreckung erfolgt auf Antrag, s. bereits Danz-Gönner Grundsätze S. 691; anders WürttExecutionsO 1825 laut Degenkolb Beiträge S. 113.

[46] Der Überprüfungszweck fordert weder ausnahmslos, daß ein höheres oder wenigstens anderes Gericht entscheidet, noch schließt er es aus, daß ein neuer Gesichtspunkt in die Zweitentscheidung getragen wird. Auch die Wiederholung eines Erkenntnisses seitens des Erstorgans hat eine gewisse Kontrollfunktion (s. bereits Danz-Gönner Grundsätze S. 590 und Koch Lb preuss. CP § 327), wenn auch eine Kontrolle durch ein höheres Gericht weitaus besser ist (so schon Gönner a.a.O. S. 598). Beim Rechtsmittel der Berufung kann neuer Streitstoff eingeführt (§ 529 ZPO) oder der alte im Weg der Klageänderung sogar durch neuen ausgetauscht werden (Fenn Anschlußbeschwerde S. 116, BAG AP Nr. 3 zu § 511 ZPO). Dadurch wird aber der Grundgedanke der Berufung, daß der vorangegangene Akt überprüft wird (siehe § 526 I ZPO und Rosenberg Lb § 132 2c), nicht verdrängt. Es kommt nur ein zweiter Gedanke — die Erneuerung des Streits in toto (§ 525 ZPO, Mot. S. 39, von Kries Rechtsmittel S. 147, 158) — hinzu und macht die Berufung zu einem zweispurigen Rechtsmittel (so bereits Bayer Vorträge S. 1018 für den gemeinen Prozeß).

[47] Siehe Blomeyer Lb § 95 I, Baumbach Grundzüge vor § 511 ZPO 1 A.

Im Gegensatz hierzu wird mit der Klage — in ihrer regelmäßigen zivilprozessualen Gestalt — Rechtsprechung nicht fortgesetzt, sondern *begonnen*. Das zunächst existierende materielle Recht, das Handeln der Privatrechtssubjekte, das berechtigte Fordern des Gläubigers und das unberechtigte Nichtzahlen des Schuldners, wird in die Ebene staatlicher Beurteilung seitens eines Dritten[48], des Richters gehoben, in den Prozeß überführt. Ebenso, wie nun die Klage innerhalb des zivilen Sektors den Übergang zwischen materiellem und prozessualem Bereich bildet, erfüllt sie diese Funktion auf dem Gebiet des öffentlichen oder öffentlichbezogenen Rechts. Der Verwaltungsakt, das materielle Verwaltungshandeln der Verwaltungsrechtssubjekte, wird durch Anfechtung mittels Klage in die Ebene richterlicher Beurteilung gehoben, *Verwaltung in Rechtsprechung überführt*[49].

Die gleiche Struktur[50] des Übergangs zwischen materiellem Zivilrecht und Prozeß und desjenigen zwischen Verwaltung und Rechtsprechung zeigt sich an folgendem: Ebenso, wie das Verhalten des säumigen Schuldners zunächst ohne Rücksicht auf seine Rechtswidrigkeit gegenüber dem Gläubiger wirksam ist, wirkt das Verhalten der nur-verwaltenden Behörde zunächst gegenüber dem Betroffenen. Ohne Einfluß auf die Struktur ist dabei der Unterschied, daß rechtswidriges Verhalten im Zivilrecht oft zur Nichtigkeit führt[51], im öffentlichen Recht jedoch regelmäßig nur zur Anfechtbarkeit[52]; denn das Verhalten, das die zivilrechtliche Leistungsklage auslöst, die Nichterfüllung des Anspruchs, ist auch im Zivilrecht zunächst wirksam. Strukturell ist daher dem Privathandeln das Verwaltungshandeln gleichzusetzen und beides als „Materie“ dem durch *Klage* auszulösenden „Prozeß“ gegenüberzustellen[53].

---

[48] Diesen Eintritt eines Dritten in das Verhältnis zweier Personen, durch welchen dieses Verhältnis in eine andere, die prozessuale Dimension gehoben wird, nennt Husserl Rechtskraft S. 80 ff., 102 ff. „Drittintervention“.

[49] So auch Bettermann DVBl 53, 202 f.; a. A. Wacke AöR 79, 164 ff.

[50] Von ihr geht auch Bötticher aus, wenn er die Unwiderruflichkeit des begünstigenden Verwaltungsakts nicht mit materieller Rechtskraft, sondern einer der privatrechtlichen Vertragsbindung vergleichbaren *Partnerbindung* erklärt (FS zum 100. Juristentag S. 511 [532]).

[51] Bei Gesetzesverstoß gilt § 134 BGB; nur ausnahmsweise kommt es zur Anfechtbarkeit (siehe z. B. § 1357 II BGB).

[52] Die Wahrscheinlichkeit für die Rechtmäßigkeit des Staatsakts (Jesch Bindung S. 56, Schwinge Staatsakt S. 23) erzeugt zwar keine prozeßtechnische Vermutung (s. aber Bettermann DVBl 57, 84 ff.), *gestattet* aber, jeden Staatsakt zunächst als wirksam anzusehen (s. Wessel ZZP 61, 62 [83 f.]), was die Staatsautorität *fordert* (s. Niese JZ 52, 355, Kisch Urteilslehre S. 155).

[53] Vgl. schon § 95 des Jüngsten Reichstagsabschieds von 1594; heute Ule DVBl 54, 137 ff., Bettermann DVBl 53, 163 ff., Warncke FS Lehmann II S. 890 gegen Meiss ZZP 67, 169 ff.

Ist nunmehr klargestellt, daß mit der Klage Rechtsprechung begonnen und mit dem Rechtsmittel fortgesetzt wird, so ist es jetzt möglich, zu bestimmen, wie das zu einem Hoheitsakt führende Verfahren beschaffen sein muß, damit es durch ein Rechtsmittel fortgeführt werden kann: *Der anzufechtende Hoheitsakt muß bereits in einem der Rechtsprechung angehörenden Verfahren erlassen worden sein.* Dies bedeutet wiederum, daß derjenige, der durch einen Hoheitsakt typischerweise betroffen wird, bereits an dem zum Hoheitsakt führenden Verfahren formell beteiligt gewesen sein, demjenigen, der den Hoheitsakt begehrte, als Partei im formellen Sinn gegenübergestanden haben muß, wenn die vom Betroffenen ausgehende Anfechtung im Weg des Rechtsmittels und nicht demjenigen der Klage erfolgen soll. In der Zwangsvollstreckung muß also der Vollstreckungsschuldner dem Gläubiger in dem zum Vollstreckungsakt führenden Verfahren als *Partei im formellen Sinn* gegenübergestanden haben, wenn die durch den Schuldner erfolgende Anfechtung des Vollstreckungsakts als *rechtsmittelartige Fortsetzung* des ursprünglichen Verfahrens erscheinen soll.

Dies alles folgt aus der Funktion der Rechtsprechung, echte Entscheidungen über Rechtsverhältnisse zu fällen, welche wiederum den an den Rechtsverhältnissen Beteiligten nur dann zuzumuten sind, wenn sie Einfluß auf ihr Zustandekommen haben. Dies liegt dem anerkannten Satz zugrunde, daß in einer echten Entscheidung über entgegengesetzte Rechtsstandpunkte befunden werde[54]. Mit dieser Erkenntnis ist auch das Unterscheidungsmerkmal zwischen verwaltender und rechtsprechender Staatstätigkeit — im funktionellen Sinn — gefunden: Wo das Staatsorgan nicht nur die Rechtsgrundlagen seines Handelns zu prüfen, sondern über die Rechtsbehauptungen zweier entgegengesetzt interessierter Rechtssubjekte zu befinden hat, ragt seine Tätigkeit über den Bereich der Verwaltung hinaus und gehört in denjenigen der Recht-

---

[54] Siehe Blomeyer Lb § 16 I 1; schon Gönner Handbuch S. 158 ff., Hellwig System I S. 408, Prager AcP 133, 143 ff., Digesten 1, 48, 17. — Vgl. auch die fast einhellige Meinung zur Frage nach der materiellen Rechtskraft von Hoheitsakten: In der Freiw. Gerichtsbarkeit soll mat. Rechtskraft gewährt werden, wo sich zwei Rechtssubjekte mit *entgegengesetzten Behauptungen* gegenüberstehen (s. Schneider ZZP 29, 96 [S. 110 ff.], Habscheid ZZP 66, 200, JZ 54, 691). Aus der Literatur zur mat. Rechtskraft von Verwaltungsakten sei das Merkmal der *Streitentscheidung* erwähnt (BVfGE 2, 380, BGH 9, 129, BVwGE DöV 58, 178). Auch hier fordert man, daß der durch den Inhalt einer Entscheidung Betroffene vor ihrem Erlaß die Möglichkeit zur Verteidigung haben müsse: Bernatzik Rechtsprechung S. 65, Schultzenstein Verh. 26. Juristentag 1, 86 ff. (90), Beschluß 26. Juristentag III S. 430, Krusch Vergleich S. 47 ff., 63, Jesch Bindung S. 88, BVfGE 7, 98; 8, 255; 9, 95; 12, 8; Jagusch NJW 59, 265 ff., Arndt NJW 59, 6 ff.; ebenso für die Zwangsvollstreckung Pieper Diss. S. 195 ff.

sprechung[55]. Für die Kennzeichnung eines Verfahrens als Bestandteil der Rechtsprechung, als *Prozeß*, genügt es nicht, daß das Verfahren das Rechtsverhältnis zweier Rechtssubjekte zum *Gegenstand* hat; es ist erforderlich, daß die Rechtssubjekte den Status von Verfahrenssubjekten erhalten, das Verfahren muß zum *formellen Zweiparteienverfahren* ausgeprägt sein.

Untersucht man nun zur Qualifizierung der Erinnerung die Situation *vor* Erlaß eines Vollstreckungsakts dahin, ob dem Schuldner der Status eines dem Vollstreckungsgläubiger gegenüberstehenden Verfahrenssubjekts zukommt, stellt man fest, daß dies regelmäßig nicht der Fall ist. Dadurch, daß dem Vollstreckungsantrag des Gläubigers die Stoßrichtung auf den Schuldner immanent ist[56], wird der Schuldner noch nicht zum Verfahrenssubjekt, zur Partei im formellen Sinn. Nur dort, wo der Schuldner vor Entscheidung über den Vollstreckungsantrag Einwendungen gegen die Berechtigung des Antrags erheben darf, kann man ihn als Verfahrenssubjekt ansehen. Eine solche Situation ist dort gegeben, wo das vorherige Gehör[57] des Schuldners vorgeschrieben[58] ist;

---

55 Diese Unterscheidung von Rechtsprechung und Verwaltung wird allgemein vertreten: s. Jesch Bindung S. 111, Ihering Zweck S. 306, 308, Fleiner Institutionen S. 14, Friesenhahn FS Thoma S. 21 (27 f.), Bötticher ZZP 51, 207 ff., Bettermann MDR 50, 265, OVG Hamburg JZ 60, 292, BVwG DVBl 58, 285; — a. A. Wolff Lb Verwaltungsrecht § 19 I b 2, Beseler Diss. S. 44. — Vgl. auch die Formulierungen Lerches (ZZP 78, 1 [19, 24 ff.: Gerichtsschutz bedeutet rechtliches Gehör]), Baumbachs (4 vor § 128 ZPO), Götz' (Diss. S. 71): Anhörung beider Parteien ist wichtigstes Postulat geordneter Rechtspflege. Im einzelnen kann hier nicht zu den Methoden zur Abgrenzung von Rechtsprechung und Verwaltung Stellung genommen werden, hierzu jetzt ausführlich Stein-Jonas-Pohle Einleitung D.

56 Dies meint wohl Heinsheimer, wenn er in seinem Beitrag „Das Zweiparteienprinzip in Prozeß und Vollstreckung" (FS Wach S. 129) sagt, daß in der Vollstreckung ebenso begriffsnotwendig zwischen *zwei* Personen Zwang ausgeübt werden müsse, wie im Erkenntnisverfahren zwischen zwei Personen zu entscheiden sei.

57 Gegen Forsthoffs Ansicht (Lb § 13 S. 237), daß derjenige, der „nur" zu hören sei, nicht aber unter gesetzlichen Garantien in den Verfahrensablauf eingreifen könne, nicht als *Verfahrenssubjekt* bezeichnet werden könne, ist einzuwenden, daß das Essentiale einer formellen Parteistellung gerade das Gehör, die Möglichkeit zur Stellungnahme (s. schon Linde Rechtsmittel II S. 103), ist. Im Zivilprozeß kommt das rechtliche Gehör nicht als begriffliches aliud zum Zweiparteienverfahren hinzu, sondern ist dessen Kernbestandteil (s. bereits die Gleichsetzung von Prozeß und rechtlichem Gehör bei Koch Lb preuss. CP § 29 S. 38, Bolgiano Handbuch S. 37 ff., 137; anders wohl heute Tinner Rechtliches Gehör S. 310). Die Entscheidung ist das Ergebnis gemeinsamer Arbeit von Parteien und Gericht (s. besonders Krückmann JJb 57, 1 [69 ff.] und Husserl Rechtskraft S. 95, der gegen Stein-Juncker Lb S. 26, 106 nachweist, daß die Arbeitsteilung zwischen Gericht und Parteien fließende Übergänge enthält). Liegt es schon im Sinn des Zweiparteienverfahrens, daß die Parteien allein den Prozeß nicht völlig beherrschen, so kann auch der Umfang der den Beteiligten eingeräumten Mitwirkungsmöglichkeit nicht darüber entscheiden, ob ein Verfahren als Zweiparteienverfahren anzusehen ist. Es lassen sich lediglich verschiedene Arten derartiger Verfahren er-

hierher gehören die Vollstreckung nach den §§ 887 ff. ZPO wegen § 891 ZPO, die atypische Verwertung nach § 844 ZPO wegen § 844 II ZPO und eventuell noch die Pfändung nach § 850 b II ZPO wegen des in § 850 b III ZPO normierten Sollgehörs. In allen übrigen Fällen kann von einer formellen Beteiligung des Schuldners an dem durch Antrag des Gläubigers ausgelösten Vollstreckungsverfahren vor Erlaß des Vollstrekkungsakts nicht gesprochen werden. Da nun aber gerade in diesen Fällen, in denen der Vollstreckungsakt ohne vorherige Anhörung des Schuldners erlassen wird, die Erinnerung das richtige Anfechtungsmittel sein soll[59], läßt sich die Anfechtung des Vollstreckungsakts durch den Schuldner mit der Erinnerung *nicht* als *rechtsmittelartige Fortsetzung* des ursprünglichen Verfahrens betrachten[60]. Die Erinnerung gehört also nicht dem Anfechtungsprinzip der Verfahrenskontinuität, dem Rechtsmittelprinzip, sondern dem Prinzip des Verfahrensneubeginns, dem Klageprinzip, an.

---

kennen, so das Klageverfahren der ZPO, dessen Maximen für einen besonders hohen „Produktionsanteil" der Parteien sorgen, einerseits und das einfache Beschlußverfahren der Zwangsvollstreckung andererseits, in dem der eine einen schlichten Antrag stellt und dem anderen Gelegenheit geboten wird, sich zu diesem Antrag zu äußern, sein Recht auf Verschontbleiben von unzulässiger Zwangsvollstreckung geltendzumachen. — Einer Erhöhung des „Produktionsanteils" der Parteien im Beschlußverfahren allgemein und im Erinnerungsverfahren insbesondere führt übrigens Esser FS Lehmann II S. 713 (724) das Wort.

58 Eine formelle Parteistellung fordert *obligatorisches* Gehör; dem Prozeßprinzip der Formklarheit steht es entgegen, jedes einzelne Verfahren darauf zu untersuchen, ob in ihm der Gegner tatsächlich gehört wurde. Mittelbar spricht für diese Ansicht die Meinung Oertmanns (System II § 307 2 d delta), daß die Gewährung des Gehörs in den nicht obligatorischen Fällen vom Zufall abhinge und deshalb nicht zur Anwendung eines anderen Rechtsbehelfs führen dürfe. Auf diesen Zufall stellt aber neuerdings Wieczorek (§ 766 B IV c 2) bei der Abgrenzung von § 766 und § 793 ZPO ab. — Zu weit geht OLG Hamm RPfl 57, 24 ff. (zust. Berner das. S. 26), wenn es schon dort, wo das Gehör des Schuldners nicht untersagt ist, von einer formellen Parteistellung des Schuldners spricht. Denn die Selbständigkeit, die zum Begriff des Verfahrens*subjekts* gehört, ist entscheidend gestört, wenn das Mitspracherecht vom Ermessen des Staatsorgans abhängt. — Bestimmt das obligatorische Gehör den Begriff des Verfahrenssubjekts, ist es gleichgültig, ob das Gehör im Einzelfall ordnungswidrig nicht gewährt wurde (ebenso Schäfer, Diss. S. 87 ff.). Denn auch im Urteilsverfahren der ZPO ist ein bestimmter Prozeß nicht deshalb kein Zweiparteienverfahren mehr, weil die Klage dem Beklagten ordnungswidrig nicht zugestellt wurde.

59 Siehe oben S. 26 N 44.

60 Dieses Ergebnis wird durch die Prozeßrechtlehre des 19. Jahrhunderts bestätigt. So sagt Linde (ZCuP 4, 1 [14]; im gleichen Sinn Bayer Vorträge S. 1075 und Danz-Gönner Grundsätze S. 595) bereits im Jahr 1831: „Wenn dagegen der Richter dem Antrag des Imploranten, ohne vorher den Imploraten zu hören, Folge gibt, so ist der Implorat nicht in der Lage, sogleich *Appellation* ergreifen zu dürfen; denn noch hat der beschwerende Richter über die möglichen Einwendungen gegen das Decret sich nicht ausgesprochen. Implorat ist noch nicht gehört, und er muß vorerst durch geeignete *Gegenvorstellungen* Zurücknahme des nachtheiligen Decrets zu bewirken suchen

IV. Der Dualismus beider Anfechtungsprinzipien und das Prinzip des rechtlichen Gehörs

Die Qualifizierung der Erinnerung als Klage könnte durch übergeordnete Verfassungsprinzipien in Frage gestellt sein. Art 103 GG könnte in Durchbrechung prozessualer Einzelausgestaltungen kategorisch in jedem Fall der Zwangsvollstreckung die Anhörung des Schuldners vor Erlaß des Vollstreckungsakts fordern und somit dafür sorgen, daß die Anfechtung von Vollstreckungsakten ausschließlich nach dem Prinzip der Verfahrenskontinuität, dem Rechtsmittelprinzip, erfolgt.

Ein derart einschneidender Durchgriff der Verfassungsnorm ins Verfahrensrecht ist jedoch zu verneinen. Art 103 GG ist nicht fähig, die subjektiven Grenzen von Verfahren zu normieren, sondern er knüpft an die vorgegebene subjektive Struktur eines jeden Verfahrens an[61] — gleichgültig, ob diese aus der „subjektivsten" Variante, dem Urteilsklageverfahren, oder der einfacheren Form eines Antragsverfahrens mit normiertem Gehör des Gegners besteht.

Die subjektive Ausgestaltung, die das einfache Gesetz einem bestimmten Verfahren gibt, wird durch Art 103 GG lediglich auf die Verfassungsebene transponiert und verfassungsrechtlich sanktioniert[62]. Diese Sicht des Art 103 GG beruht auf der Erkenntnis, daß der *gesamten Rechtsordnung* die Beachtung des Subjekts immanent ist, und zwar nicht nur in der materiellen Ebene, in der die Subjekte mit Ansprüchen bedacht werden, sondern auch in der verfahrensrechtlichen Ebene, in der das Gesetz die Rechtssubjekte zu Verfahrenssubjekten macht[63]. Ist es aber die Rechtsordnung selbst, die aus Rechtssubjekten Verfahrenssubjekte macht, sollte man auch das „Wer" und „Wie" des Einzelfalls ihrer Regelung anheimstellen und nicht sofort, wenn man ein Verfahren ohne vorgeschriebenes Gehör des Gegners findet, nach

. . .". Mit diesen Worten ist bereits die Unterscheidung zwischen Rechtsmittel- und Klageprinzip vollzogen; vorgeformt ist sie bereits im attischen Recht, wenn dort gegen die *einseitig* verfügte Ausschließung aus dem Demos eine *Klage* gegen die Demoten stattfinden soll (berichtet von Lipsius Attisches Recht S. 954).

61 Pohle FS Hueck S. 176 f., Lerche ZZP 78, 1 (23), Bettermann ZZP 77, 48. — Nur so entgeht man dem Zirkel: Gehör, wo Entscheidung — Entscheidung, wo Gehör (zu diesem Zirkel Lerche a.a.O. S. 26).

62 Freilich gibt es auch eine starke Gegenmeinung, die aus Art 103 GG selbst eine Anhörungspflicht herleitet: Maunz-Dürig Art 103 GG Anm. 23, BVfGE 9, 89 (95, 96), BGH St 19, 7 (15), Röhl NJW 64, 273 ff., König DVBl 59, 189.

63 Vgl. § 325 ZPO, der dafür sorgt, daß die Wirkung eines Prozesses grundsätzlich auf die jeweiligen Verfahrenssubjekte beschränkt bleibt. Siehe auch die bereits vor Erlaß des Grundgesetzes erhobene Forderung nach rechtlichem Gehör: Wetzell System S. 374, Bethmann-Hollweg Lb S. 106/7, Digesten 1, 48, 17, Bolgiano Handbuch S. 37 ff.

dem Grundgesetz rufen, sondern zunächst prüfen, ob hier nicht eine bewußte und daher zu respektierende Interessenabwägung zuungunsten des Gehörprinzips vorliegt. Ist dies nicht der Fall, läßt sich immer noch das Gehör als stillschweigend normiert, da der verfahrensmäßigen Zwecksituation entsprechend, betrachten[64].

Für den Bereich der Zivilpersonen untereinander ordnet das Gesetz bereits für den *ersten*, diesen Bereich betreffenden Hoheitsakt, das erstinstantielle Urteil, beiderseitiges Gehör mit dem Ziel an, daß zwischen den Beteiligten endgültige Gewißheit geschaffen werde. Für die Normenbereiche hingegen, die das Verhältnis zwischen dem einzelnen und dem Staat betreffen oder *mit*betreffen, fordert das Gesetz einmal das Gehör des Betroffenen schon vor Setzung des Erstaktes und ein anderes Mal erst vor Setzung des Zweitaktes. Im zweiten Fall wird der Mangel des Gehörs durch das Fehlen der Endgültigkeitstendenz des Erstaktes ausgeglichen, das sich darin zeigt, daß der Mangel der gesetzlichen Grundlagen des Akts unabhängig von einer Anfechtung des Akts geltendgemacht werden kann. Regelmäßig entspricht die zuletzt genannte Verfahrensausgestaltung — erst verwalten, dann Recht sprechen[65] — den Zwecken der Hoheitsakte am besten, da es meistens darauf ankommt, schnell und wirksam in die jeweilige, sich rasch verändernde Situation einzugreifen.

Auch in der Zwangsvollstreckung ist es sinnvoll, regelmäßig zunächst den Betroffenen, den Schuldner, nicht formell am Verfahren zu beteiligen, und zwar hier deshalb, weil von vornherein nicht mit jener Wahrscheinlichkeit, mit der sich im Erkenntnisverfahren der ZPO der zahlungsunwillige Schuldner gegen die Klage wehren wird, zu erwarten ist, daß der Schuldner die Ordnungsgemäßheit des Vollstreckungsakts bestreitet. Denn der Hauptstreitstoff ist durch das vorangegangene Erkenntnisverfahren aus der Zwangsvollstreckung ausgeklammert. Zwar besteht noch insofern Streitstoff, als es nicht sicher ist, daß der Vollstreckungsakt ordnungsgemäß ergeht. Es ist aber nicht typisch, daß der im Erkenntnisverfahren streitbare Beklagte nun auch den einzelnen Vollstreckungsakt für unzulässig hält. Typisch ist hier nicht die fehlende Überzeugung des Schuldners von seiner Schuld, sondern sein fehlender Zahlungswille. Ein vorgängiges Gehör würde den Schuld-

[64] Daß auch der Streit um die Quantität des Gehörs um eine verfahrensautonome Frage geht, zeigt sich nicht nur daran, daß der Streit um das Rechtsgespräch (dafür Arndt NJW 59, 7, z. T. BVwG NJW 61, 891, dagegen Ule DVBl 59, 542) bereits im gemeinen Prozeß wurzelt (dafür Linde Rechtsmittel S. 134 ff., dagegen Wetzell System S. 374), sondern auch daran, daß sich die Frage, zu welchen Punkten Gehör zu gewähren ist, im Problem der objektiven Grenzen der Rechtskraft widerspiegelt.

[65] Diese Regel hält BGH BB 62, 384 für verfassungsgemäß.

ner lediglich dazu reizen, unter Vorschützung rechtlicher Argumente die Vollstreckung zu verzögern.

Damit kann es als sinnvoll und vom Gesetz gewollt betrachtet werden, daß die Zwangsvollstreckung regelmäßig[66] vor Erlaß des Primärakts kein Gehör vorschreibt und erst anschließend entscheiden läßt[67]. Danach stehen also weder verfassungsrechtliche noch verfahrensautonome Bedenken entgegen, die Ausgestaltung der Zwangsvollstreckung im Einzelfall hinzunehmen und die fehlende Anhörungspflicht des Schuldners im Regelfall vor Erlaß des Vollstreckungsakts zu akzeptieren.

V. Die Erinnerung ist in ihrer Funktion als Anfechtungsmittel strukturell eine gegen den Vollstreckungsgläubiger gerichtete Klage

Im Anschluß an die Zuordnung der Erinnerung zum Klageprinzip erhebt sich die Frage, *gegen wen* die Anfechtungsklage „Erinnerung" gerichtet ist. Passivpartei könnte wie bei der VwGO-Klage der Autor des anzufechtenden Hoheitsakts, das Staatsorgan[68], oder wie bei der Klage nach § 767 ZPO der private Initiator, der Vollstreckungsgläubiger[69], sein[70].

Da im Verwaltungsrecht einem Anfechtenden regelmäßig kein profilierter privater Gegner gegenübersteht, ist es hier veranlaßt, die Behörde selbst als materiellen Gegner aufzufassen und sie zur Verteidigung des von ihr beanspruchten Aktsetzungsrechts aufzurufen. Demgegenüber tritt im Zivilprozeß die Rechtsbeziehung des Anfechtenden zum Gericht als etwas Formales gegenüber der Beziehung zwischen dem Anfechtenden und dem privaten Antragsteller zurück. Hier ist es des-

---

66 Da die Erwägung für den Regelfall gilt, erübrigt es sich, mit LAG Düsseldorf NJW 63, 555 (556) und Wieczorek § 834 ZPO Anm. I a auf den Überraschungseffekt analog zu den für den Arrest entwickelten Gedanken (BVfGE 9, 98) zur Rechtfertigung des Gehörverbots in § 834 ZPO zurückzugreifen. Eine derartige Argumentation setzte voraus, daß man in allen anderen Fällen vorgängiges Gehör des Schuldners forderte.

67 Ähnlich läßt sich die Begründung der Vollstreckbarkeit als *Dauerwirkung* des Urteils rechtfertigen. Auch hier fehlt dem Schuldner die Möglichkeit, in jeder Sekunde *vor* Fortdauern der Vollstreckbarkeit ihre „Nochberechtigung" prüfen zu lassen.

68 So Hein ZZP 69, 231 (243 ff.), dem nach Stein-Jonas § 128 ZPO V vorzuwerfen wäre, daß er das Wesen richterlicher Aufgabe verkenne. Die Schweizer Prozeßrechtsliteratur sah früher einhellig die der Erinnerung entsprechende Beschwerde nach § 17 SchBetrKG als gegen das Vollstreckungsorgan gerichteten Rechtsbehelf an: Blumenstein Schuldbetreibung S. 84, de Favre S. 53/61. Erst neuerdings sieht Guldener Zwangsvollstreckung S. 24 N 14 den Gläubiger als prozessualen Gegner an.

69 So Stein-Jonas a.a.O., Hubernagel § 766 ZPO N 7, Pieper Diss. S. 193, denen nach Hein a.a.O. vorzuwerfen wäre, daß sie den Unterschied zwischen proz. und zivilrechtl. Normen in der Zwangsvollstreckung mißachten.

70 Zum Unterschied beider Parteikonstellationen: Bötticher ZZP 77, 428.

halb veranlaßt, die dem Vollstreckungsakt geltende Anfechtungsklage ebenso wie die dem Leistungsbefehl des Urteils geltende Klage nach § 767 ZPO als gegen den privaten Gegner, den Vollstreckungsgläubiger, gerichtet, von dem ein neuer Antrag nach Erfolg der schuldnerischen Erinnerung droht, zu betrachten[71].

VI. Überprüfung des Ergebnisses aus der Natur des mit der Erinnerung anzufechtenden Vollstreckungsakts

Mit der Qualifizierung der Erinnerung als Klagerechtsbehelf bestätigt sich die übliche Abgrenzung zwischen § 766 und § 793 ZPO systematisch: Geht dem Erlaß eines Vollstreckungsakts bereits ein förmliches Zweiparteienverfahren voraus, steht also schon hier dem antragstellenden Gläubiger der „zu hörende" Schuldner gegenüber[72], so wird dieses Verfahren durch die *sofortige Beschwerde* des Schuldners *rechtsmittelartig fortgesetzt;* ist dies nicht der Fall, wird durch die *Erinnerung* des Schuldners ein *neues Verfahren klageartig begonnen.* Im Gesetz zeigt sich dieser Unterschied daran, daß die Erinnerung gegen die „Zwangsvollstreckung", d. h. den Vollstreckungsakt als solchen, die sofortige Beschwerde aber gegen eine „Entscheidung im Vollstreckungsverfahren" gewährt wird. Das Wort Entscheidung zeigt, daß dem anzufechtenden Akt die Stellungnahme des Betroffenen vorhergegangen sein muß[73]; die Wendung „im Vollstreckungsverfahren" deutet die Verfahrenskontinuität beim Rechtsmittelprinzip an.

Vergegenwärtigt man sich nun, daß das Rechtsmittelprinzip innerhalb der Rechtsprechung stehen, das Klageprinzip aber Verwaltung in Rechtsprechung überführen soll, ergibt sich die zunächst befremdlich klingende Konsequenz, daß die Zwangsvollstreckung nicht nur Rechtsprechungs-, sondern auch Verwaltungselemente enthalten und hier die Erinnerung den Übergang zwischen beiden Bereichen bilden, der benachbarte Rechtsbehelf des § 793 ZPO jedoch innerhalb der Rechtsprechung stehen muß.

---

[71] Aus diesem Ergebnis, das der Ansicht Rosenbergs Lb § 183 II 4 (ebenso LG Stuttgart ZZP 70, 390 ff.) entspricht, dem *Gerichtsvollzieher* sei die Anfechtung des Erinnerungsbeschlusses verwehrt, folgt, daß der Gläubiger im Erinnerungsverfahren zu hören ist; so i. Ergebn. Schäfer Diss. S. 43, OLG München ZZP 52, 80 (81) obiter. Kein obligatorisches Gehör fordern Hein Identität I S. 217 N 12, Pohle Pfändungsschutz S. 31, Schultzenstein ZZP 13, 402, Pieper Diss. S. 122; offen: Rosenberg Lb § 183 II 4, Baumbach § 128 ZPO 3 C.

[72] Hier ist bereits der Vollstreckungsantrag prinzipiell Klage; vgl. Windscheid Pandekten I § 128 1.

[73] So sieht die h. M. den Entscheidungsbegriff: Stein-Jonas § 766 I 2 a, Schlieper Beschwerde S. 99, Baumbach § 793 1 A, Wessel ZZP 61, 111, Förster-Kann § 793 1 b, RG 18, 434; 25, 371; KG 11, 320, OLG JR 56, 379.

Sieht man die Zwangsvollstreckung nur als unselbständigen Abschnitt, als eine der „Erkenntnisinstanz“ folgende „Vollstreckungsinstanz“ in einheitlichem Verfahren an[74], muß man der Zwangsvollstreckung wohl generell den Rechtsprechungscharakter des Erkenntnisverfahrens zusprechen. Ein derart einheitliches Verfahren hätte die Frage, ob gegen den Beklagten ein bestimmter Vollstreckungsakt erlassen werden kann, zur *Hauptfrage* und die Frage, ob der Kläger einen zivilrechtlichen Anspruch hat, zur *Vorfrage*. Damit wären die Zivilrechts- und Vollstreckungsnormen gleichgeschaltet, das Urteil wäre eine Vorabentscheidung über den zivilrechtlichen Grund. Diese Vorstellung entspricht jedoch nicht dem Gesetz. Der Leistungsbefehl des Urteils ist als das zur Materie erstarrte Resümee der verfahrensmäßigen Zivilrechtsanwendung das *End*ergebnis des Erkenntnisverfahrens und zugleich der sachliche *Ausgangs*punkt für die sich anschließende Zwangsvollstreckung[75]. Der Leistungsbefehl scheidet die Anspruchsnormen des Zivilrechts und die Normen der Vollstreckung auch in der Rechtsanwendung voneinander[76]. Der in erster Instanz beendete Prozeß wird nicht durch den *auf* sein bisheriges Ergebnis, den Leistungsbefehl[77] des Ersturteils, *gestützten Vollstreckungsantrag* des Gläubigers, sondern durch das *gegen* diesen Befehl *gerichtete Rechtsmittel* des Beklagten, mit welchem der bisherige Streit über den Anspruch weitergeführt wird, in zweiter Instanz *fortgesetzt*. Der Vollstreckungsantrag des Gläubigers setzt ein neues Verfahren, das Vollstreckungsverfahren, in Gang[78].

Wenn auch die Zwangsvollstreckung hiermit aus den „Fesseln“ des Erkenntnisverfahrens befreit ist, könnte sie dennoch wegen ihres Standorts in der ZPO zur Rechtsprechung gehören. Nicht alles, was den Gerichten durch die ZPO zur Erledigung zugewiesen ist, stellt jedoch Rechtsprechung im materiellen Sinn dar[79]; so sollen Arrest und einstweilige Verfügung nach einer Meinung zur Verwaltung gehören[80].

---

74 So früher Martin Lb §§ 250 ff., Gerau ZCuP 6, 357 (361 ff.), Planck Rechtsstreitigkeiten S. 314.

75 So schon Degenkolb Einlassungszwang S. 142 ff., ähnlich Wach Vorträge S. 319.

76 So erlangt die Vollstreckung einen „anderen“ Gegenstand; s. schon Tenglers Leyenspiegel (16. Jahrh.): „Wan so ainer vermainet, der Krieg sei geendigt, so ensteen erst *ander* widerwärtigkeiten.“

77 Die auf die Zwangsvollstreckung ausgerichtete *Gestaltungswirkung* des Urteils in Form des Leistungsbefehls tritt bei Blomeyer nicht deutlich zutage, wenn er die Bindung des Vollstreckungsgerichts an die *materielle Rechtskraft* bejaht (Lb § 88 V 1).

78 Siehe bereits Heffter System S. 228, Bethmann-Hollweg Lb I S. 20 N 3, Degenkolb Beiträge S. 142 ff., O. Fischer Recht 1910 Sp. 185 (189 ff.), Stein-Juncker Lb § 128 II, Drechsler AcP 62, 405 (406), Schmidt Einführung S. 451.

79 Stein-Jonas-Pohle Einl. D I 2, letzter Absatz.

80 Blomeyer Lb § 119 V i. Anschluß an Cohn JW 15, 1421 ff.

Die Zwangsvollstreckung wurde bereits von Oetker[81] zur Verwaltung gezählt, und auch heute sieht man sie weitgehend materiell als Verwaltung[82] und nur formell als Rechtsprechung[83] an. Die letztere Differenzierung läßt sich mit der in dieser Arbeit zugrunde gelegten Abgrenzung zwischen Rechtsprechung und Verwaltung durchaus vereinbaren. Da nicht auf die verfassungsrechtliche Qualität des aktsetzenden Organs abgestellt wurde, konnte auch hier nur ein materieller Begriff von Rechtsprechung und Verwaltung gemeint sein.

Daß die Vollstreckung zu einem großen Teil Verwaltung sein soll, befremdet zunächst, leuchtet aber ein, wenn man sich den Verwaltungsbegriff im oben gemeinten Sinn noch einmal deutlich macht. Dadurch, daß jedes Staatshandeln ohne Entscheidungscharakter, d. h. ohne vorgängige Parteistellung der an dem Hoheitsakt entgegengesetzt interessierten Personen, als Verwaltung verstanden wurde, verwies diese Arbeit jeden *Gestaltungsakt,* der nicht mit einer echten Entscheidung über seine Rechtmäßigkeit verknüpft ist, in den Bereich der Verwaltung und nahm konkludent davon Abstand, nur den *Ermessensakt* der Verwaltung, den Nichtermessensakt[84] der Rechtsprechung zuzurechnen[85].

Auf der Grundlage dieser Begriffsbestimmung ergibt sich für die Zwangsvollstreckung — vom Fall des § 891 ZPO abgesehen — die Regel, daß zuerst gehandelt, dann entschieden, erst gestaltet, dann festgestellt, erst verwaltet, dann Recht gesprochen wird. Dasselbe meint bereits Mittermaier[86], wenn er die französische, von Verwaltungsbeamten durchgeführte Zwangsvollstreckung damit erklärt, daß die Vollstreckung zunächst reine Verwaltung sei und erst dann, wenn Streit entstehe, zur Rechtsprechung werde[87].

---

81 Grundbegriffe I S. 31.

82 Ausführlich Hein ZZP 69, 231 (243 ff.).

83 Dazu Lüke JZ 59, 270 ff.

84 Da auch dieser Akt Gestaltungsakt ist, ist der Vollstreckungsakt auch dort, wo er keinem Ermessen unterliegt, Gestaltungsakt (s. Pohle JZ 62, 344, Bruns Lb § 22 II 2).

85 So aber Strickrodt FS Apelt S. 230 ff. und neuerdings Heintze NJW 63, 1430 (1432). Diese Ansicht verkennt, daß die Hauptfunktion staatlicher Organe in der Transformation aus abstraktem Rechtsbereich in die konkrete Wirklichkeit liegt (s. Jesch Bindung S. 112).

86 Lb III S. 185 ff.

87 Das Verständnis des Vollstreckungsakts als eines Verwaltungsakts ist bei uns (anders im altnorwegischen Recht z. B.: Altmira Vollstreckungsverfahren S. 346 ff.) dadurch erschwert, daß auf Grund eines historischen Zufalls ein formelles Rechtsprechungsorgan die Vollstreckung beherrscht. Im germ. Recht waren Streitentscheidung und Vollstreckung dadurch geschieden, daß das Urteil von den Schöffen gefällt, vom Comes oder *Vorsitzer* des Gerichts vollstreckt wurde. Später verdrängte der landesherrliche Richter beide Organe aus ihren getrennten Ämtern und vereinigte sie in seiner Person. Damit war der Vollstreckungsrichter geschaffen (so Mittermaier Lb III S. 182 N 158).

Danach steht auch die Natur der Zwangsvollstreckung nicht entgegen, innerhalb ihres Bereichs die Grenze zwischen Verwaltung und Rechtsprechung zu ziehen, wie es nötig ist, wenn man die Erinnerung auf der Grundlage der oben entwickelten Prinzipientrennung in das Klageprinzip einordnet.

VII. Überprüfung der Prinzipientrennung (Klage-Rechtsmittel) und der auf dieser Grundlage vorgenommenen Qualifizierung der Erinnerung an Hand anderer Rechtsbehelfe der ZPO und des FGG

Bevor die Folgerungen aus der Qualifizierung der Erinnerung für die Frage nach der Erinnerung Dritter gezogen werden, soll die dieser Qualifizierung zugrundegelegte Prinzipientrennung durch Betrachtung anderer Rechtsbehelfe überprüft und auf eine breitere Basis gestellt werden.

Das zivilgerichtliche, in formellem Zweiparteienverfahren erlassene Urteil wird als Prototyp des Rechtsprechungsakts durch die *Rechtsmittel* der Berufung und Revision angefochten. Einem *Dritten,* dem gegenüber der Vollstreckbarkeitsausspruch des Urteils zunächst zu einer formell zulässigen Vollstreckung führt, gewährt das Gesetz jedoch in § 771 ZPO eine *Klage* zur Unzulässigkeitserklärung der Zwangsvollstreckung in sein Vermögen. Dies ist deshalb gerechtfertigt, weil das Urteil nur relativ, d. h. zwischen den beiden Parteien, unter deren formeller Beteiligung es zustandegekommen ist, einen Rechtsprechungsakt darstellt. Da ein Betroffener vor Erlaß des ihn belastenden Akts am Verfahren beteiligt gewesen sein muß, wenn es sich um eine gegen ihn wirkende *Entscheidung* handeln soll[88], kann der zwischen zwei Personen ergangene Hoheitsakt einem Dritten gegenüber nur den Charakter eines Verwaltungsakts haben[89]. Da das Leistungsurteil nicht gegenüber dem Dritteigentümer entscheidet, ob er auch materiell mit seinem Vermögen haftet, ist es nur folgerichtig, wenn *ihm* der von Verwaltung zu Rechtsprechung führende Rechtsbehelf der Klage zur *erstmaligen* Wahrung seiner Rechte gewährt wird.

Ähnlich ist es bei der sachlich ein erlassenes Urteil angreifenden Amtshaftungsklage gegen den Staat. Da das Urteil nur zwischen den vor dem entscheidenden Organ stehenden Parteien ergeht, niemand in eigener Sache Richter sein kann, ist das Urteil im Verhältnis zwischen den Parteien und dem entscheidenden Organ keine Entscheidung, kein Rechtsprechungsakt, so daß auch hier eine Klage — nach § 839 BGB

---

88 Siehe oben S. 29.

89 Siehe auch neuerdings Lerche ZZP 78, 1 (24 N 57), der in Prozeß und Urteil zwischen zwei Personen keinen Rechtsweg gegenüber einem Dritten sieht.

— veranlaßt ist. Eigenartig ist hier, daß in der Sache in zwei verschiedenen Formen gestritten werden kann: Während die Prozeßpartei das bisherige Verfahren mittels Berufung fortsetzt, beginnt sie mittels Klage gegen das entscheidende Organ ein neues Verfahren[90]. Schließlich bestätigt auch die Situation bei der Vollstreckungsgegenklage die hier vorgenommene Prinzipientrennung. Da der Leistungsbefehl des Urteils über denjenigen Zeitpunkt hinaus wirksam ist, zu dem die mit ihm verbundene Entscheidung erfolgte, diese Entscheidung jedoch grundsätzlich nur auf den Zeitpunkt ihres Erlasses bezogen ist, hat der Leistungsbefehl relativ — von diesem Zeitpunkt an — nur noch den Charakter eines mit der *Klage*, derjenigen nach § 767 ZPO, anfechtbaren „Verwaltungsakts".

Auch auf dem Gebiet der ZPO- und FGG-Beschwerde läßt sich die Prinzipientrennung durchführen.

Die Tätigkeit in der *freiwilligen Gerichtsbarkeit* ist weitgehend Verwaltung im materiellen Sinn[91]. Es wird jedoch nicht durchweg primär nur verwaltet und erst sekundär Recht gesprochen, sondern bisweilen sind die an den anzuwendenden Rechtsnormen aktiv und passiv beteiligten Personen auch schon von Anfang an *formell am Verfahren* im Sinn der Rechtsprechung beteiligt. Da trotz dieser unterschiedlichen Ausgestaltung regelmäßig nur ein Anfechtungsmittel, die Beschwerde, zur Verfügung steht, muß man diesem Rechtsbehelf zwei verschiedene Funktionen zuschreiben[92]. Rechtsmittel ist sie, wo bereits der Primärakt im echten Streitverfahren zwischen zwei formell Beteiligten erging.

---

[90] Vorläuferin dieser Klage ist die germanische Urteilsschelte. *Strukturell* handelt es sich hier nämlich um eine gegen den Richter angestrengte Anfechtungs*klage* (s. Koch Lb preuss. CP § 324 1, Maurer altgerman. Prozeß S. 21). *Sachlich* stand sie an Stelle der heutigen Berufung. Von der heutigen Klage nach § 839 BGB unterschied sie sich formell dadurch, daß sie auf „dingliche Wirkung", die Beseitigung des Urteils, und nicht nur auf schuldrechtlichen Ausgleich zielte. Die Tatsache, daß man früher nur eine solche Klage, nicht aber ein gegen den bisherigen Prozeßgegner gerichtetes Rechtsmittel kannte, erklärt sich vielleicht damit, daß man den Richter noch nicht in erster Linie als einen neutralen, sachlich uninteressierten Dritten ansah, sondern als einen Gegner, von dem man ein gutes Urteil begehrte und dessen ungünstiges Urteil man wie eine andere vom Staat auferlegte Last bekämpfte. So war est veranlaßt, gegen den „in eigener Sache tätigen" Richter ein neues Verfahren vor einem „Dritten" auszulösen.

[91] Siehe Jesch Bindung S. 79, Bettermann FS Lent S. 17 (24 ff.), Bachof SJZ 50, 163 und die Lehrbücher und Kommentare zum FGG.

[92] In der Frage, in welcher Funktion sie jeweils auftritt, liegt der maßgebliche Gesichtspunkt des Problems, ob der Beschwerde-„gegner" gegen die Beschwerdeentscheidung nur sofortige Beschwerde oder neue Beschwerde einlegen kann. Ist die Beschwerde in concreto Rechtsmittel, ist nur sofortige Beschwerde möglich. Denn dann ist die Beschwerdeinstanz als 2. Instanz bereits verbraucht. Will man neue Beschwerde zulassen (so Josef ZZP 31, 71, 79 f.), so muß man die Beschwerde in concreto dem Klageprinzip zuordnen.

Hier dient die Beschwerde der Verfahrensfortsetzung[93], der Verbesserung der bereits vorliegenden Entscheidung. Klage ist sie[94], wo der Primärakt auf einseitigen Antrag ohne Anhörung des Betroffenen ergehen durfte[95]. Hier löst die Beschwerde ein neues, vom Betroffenen einzuleitendes Verfahren aus und dient dazu, Verwaltung in Rechtsprechung zu überführen[96].

Obwohl auch die *einfache Beschwerde* des *Zivilprozesses* nach ihrer Stellung in der ZPO als Rechtsmittel erscheint, spricht vieles dafür, daß sie nicht innerhalb der Rechtsprechung steht, sondern von „Prozeßverwaltung" zur Rechtsprechung überleitet, dem Klageprinzip zugehört[97]. Die Geschichte ist zwar sehr schnell über die germanische Vorstellung der gegen den Richter gerichteten Klage (*Urteil*sschelte) hinweggegangen; bis zum Ende des 19. Jahrhunderts hat sich jedoch die Vorstellung gehalten, daß unbedeutende Decrete mit der gegen das entscheidende Organ gerichteten „querela simplex", einem klageartigen Anfechtungsmittel[98], anzufechten seien.

Der Kern dieser Vorstellung liegt in folgendem: Dadurch, daß das Gesetz Beschlüsse innerhalb eines Prozesses selbständig anfechten läßt, klammert es sie aus dem Prozeß aus. Das Prozedieren des Richters, das sonst nur als Element der späteren, den Prozeß abschließenden Entscheidung erscheint, wird hier zu besonderen „Prozeßverwaltungsakten" verselbständigt. Anders als beim Urteil liegt das Schwergewicht dieser Akte in der Regelung des Verhältnisses: Parteien-Gericht. Denn

---

[93] Die ursprünglichen Parteien sind hier auch Parteien des sich anschließenden Beschwerdeverfahrens (Baur Lb FGG § 29 CII 1, Fenn Anschlußbeschwerde S. 220).

[94] Sieht man die Beschwerde in dieser Funktion, leuchtet es ein, daß man die Anfechtungsbefugnis als innerlich mit der Klagebefugnis nach der VwGO verwandt bezeichnet (Lücke ZZP 76, 15, Kamm JuS 61, 146, Furtner JZ 61, 526).

[95] Vgl. schon Linde Rechtsmittel S. 341 ff., der die Beschwerde des am vorangegangenen Vormundschaftsbestätigungsverfahren formell nicht beteiligten Betroffenen mit der Begründung, daß derjenige, der seine Rechte noch nicht vor Gericht verteidigt habe, nicht über Rechtsverletzung klagen dürfe, nicht als Rechtsmittel ansieht.

[96] Dies entspricht wohl auch Bettermanns Vorstellung (FS Lent S. 17 [38 ff.]), welcher bei der Untersuchung aller FGG-Akte auf ihre Rechtsprechungs- oder Verwaltungsqualität die Tätigkeit auf Beschwerde hin in toto der Rechtsprechung zuordnet.

[97] Dahin tendiert auch Bettermann ZZP 77, 3 (21), der aus dem Ursprung der Beschwerde Schlüsse für die Streitfrage der reformatio in peius im Beschwerdeverfahren zieht.

[98] Einhellig wurde und wird die "querela simplex" als eine gegen den Vorrichter gerichtete Klage betrachtet (Danz-Gönner Grundsätze S. 593/4, Renaud Lb § 192, Bethmann-Hollweg Lb I S. 101, § 453 Hannöverische CPO, Bettermann ZZP 77, 3 [21]).

der selbständig anfechtbare Beschluß ist häufig im Verhältnis zwischen den Parteien seinem Inhalt nach — solange der Prozeß läuft — neutral; er bedeutet also weder für die eine Partei eine typische Gunst, noch für die andere eine typische Ungunst[99]. Dafür rückt hier die schwach ausgeprägte Zweiseitigkeit „Richter-Parteien", die auch im Urteil vorhanden, nur dort durch die Zweiseitigkeit „Aktivpartei-Passivpartei" verdrängt wird, in den Vordergrund. Der Richter gewährt den Parteien den prozessualen Akt oder belastet sie mit diesem und wirkt so wie die *Verwaltungs*behörde „distributiv" zwischen Staat und Parteien, sozusagen in „eigener Sache". Ist der Prozeßakt aber in diesem seinem Schwerpunkt Verwaltung, liegt es nahe, das gegen ihn gegebene Anfechtungsmittel, den lückenhaft geregelten Behelf[100] der Beschwerde, als eine Klage gegen das handelnde Organ, den Richter, anzusehen[101], durch die der „Prozeßverwaltungsakt" in Rechtsprechung übergeleitet wird.

Läßt sich somit bei der *einfachen* Beschwerde auch vertreten, daß sie — der Erinnerung verwandt — zum Klageprinzip gehört, muß man die *sofortige* Beschwerde wohl generell als Rechtsmittel betrachten, da sie wohl durchweg, wie § 91 a ZPO z. B. zeigt, an Stelle eines Urteils steht, eine neue Instanz innerhalb eines formellen Zweiparteienverfahrens (siehe § 91 a II 2 ZPO) eröffnet. Hiermit wird zugleich das oben[102] gefundene Ergebnis bestätigt, daß Erinnerung und sofortige Beschwerde nach § 793 ZPO systematisch voneinander getrennt sind: Während die Erinnerung als Quasiklage ein selbständiges Verfahren auslöst, von Verwaltung zur Rechtsprechung überleitet, setzt die sofortige Beschwerde nach § 793 ZPO das bereits laufende Verfahren in zweiter Instanz, in unselbständigem Rechtsmittelverfahren, fort.

Da sich nun der Dualismus beider Anfechtungsprinzipien auch im übrigen Zivilprozeßrecht und dem verwandten Verfahrensrecht des FGG nachweisen ließ, hat sich die Berechtigung dieser Zweiteilung und die auf ihrer Grundlage vorgenommene Zuordnung der Erinnerung zum Klageprinzip bestätigt.

Es erhebt sich nun die Frage, welche Konsequenzen aus dieser Zuordnung der Erinnerung für das Problem der Erinnerung Dritter zu ziehen sind.

---

99 Beispiel: Aussetzung nach § 148 ZPO i. V. mit § 252 ZPO.

100 Siehe BHG LM Nr. 1 zu § 515 ZPO, KG NJW 63, 1556.

101 So Planck Lb §§ 153, 155 I, Walsmann JW 30, 561, im Kern nicht abgeneigt auch Bettermann ZZP 77, 3 (21); scharf dagegen („absurd"): Fenn Anschlußbeschwerde S. 188 ff.

102 S. 35 ff.

B. Die Folgerungen aus der Qualifizierung der Erinnerung als Klagerechtsbehelf für die Frage nach der Erinnerungsbefugnis Dritter

I. Die Erinnerung Dritter löst ein selbständiges Verfahren aus und ist mit keinem Beitritt zu fremdem Verfahren verbunden

Es stellt sich nun die Frage, ob sich die anfangs aufgestellte Vermutung, daß der Zivilprozeß einem Dritten die Anfechtung von Hoheitsakten durch *Rechtsmittel* lediglich mit der prozessualen Beschränkung gewährt, daß der Dritte gleichzeitig dem Verfahren, welches dem anzufechtenden Akt voranging, in Form der Nebenintervention beitritt, die Anfechtung durch *Klage* einem Dritten jedoch ohne diese Einschränkung gestattet, auf Grund der vorangegangenen Untersuchung zum Beweis verdichtet. Wäre dies der Fall, so wäre auch die Erinnerung Dritter nicht an einen Beitritt zu fremdem Verfahren geknüpft.

Berücksichtigt man, daß die Qualifizierung eines Staatsakts als Rechtsprechungsakt die vorgängige formelle Parteistellung des durch den Hoheitsakt betroffenen Rechtssubjekts fordert, kann ein Staatsakt, durch welchen mehrere Rechtssubjekte betroffen werden, gegenüber allen Betroffenen nur dann als Rechtsprechungsakt angesehen werden, wenn alle Betroffenen dem Antragsteller als Parteien im formellen Sinn vor Erlaß des belastenden Hoheitsakts gegenüberstanden. Hatte lediglich der betroffene A eine derartige Verfahrensstellung, nicht jedoch der betroffene B, so handelt es sich gegenüber A um einen Rechtsprechungs-, gegenüber B jedoch um einen Verwaltungsakt mit der Folge, daß mit der Anfechtung des Akts durch A *Rechtsprechung rechtsmittelartig fortgesetzt*, mit der Anfechtung seitens des B *Rechtsprechung* jedoch erst *klageartig begonnen* wird. Dies bedeutet wiederum, daß der Anfechtungstyp des Rechtsmittels nur demjenigen Betroffenen zusteht, der bereits vor Erlaß des anzufechtenden Hoheitsakts am Verfahren beteiligt war, der Anfechtungstyp der Klage jedoch der Rechtsbehelf desjenigen Betroffenen ist, dem noch keine derartige Verfahrensstellung vor Erlaß des belastenden Hoheitsakts zukam.

Damit ergibt sich unter Zugrundelegung der hier entwickelten Prinzipientrennung „Klage-Rechtsmittel", daß es zur Verfahrenskontinuität des Rechtsmittelprinzips gehört, daß sich die Verfahrenssubjekte des vor dem Erlaß des Hoheitsakts liegenden Verfahrensabschnitts mit denjenigen des nach dem Erlaß liegenden Verfahrensabschnitts, des unselbständigen Rechtsmittelverfahrens, decken[103].

---

[103] Schon Martin Lb § 265 sah es als charakteristisch für das Rechtsmittel an, daß „ein neuer Incidentstreit zwischen den bisherigen Partheyen" stattfinde; (vgl. auch Danz-Gönner Grundsätze S. 596 und Renaud Lb § 185

Das Ergebnis, daß das Rechtsmittel also grundsätzlich nur den Prozeßparteien zusteht[104], wird, — wenigstens für den Bereich des Zivilprozesses — durch die Bestimmungen über die Nebenintervention bestätigt. Wenn das Gesetz in § 66 II ZPO einem vor Erlaß des Urteils nicht am Verfahren beteiligten Dritten die Möglichkeit gibt, durch *Beitritt* zu dem zwischen den anderen Rechtssubjekten schwebenden Verfahren das Urteil mit einem Rechtsmittel anzufechten, geht es davon aus, daß der bisher nicht formell beteiligte Dritte grundsätzlich kein Rechtsmittel einlegen kann. Mit dem Kunstgriff des „Verfahrensbeitritts" kann der Dritte sich jedoch rückwirkend (siehe § 67 1. Halbsatz ZPO) in das Verfahren auf die Seite einer der beiden Parteien „einschleichen" und auf der Grundlage der bisherigen Parteieigenschaft des zu Unterstützenden ein Rechtsmittel einlegen[105].

Gegen den hier vertretenen grundsätzlichen Ausschluß eines Dritten von einem dem Rechtsmittelprinzip zugeordneten Anfechtungsmittel scheint außerhalb des Zivilprozesses die Tatsache zu sprechen, daß die Beschwerde des FGG jedem „in seinen Rechten Beeinträchtigten" zusteht — ohne Rücksicht auf seine etwaige formelle Parteistellung vor Erlaß des beeinträchtigenden Akts. Diesem Bedenken läßt sich jedoch durch das bereits erwähnte „zweispurige" Verständnis der Struktur dieses Rechtsbehelfs unter Zugrundelegung des als Antithese zum Klagebegriff gemeinten Rechtsmittelbegriffs begegnen: Für den „nur" materiell Beeinträchtigten ist die Beschwerde der Struktur nach Klage, für den bereits auch formell Beteiligten ist sie strukturell Rechtsmittel.

Ein weiteres Bedenken gegen die hier vertretene Ansicht ließe sich daraus herleiten, daß die — hier bereits dem Rechtsmittelprinzip zugeordnete — sofortige Beschwerde nach § 793 ZPO ebenso wie die Erinnerung jedem rechtlich interessierten Dritten zustehen soll[106].

S. 586); heute so Bettermann DVBl 53, 202 (203). — Mit dem Erfordernis der „Parteienkongruenz" beim Rechtsmittelprinzip läßt es sich erklären, daß der Gesetzgeber die Bestimmung des Anfechtungsbefugten bei Berufung und Revision für entbehrlich gehalten hat. — An dem Erfordernis der Parteieigenschaft will wohl auch die Meinung, welche für das Rechtsmittel des Beklagten materielle Beschwer genügen lassen will (Stein-Jonas § 511 ZPO Anm. II A 2, Habscheid NJW 64, 234; dagegen Baur FS Lent S. 1 [12 ff.]), nicht rütteln; denn bei diesem Streit über das Erfordernis materieller oder formeller Beschwer geht es schließlich nur um weitere Bedingungen der Rechtsmittelbefugnis einer *Prozeßpartei*.

104 Siehe so schon Simeon-David Rechtsgang II S. 471 für die Berufung.

105 Siehe bereits Linde Rechtsmittel II S. 9: „... wenn man den Gesichtspunkt festhält, daß die Appellation eines Dritten als Intervention zu beurteilen sei"; ebenso Koch Lb preuss Civilprozeß § 331 (S. 610 f.), Bolgiano Handbuch S. 114.

106 Siehe Oertmann System § 307 1 c, Stein-Jonas § 793 II, OLG Hamburg MDR 54, 685.

Unproblematisch ist hier der Fall, daß sich derjenige rechtlich interessierte Dritte, der bereits erfolglos erinnert hat, gegen die Abweisung *seiner* Erinnerung mit der sofortigen Beschwerde wendet[107]. Denn hier setzt der Dritte lediglich sein eigenes, mit der „Erinnerungsklage“ eingeleitetes Anfechtungsverfahren im Weg des Rechtsmittels fort. Auch außerhalb dieses Falls läßt sich nach der hier vorgenommenen Prinzipientrennung einem rechtlich interessierten Dritten das Rechtsmittel des § 793 ZPO gewähren, und zwar im Weg der Nebenintervention in einem z. B. nach §§ 887 ff. i. V. mit § 891 ZPO zwischen Gläubiger und Schuldner als formellen Parteien ablaufenden Vollstreckungsverfahren[108].

Nach alldem läßt sich jedenfalls für den zivilprozessualen Bereich die Auswirkung der hier vorgenommenen Prinzipientrennung für die Frage nach der Anfechtungsbefugnis Dritter darin sehen, daß das Rechtsmittel grundsätzlich nur den formellen Parteien des ursprünglichen Verfahrens und Dritten nur ausnahmsweise in der technischen Form eines Beitritts zum Verfahren zusteht, während die Klage jedem betroffenen Dritten ebenso wie dem Adressaten des anzufechtenden Hoheitsakts ohne eine solche prozessuale Beschränkung zur Anfechtung des belastenden Hoheitsakts zur Verfügung steht.

Danach ergibt sich aus der Einordnung der Erinnerung in das Anfechtungsprinzip des Klagetyps, daß Dritte selbständig, d. h. ohne gleichzeitig zu einem Beitritt zu dem vom Vollstreckungsgläubiger eingeleiteten Vollstreckungsverfahren in Form der Nebenintervention gezwungen zu sein, erinnern können[109].

II. Kriterium der Erinnerungbefugnis Dritter: Das Recht auf Beseitigung des ergangenen Vollstreckungsakts, nicht das rechtliche Interesse an seiner Beseitigung

Die an die Nebenintervention gebundene Rechtsmittelbefugnis setzt ein „rechtliches Interesse“ voraus (§ 66 ZPO), die Klagebefugnis fordert eine Rechtsverletzung (siehe §§ 42 II, 113 VwGO). Dieser Vergleich legt

---

107 Dies ist der Fall aus RG 34, 377, der Entscheidung, auf die sich die Literatur beruft.

108 Bei der Vollstreckung nach den §§ 887 ff. ZPO gestattet die h. M. die Nebenintervention (Stein-Jonas § 66 II 1, Rosenberg Lb § 46 II 1 a, Förster-Kann § 66 2 b dd; a.A. Wieczorek § 66 A I a 4). Auch in einem vom Schuldner gegen den Gläubiger angestrengten Erinnerungsverfahren wird man einem — selbständig erinnerungsbefugten — Dritten die Nebenintervention gestatten können.

109 Damit, daß hier die Nebenintervention als Basis einer Dritterinnerung ausscheidet, steht es im Einklang, daß die h. M. eine Nebenintervention beim „Betreiben der Vollstreckung“ regelmäßig versagt (Rosenberg Lb § 46 II 1 a, Donau NJW 55, 412, Lüke Diss. S. 66 N 1).

nahe, daß die Qualifizierung der Erinnerung als Klage den Maßstab entzieht, an dem man immer wieder die Erinnerungsbefugnis Dritter mißt: das rechtliche Interesse des Dritten[110].

Gegen diese Vermutung ließe sich einwenden, daß es doch nur ein rechter Zufall sei, daß das Gesetz einmal vom rechtlichen Interesse, das andere Mal vom Recht des Dritten spreche. Daß beide Begriffe synonym sind, muß man als Ansicht derer betrachten, die bei § 766 ZPO unbekümmert in einem Atemzug von „Recht" und „rechtlichem Interesse" des Dritten sprechen[111].

Andererseits spricht vieles dafür, daß sich der Gesetzgeber etwas Besonderes dabei gedacht hat, als er für verschiedene Situationen diese verschiedenen Begriffe verwandte. M. E. liegt der Schlüssel zur Erkenntnis hier wiederum im Dualismus beider Anfechtungsprinzipien.

Ist dasjenige, das vor der Anfechtung liegt, als wirksame, wenn auch unrechtmäßige Materie von dem, was mit der Anfechtung beginnt, getrennt, ist das Anfechtungsmittel „Klage" die *formale Brücke* zwischen beiden Sphären, der Materie und dem Prozeß, und das Recht auf Beseitigung des wirksamen, aber unrechtmäßigen Zustands die *sachliche Brücke* zwischen beiden Sphären. Soll ein Prozeß begonnen, also aus dem Bereich des materiellen Rechts in denjenigen des Prozesses geschritten werden, ergibt sich schon aus dem Sinn des Prozesses, *Recht zu verwirklichen,* das derjenige, der den Prozeß beginnt, dies unter Berufung auf ein ihm zustehendes Recht tut[112]. Das gilt in gleicher Weise für einen Prozeß, der sich an privates Handeln anschließt, und für einen solchen, der an staatliches (materielles Verwaltungs-) Handeln anknüpft. Ebenso wie der Kläger mit der zivilprozessualen Leistungsklage der seine Forderung zunächst wirksam verletzenden Nichtzahlung seitens des Beklagten unter Berufung auf sein Recht auf die Leistung entgegentritt[113], so tritt der Kläger mit der VwGO-Anfechtungklage

---

[110] Auswahl: Pagenstecher, Prozeßprobleme S. 26, Stein-Jonas § 766 II 3, Lüke JuS 62, 418 ff. Zu diesen Autoren lassen sich auch diejenigen zählen, die unter Fortlassung des Wortes „rechtlich" nur vom „Interesse" sprechen (Seuffert-Walsmann § 766 ZPO Anm. d, Oertmann, System § 307 2 b). Denn aus dem Zusammenhang ergibt sich, daß mit dieser Formulierung keine sachliche Gegenmeinung vertreten werden soll.

[111] Braun Diss. S. 48, 71; Schultz, Vollstreckungsbeschwerde S. 136 ff., 511.

[112] Der besondere Fall der reinen Feststellungsklage (§ 256 ZPO) muß hier außer Betracht bleiben, da er nur unter Einbeziehung anderer, hier nicht näher darzulegender Gesichtspunkte verstanden und behandelt werden kann.

[113] Auch Bruns FS Schmidt-Rimpler S. 237/8 hebt hervor, daß sich der Kläger des normalen Leistungsprozesses auf eine Rechtsverletzung des Beklagten stützt; zum früheren Streit, ob die Klage die Verletzung eines *fälligen* Rechts zur Voraussetzung hat, siehe Langheineken Urteilsanspruch S. 199 ff. (bejahend) und Hellwig Anspruch S. 352 ff. (verneinend).

dem sein Recht auf Verschonung von rechtswidrigen Maßnahmen verletzenden Verwaltungsakt unter Berufung auf sein Recht auf Beseitigung des rechtsverletzenden Akts entgegen[114]. Dieses Recht, das der Betroffene hier und dort erstmalig mit einer Klage geltend macht, ist — in *relativierender Betrachtung* — stets materieller Natur, gleichgültig, ob die Rechtsverletzung auf dem Gebiet des materiellen Rechts oder demjenigen des Prozeßrechts — wie in der Zwangsvollstreckung — erfolgte. Als „relativ materiell" wird dieses Recht in Abweichung vom herkömmlichen Verständnis des Gegensatzpaars „materiell-prozessual" deshalb bezeichnet, weil der mit dem Klagerechtsbehelf anzufechtende Hoheitsakt *in Ansehung des Betroffenen* und präsumptiven Klägers noch keinen Rechtsprechungsakt darstellt, *ihm gegenüber* noch nicht als in einem Prozeß ergangen angesehen werden kann. Anders ist es beim Rechtsmittelprinzip. Hier ist für den Betroffenen die Grenze zwischen Materie und Prozeß bereits überschritten, das Recht des Betroffenen auf Fortsetzung des Prozesses im Weg des Rechtsmittels beurteilt sich nach seiner bisherigen prozessualen Stellung, ist daher — in relativer Betrachtung — prozessualer Natur[115].

Wurde bisher die unterschiedliche Natur der Anfechtungsbefugnisse nach beiden Anfechtungsprinzipien dargelegt, so ist nun die Auswirkung dieses Unterschieds speziell auf die Anfechtungsbefugnis Dritter zu betrachten.

Beim Klageprinzip ist die Sache einfach; der Grundsatz, daß der Anfechtende ein materielles Recht haben, durch den vorangegangenen Akt in diesem Recht beeinträchtigt sein muß, wenn er anfechten will, gilt ohne Ansehen der Person. Alle etwa Betroffenen werden „über einen Kamm geschoren", es wird nach ihrem materiellen subjektiven Recht gefragt.

Unerheblich ist es hierbei, daß es Personen gibt, die auf Grund ihrer Stellung typischerweise in besonderem Maß durch einen ergangenen Hoheitsakt in ihren Rechten betroffen sind und daß es daneben andere

---

114 An die gleiche Ausgangssituation der Klage nach ZPO und VwGO knüpft auch Lüke ZZP 76, 15 an, wenn er Prozeßführungs- und Klagebefugnis für synonym erklärt.

115 Auch die *Beschwer* teilt diese Rechtsnatur — geradezu als innerprozessuales Analogon zum vorprozessualen Begriff des materiellen subjektiven Rechts. Man sollte den Begriff der Beschwer aber auch auf den innerprozessualen Raum beschränken, nur als Korrektiv (s. Baur FS Lent S. 1 [8]) der Befugnis, einen bereits begonnenen Prozeß durch Rechtsmittel in höherer Instanz fortzusetzen, betrachten und die Unterscheidung beider Anfechtungsprinzipien nicht dadurch verdunkeln, daß man auch bei Klagerechtbehelfen wie bei der Erinnerung (hier so Baur a.a.O. S. 14 und Heintz Diss. S. 104 für die Erinnerungsbefugnis Dritter) die Beschwer als Voraussetzung der Anfechtungsbefugnis bezeichnet.

gibt, die nur in Ausnahmefällen durch einen erlassenen Hoheitsakt betroffen werden.

So bleibt ohne Auswirkung, daß es in der Zwangsvollstreckung neben dem Vollstreckungsschuldner, der typischerweise betroffenen Passivpartei (im materiellen Sinn), die ausnahmsweise und nebenbei betroffenen Dritten (im materiellen Sinn) gibt. Partei und Dritte haben in gleicher Weise ein materielles Recht auf Beseitigung des ergangenen Vollstreckungsakts vorzuweisen, wenn sie erinnern wollen. Eine besondere prozessuale Hürde für einen „Dritten" gibt es nicht.

Schwieriger und grundsätzlich anders ist die Sache beim Rechtsmittelprinzip. Hier wird die Frage: Partei oder Dritter? unmittelbar für die Anfechtungsbefugnis akut. Hier gibt es die auf Grund ihrer bisherigen formellen Parteistellung anfechtungsbefugte Partei und den mangels bisheriger formeller Parteistellung nicht anfechtungsbefugten Dritten. Hier fragt sich, welche Voraussetzungen man fordern soll, damit der bisher nicht beteiligte Dritte unter „Einschleichung" ins bisherige Verfahren als Nebenintervenient dennoch den bereits in erster Instanz ergangenen Hoheitsakt, die erstinstantielle Entscheidung, anfechten kann.

Ausgeschlossen ist es, unter Berufung auf die dem Prozeß immanente Wirkung „inter partes" jeden *Anlaß* für einen Dritten, das zwischen anderen Personen ergangene Urteil anzufechten, zu leugnen und damit der Frage nach der Qualifizierung der Voraussetzung einer Nebenintervention zu entgehen. Denn das zwischen den Parteien ergehende Urteil wirkt stets gegen eine Vielzahl von Dritten, wenn auch nicht immer in der Form, daß es Rechtskraft gegen Dritte wirkt. Die Fälle der Rechtskrafterstreckung auf Dritte sind sogar relativ unbedeutend gegenüber den übrigen Fällen, in denen das Urteil auf die verschiedenste Art irgendwelche — meist nachteilige — wenn auch geringfügige Auswirkungen gegen Dritte hat. Man braucht nur den Katalog von Wirkungen zu betrachten, den die Literatur bereits bei der einfachen Form der Nebenintervention (§ 66 ZPO) zur Frage, wann ein rechtliches Interesse des Dritten zu bejahen ist, aufgestellt hat; da finden sich neben der Rechtskraftwirkung gegen Dritte die Vollstreckbarkeits-[116], Gestaltungs-[117], sonstige Vollstreckungs-[118], Tatbestands-[119],

[116] Stein-Jonas-Pohle § 66 IV, Stein-Juncker Lb. S. 293, Wieser Diss. S. 46, 113 mit weiteren Nachweisen.

[117] Hellwig Lb I S. 485, Seuffert-Walsmann § 66 ZPO Anm. 2 c, Goetzeler S. 12, Wieser Diss. S. 85 ff. mit weiteren Nachweisen.

[118] Stein-Jonas-Pohle § 66 IV 4, Goetzeler S. 13, Baumbach § 66 2 B, Wieser Diss. S. 46 mit weiteren Nachweisen.

[119] Stein-Jonas-Pohle § 66 III 4, Walsmann Nebenintervention S. 130, Sydow-Busch § 66 1 und viele andere.

Reflex-[120], Beweis-[121], und Nebenwirkung[122], alle Ausstrahlungen eines Urteils auf Dritte!

Betrachtet man einerseits diese Vielzahl von Urteilswirkungen gegenüber Dritten und auf der anderen Seite das Institut der Nebenintervention, muß man sagen, daß das letztere geradezu wie geschaffen ist, um Dritten zu ermöglichen, die ihnen von Urteilen, die zwischen anderen Personen ergehen, drohenden Beeinträchtigungen abzuwehren. Selbst der Fall des drohenden Regresses, den die Väter der ZPO vorwiegend im Auge hatten, als sie die Nebenintervention konstituierten, ist ein Fall der Wirksamkeit eines Urteils gegenüber Dritten; auch hier wird dem Dritten — streng genommen — ebenso wie dort, wo das Urteil gegen ihn Rechtskraft wirkt, mit der Nebenintervention die *einzige* Möglichkeit geboten, einen ihm drohenden Nachteil abzuwenden. Zwar wirkt das Urteil gegen den, der den Regreß gewärtigen muß, regelmäßig keine Rechtskraft, und er ist deshalb auch dann, wenn er die Gelegenheit zur Nebenintervention versäumt, nicht gehindert, nun seinerseits um seine „Freisprechung" unter Leugnung der Schuld des Regreßnehmers zu kämpfen. Dennoch wirkt sich das gegen den Regreßnehmer ergangene Urteil gegen den Regreßschuldner aus, wenn auch regelmäßig in der sehr geringen Weise, daß der Regreßnehmer durch das ihm ungünstige Urteil adäquat kausal veranlaßt wird, gegen den Regreßschuldner zu klagen[123]. Auch dies ist aber bereits eine ungünstige Wirkung des Urteils gegenüber einem Dritten!

Betrachtet man aber die Nebenintervention als die gebotene Gelegenheit für Dritte, die ihnen von Urteilen, die zwischen anderen ergehen, drohenden Nachteile abzuwenden, dürfte doch wohl nur ein kleiner Schritt nötig sein, um die Nebenintervention als Mittel zu betrachten, *Rechtsbeeinträchtigungen* Dritter zu verhindern und, wenn solche bereits erfolgt sind (erstinstantielles Urteil!), nachträglich auf dem Rechtsmittelweg zu beseitigen. Warum aber, so ist zu fragen, spricht das Gesetz dennoch nicht von der Rechtsbeeinträchtigung Dritter, die durch das zugunsten der „anderen" Partei ergehende Urteil zu gewärtigen ist, sondern fordert das nebelhafte, unbestimmte *rechtliche Inter-*

---

120 Kuttner Nebenwirkungen S. 155, Sydow-Busch a.a.O., RG JW 12, 873.

121 Ekelöf FS für Hedemann S. 214, Kisch, Urteilslehre S. 80, Krückmann ZZP 30, 221, a.A. Walsmann Nebenintervention S. 141.

122 Kuttner Nebenwirkungen S. 155, Walsmann ZZP 39, 545, Goetzeler S. 14, Wieser Diss. S. 126; a.A. RG SA 47, 152.

123 Siehe bereits Maxen ZCP 21 S. 391; eine ganze Reihe von anderen ungünstigen Auswirkungen des Urteils gegenüber dem Regreßschuldner nennt die Literatur: Die Zeugen haben sich festgelegt (Baumbach § 66 ZPO Anm. 2 D; Ekelöf FS Hedemann S. 212); Der Richter im Regreßprozeß wird ebenso wie der Richter im Vorprozeß entscheiden aus Scheu vor der Autorität des Erstrichters (Maxen a.a.O. S. 391) oder aus anderen Gründen (siehe Wieser Diss. S. 52; Walsmann, Nebenintervention S. 14; Ekelöf a.a.O.).

esse des Dritten daran, daß das Urteil nicht zugunsten der „anderen" Partei ergeht? Den Gesetzgeber mag vielleicht in erster Linie das Bestreben geleitet haben, den Kreis der befugten Dritten möglichst weit zu ziehen; deshalb mag er das vom Wortlaut her anpassungsfähigere „rechtliche Interesse" dem starren „Recht" oder der „Rechtsbeeinträchtigung" vorgezogen haben. Daneben deutet aber die Verwendung des Begriffs des „rechtlichen Interesses" darauf hin, daß hiermit angedeutet werden sollte, daß es sich bei der Nebenintervention einfach um ein im Ganzen prozessual geringwertiges Institut handelt, geringwertig in seinen Voraussetzungen und Wirkungen. Immer liegt zwar eine „Auswirkung" der Entscheidung gegen Dritte vor, immer ist es aber eine solche, die gemessen an der Wirkung gegenüber den Parteien geringer ist. Einer solchen „geringeren" Rechtsbeeinträchtigung, die das Urteil gegenüber Dritten darstellt, entspricht aber auch ein geringeres prozessuales Recht: Der Dritte muß sich selbst rühren und darauf achten, ob ein Prozeß läuft, der nachteilig gegen ihn ausstrahlt; der Dritte darf nur solange sich des ihm ungünstigen Akts erwehren, wie der Prozeß, in dem dieser Akt ergeht, noch läuft[124]; das ohne seine Beteiligung ergangene Urteil kann von ihm nur noch solange angefochten werden, wie die Anfechtung den Parteien offensteht[125].

In Anbetracht dieser besonderen Ausgestaltung, dieser „unterentwickelten" Gestalt nebeninterventionaler Befugnis ist es allerdings gerechtfertigt, die Nebenintervention als solche nicht in die Kategorie des *Rechts* zu ziehen, sondern der unbestimmteren Kategorie des rechtlichen Interesses zuzuordnen, wie es § 66 ZPO tut.

Ein weiterer Gedanke zur Erklärung des Umstands, daß der Dritte bei der Anfechtung durch Rechtsmittel nicht durch die bereits ergangene Entscheidung in einem Recht beeinträchtigt zu sein braucht, sondern sein rechtliches Interesse an der Aufhebung des erlassenen Urteils genügt, ist eine Eigentümlichkeit, die der Anfechtung in Form eines Rechtsmittels anhaftet:

Der bisher in erster Instanz ergangene Akt ist als solcher noch gar nicht „vorhanden", er befindet sich vielmehr noch im Stadium der prozessualen Entstehung. Wirklich „fertig" ist dieser Akt erst mit dem endgültigen Abschluß des Verfahrens überhaupt, also dann, wenn keine Fortsetzung mangels weiterer Instanz mehr möglich ist. Da alle vorherigen Wirkungen, die er auslöste, vorübergehender, vorläufiger Natur sind und ganz vom fortlaufenden Prozeß bestimmt werden, läßt sich auch vor Abschluß des Verfahrens von einer Rechtsbeeinträchtigung Dritter nicht sprechen.

---

124 Siehe § 66 ZPO: „anhängiger Rechtsstreit".

125 RG 93, 31.

So ist es gerechtfertigt, für die Frage der Anfechtungsbefugnis Dritter beim Rechtsmittelprinzip mit der Forderung eines rechtlichen Interesses auch im Wortlaut von der Voraussetzung abzurücken, an welche die klagemäßige Anfechtung gebunden ist: das verletzte Recht des Klägers.

Da die Erinnerung dem Klageprinzip zugehört, kann hier in Konsequenz des soeben Ausgeführten das rechtliche Interesse eines Dritten nicht als taugliches Kriterium für die Anfechtungsbefugnis des Dritten betrachtet werden. Es ist vielmehr zu fordern, daß der Dritte in seinen Rechten beeinträchtigt ist, ein Recht auf Beseitigung des ergangenen Vollstreckungsakts hat.

Damit ergibt sich ein bedeutsamer dogmatischer Unterschied[126] zwischen der Anfechtungsbefugnis eines Dritten in der Zwangsvollstrekkung — in ihrem Regelfall — und der Anfechtungsbefugnis eines Dritten in dem der Zwangsvollstreckung regelmäßig vorangehenden Urteilsklageverfahren:

In der Zwangsvollstreckung ist nach einem *Recht* des Dritten auf Beseitigung des ergangenen Akts (Vollstreckungsakts), im Urteilsklageverfahren, das vom Rechtsmittelprinzip beherrscht wird, nach einem *rechtlichen Interesse* des Dritten an der Beseitigung des ergangenen Akts (Urteils) zu fragen.

Dieser dogmatische Unterschied hindert jedoch nicht, in der weiteren Frage, wann man ein derartiges Recht des Dritten oder ein solches rechtliches Interesse des Dritten bejahen kann, nach einheitlichen[127] Gesichtspunkten vorzugehen. Man muß sich nur dessen bewußt sein, daß man auf verschiedenen dogmatischen Gleisen forscht.

C. Ergebnis

Im ersten Abschnitt der Arbeit hat sich ergeben, daß sich die *Erinnerung Dritter* als ein dem Klageprinzip zugeordneter Rechtsbehelf in die Struktur der Zwangsvollstreckung einfügt und die *Erinnerungsbefugnis Dritter* zur Voraussetzung hat, daß Dritte ein Recht auf Beseitigung des mit der Erinnerung anzufechtenden Vollstreckungsakts haben.

Im zweiten Abschnitt ist nun zu untersuchen, welche *sachlichen* Voraussetzungen in der Person Dritter vorliegen müssen, damit man ihnen ein Recht auf ordnungsgemäße Vollstreckung und Beseitigung eines ergangenen Vollstreckungsakts zusprechen kann.

---

126 Seine Bedeutung zeigt sich im zweiten Teil der Arbeit.

127 Ganz auffällig wird die Parallele in *der Sache*, wenn man an die mit dem Kläger und späteren Vollstreckungsgläubiger konkurrierenden Gläubiger denkt. Diese Personen werden weder durch das Urteil im Erkenntnisverfahren als derart betroffen angesehen, daß sie der Nebenintervention bedürftig wären (Wieser Diss. S. 101), noch durch den einzelnen auf Grund des Urteils ergangenen Vollstreckungsakt als genügend beeinträchtigt betrachtet, um der Erinnerung „würdig" zu sein.

Zweiter Abschnitt

Die sachlichen Voraussetzungen der Erinnerung Dritter

A. Das Drittrecht nach § 766 und § 771 ZPO

Aus § 771 ZPO ließe sich folgern, daß mit dieser Norm die schutzwerten Rechte Dritter und der Weg zu ihrer Geltendmachung erschöpfend abgegrenzt sind, ein mit der Erinnerung zu verfolgendes Recht eines Dritten auf Beseitigung eines Vollstreckungsakts also ausgeschlossen ist[1]. Dieser Folgerung steht jedoch das System der Zwangsvollstreckung entgegen, welches zwei verschiedene Drittbeziehungen kennt, von denen die eine für die Vollstreckung *typisch*, die andere hier wie bei jeder anderen Hoheitstätigkeit vorhanden ist. Nur auf die erstere ist § 771 ZPO zugeschnitten.

Will man in dem Nebeneinander der „vollstreckungsinternen" Rechtsbehelfe nach §§ 766, 793 ZPO und der das Zivilrecht zur Geltung bringenden Klagen nach §§ 767, 771 ZPO ein sinnvolles Miteinander sehen, muß man die Zwangsvollstreckung *dualistisch* deuten[2], d. h. zwei verschiedene Zulässigkeitsstufen innerhalb dieses Rechtsgebiets annehmen:

Die *Vornahme* der Mobiliarvollstreckung ist *zulässig*, wenn der Antragsteller einen Titel gegen denjenigen hat, der zu dem mit der Vollstreckung zu ergreifenden Gegenstand in einer genau beschriebenen Anknüpfungsbeziehung[3] steht und wenn der Titel inhaltlich zur Herbeiführung oder Duldung des mit der Vollstreckungsmaßnahme herbeizuführenden Zustands verpflichtet. *Im Ergebnis* ist die Vollstreckung dann *zulässig*, wenn der Antragsteller einen Titel gegen denjenigen hat, der befugt ist, ein der Wirkung des Vollstreckungsakts gleich-

---

1 So Nessel GruchBeitr. 28, 83 (131 ff.), Struckmann-Koch § 685 ZPO a. F. N 1.

2 Siehe bereits § 8 Cod. jur. bavar. jud. von 1753, §§ 75, 77 preuss AGO; vgl. auch Favre S. 45 zum *Schweizer* Recht, Petschek Forderungspfändung S. 264 zum *österr.* Recht, Wrede Lb S. 359 ff. zum *schwed.* Recht; zur rechtstheoretischen Begründung s. Merkl Verwaltungsrecht S. 171 ff., 282 ff.

3 z. B. „Gewahrsam" (§ 809 ZPO). Die Anknüpfung zielt auf leichte Erkennbarkeit, s. Brox JZ 60, 752, Kreiling NJW 63, 888 (890), Pagenstecher GruchBeitr. 50, 796.

kommendes Ergebnis selbst herbeizuführen[4] und wenn die letzere Person dem Antragsteller gegenüber zur Herbeiführung des mit der Vollstreckungsmaßnahme erstrebten Zustands verpflichtet ist[5].

Das Stufenverhältnis[6] zwischen beiden Normenfeldern zeigt sich darin, daß die Betrachtung des Sachverhalts nach den Normen der „Ergebniszulässigkeit" in der Stufe der Vornahmezulässigkeit erst nach *konstitutivem* Akt in Betracht kommt, nämlich erst dann, wenn der erststufig zulässige Vollstreckungsakt mittels *Gestaltungsklage* nach § 767 oder § 771 ZPO[7] in einen erststufig unzulässigen verwandelt ist.

Der nicht mehr schuldende Beklagte kann nach § 767 ZPO verlangen, daß die wegen des Titels vornahmezulässige, aber ergebnisunzulässige Vollstreckung in eine vornahmeunzulässige verwandelt wird. Der Dritteigentümer erwirkt durch § 771 ZPO, daß die auf Grund eines gegen den Gewahrsamsinhaber vorliegenden Titels vornahmezulässige, aber ergebnisunzulässige Vollstreckung in eine vornahmeunzulässige umgewandelt wird.

Während somit die Klage nach § 771 ZPO ebenso wie diejenige nach § 767 ZPO die Funktion hat, die Vollstreckung an den zweitstufigen Normen der Ergebniszulässigkeit auszurichten, fällt der Erinnerung nach § 766 ZPO in Verbindung mit der sofortigen Beschwerde nach § 793 ZPO die Aufgabe zu, dafür zu sorgen, daß die Vollstreckung im Einklang mit den erststufigen Normen der Vornahmezulässigkeit erfolgt[8].

Mit der Erkenntnis, daß die Rechtsbehelfe nach § 771 und § 766 ZPO verschiedenen Stufen zugeordnet sind, ist zugleich der Ausgangspunkt für die Lösung der Frage, ob die Existenz des § 771 ZPO der Annahme

---

4 Siehe Henckel Parteilehre S. 52 f. (N 50), S. 70 f. und schon Hein Duldung S. 69 und Müller Pfändungspfandrecht S. 90.

5 Verwendet man für die beiden Zulässigkeitsstufen die Begriffe „Vornahme"- und „Ergebniszulässigkeit" und nicht diejenigen der „formellen" und „materiellen Rechtmäßigkeit", zeigt man, daß die Zwangsvollstreckung alle einen Vollstreckungsakt im weiteren Sinn bestimmenden Normen technisch in zwei Normenkreise aufteilt, ohne sie zu werten, und entgeht zugleich den gegen das zweitgenannte Begriffspaar gerichteten Angriffen (s. Engisch Einheit S. 56 ff.).

6 Siehe hierzu Kelsens Stufenordnung (Reine Rechtslehre S. 74 ff., Merkl Rechtskraft S. 210 ff.; Gegener dieser Lehre: u. a. Engisch Einheit S. 12 ff.).

7 Beide Klagen sieht man heute allgemein als *Gestaltungs*klagen und damit Ausdruck eines dualistischen Systems der Zwangsvollstreckung an (für § 767 ZPO s. Stein-Jonas II 2 vor § 704 ZPO, Bettermann Zivilurteil S. 190; für § 771 ZPO s. Rosenberg Lb § 185 III 8, Bruns Lb § 15 III, Stein-Jonas § 771 ZPO Anm. I 1 c, anders noch Stein Grundfragen S. 38 f.).

8 Zu dieser Funktion der Erinnerung s. für alle Stein-Jonas § 766 ZPO II 1 (Der Anwendungsbereich der Erinnerung umfaßt diejenigen Normen, deren Beachtung den Vollstreckungsorganen bei der *Vornahme* der Vollstreckungsmaßnahmen vorgeschrieben ist).

eines nach § 766 ZPO zu verfolgenden Drittrechts entgegensteht, gewonnen:

Mit der Drittwiderspruchsklage wird lediglich das „Übermaß", daß in der Zwangsvollstreckung zur Erreichung des Vollstreckungszwecks erststufig auch Drittrechte im Widerspruch zur zivilrechtlichen Lage angegriffen werden können, auf einer zweiten Zulässigkeitsstufe „zurückgeschraubt".

Damit erweist sich der § 771 ZPO als derjenige Drittbehelf, der nur jene besondere Drittbeziehung der Zwangsvollstreckung ausgleicht, die mit der dualistischen Ausgestaltung der Zwangsvollstreckung verbunden ist. Davon abgesehen strahlt aber jeder Vollstreckungsakt wie jeder andere Hoheitsakt — insbesondere auch das zivilgerichtliche Urteil — gegen Dritte aus, obwohl er in erster Linie und hauptsächlich wie das zivilgerichtliche Urteil gegenüber der unterlegenen „Partei" nachteilig wirkt[9]. Ebenso wie im Erkenntnisverfahren dieser Drittwirkung mit der Nebenintervention, jener Drittbeteiligungsform, die der Struktur des formellen Zweiparteienverfahrens wesenseigen ist, Rechnung getragen wird, wird in der — regelmäßig der materiellen Verwaltung angehörenden Zwangsvollstreckung — diese Drittausstrahlung berücksichtigt, nur hier in der auf die Struktur der Zwangsvollstreckung zugeschnittenen „Quasiklage"-form des § 766 ZPO.

Damit ist dargetan, daß § 771 ZPO nicht jede Art von Drittberechtigung in der Zwangsvollstreckung absorbiert, sondern nur auf einen ganz deutlich beschränkten Sektor von Drittbeeinträchtigungen bezogen ist und dementsprechend genügend Raum für die mit der Erinnerung geltendzumachenden Rechtsverletzungen Dritter läßt.

In der Frage, wie nun die Position eines Dritten beschaffen sein muß, damit sie ihm nach § 766 ZPO das Recht auf Beseitigung ergangener Volstreckungsakte gewährt, ist bei dem Recht des Hauptbetroffenen, des Vollstreckungsschuldners, auf Beseitigung des fehlerhaften Vollstreckungsakts anzuknüpfen. Auch der Vollstreckungsschuldner muß ja ebenso wie jeder Dritte ein Recht auf Beseitigung des Vollstreckungsakts vorweisen, wenn er mit der Erinnerung durchdringen will[10].

B. Die Grundlage der Erinnerungsbefugnis des Vollstreckungsschuldners

Dadurch, daß das Gesetz die Durchführung der Vollstreckung an die wirksame Existenz eines Vollstreckungsanspruchs und sonstige Zulässigkeitsbedingungen knüpft, stellt es nicht nur Regeln im Interesse der

---

[9] Daß es sich hier um durchaus unterscheidbare Eingriffe in Drittpositionen handelt, wird nicht deutlich, wenn man §§ 771 und 766 ZPO pauschal als Rechtsbehelfe Dritter zur Abwehr von Übergriffen in ihre Vermögenssphäre bezeichnet (so Hein, Duldung S. 60).

[10] Siehe oben S. 47.

Öffentlichkeit auf, sondern zieht zugleich — und zwar in erster Linie — einen Trennungsstrich zwischen den Rechtsbereichen derjenigen Personen, zwischen denen die Vollstreckung als typisch distributiv-zweiseitige Hoheitstätigkeit erfolgt, d. h. es werden der Rechtsbereich desjenigen, der den einzelnen Vollstreckungsakt begehrt, und desjenigen, zu dessen Ungunsten sich der Vollstreckungsakt auswirkt, voneinander abgegrenzt. Die unmittelbare, entgegengesetzte „Betroffenheit“ dieser beiden Personen führt dazu, die objektiven Zulässigkeitsregeln der Zwangsvollstreckung als subjektiv gefärbt zu betrachten[11], ein *Recht des Vollstreckungsgläubigers auf Ausschöpfung des formell Zulässigen,* insbesondere auf Erfüllung des Vollstreckungsanspruchs, anzunehmen und ein *Recht des Vollstreckungsschuldners auf Einhaltung des formell Zulässigen,* insbesondere Erfüllung des „Nicht-Vollstreckungsanspruchs“, d. h. auf Verschonung von Vollstreckungsakten, wenn und soweit dem Vollstreckungsgläubiger kein Vollstreckungsanspruch zusteht.

Beruht das Recht des Schuldners auf seiner Betroffenheit durch den Vollstreckungsakt, liegt es nahe, auf der Suche nach Rechten Dritter den Ausstrahlungsbereich des einzelnen auf den Schuldner zielenden Vollstreckungsakts auf betroffene Dritte abzutasten. Das soll nun mit Hilfe der Literatur geschehen.

C. Überblick über die nach Rechtsprechung und Lehre erinnerungsbefugten Dritten

I. Der gesetzliche Vertreter des Vollstreckungsschuldners

Fast noch „Schuldner“, kaum schon „Dritter“ ist der gesetzliche Vertreter des Vollstreckungsschuldners. Genauso zwiespältig wie im Zivilrecht hinsichtlich eines zwischen Gläubiger und Schuldner bestehenden Schuldverhältnisses die Stellung des Vertreters einer dieser beiden Parteien ist[12], ist in der Zwangsvollstreckung hinsichtlich des zwischen Vollstreckungsgläubiger und Vollstreckungsschuldner bestehenden Vollstreckungsverhältnisses die Stellung des gesetzlichen Vertreters einer dieser Parteien[13].

---

[11] So grundsätzlich auch Braun Diss. S. 76 ff. und Heintz Diss. S. 70.

[12] Siehe BGH 20, 39 hinsichtlich § 123 BGB.

[13] So bezeichnen Schultz Vollstreckungsbeschwerde S. 388 und Rosenberg Lb § 188 I 1 den gesetzlichen Vertreter des Vollstreckungsschuldners nicht als Dritten im Sinn des Vollstreckungsrechts, und Heintz Diss. S. 70 sieht ihn vorsichtiger als zwischen Vollstreckungsschuldner und Drittem stehend an.

Der gesetzliche Vertreter des Vollstreckungsschuldners füllt in der Zwangsvollstreckung den Platz des Schuldners in dem Bereich — aber auch nur in dem Bereich — aus, in dem der Vollstreckungsschuldner rechtlichen Handelns unfähig ist. Über diesen Bereich hinaus, insbesondere bezüglich seines eigenen Vermögens, ist der gesetzliche Vertreter Dritter wie jeder andere auch[14]. Soweit er vollstreckungsrechtlich an Stelle des Vollstreckungsschuldners steht, d. h. soweit *ihm* persönliche Handlungen abverlangt werden, die sonst vom Schuldner in persona gefordert werden, ist er zwar betroffen, aber seine Betroffenheit gilt als solche des Schuldners. Mit dieser Begründung versagt ihm Heintz[15] das Recht, in diesem Bereich die Beseitigung fehlerhafter Vollstreckungsakte mit der Erinnerung zu verlangen. Wenn er damit auch das generelle Erinnerungsrecht des gesetzlichen Vertreters verneint[16], bejaht er ein spezielles, auf bestimmte Zulässigkeitsnormen bezogenes dort, wo die Vollstreckung gegen eine Norm verstößt, mit der ausnahmsweise gerade der gesetzliche Vertreter persönlich geschützt werden soll[17]. Als wichtigste Norm derartigen vertreterschützenden Charakters führt Heintz[18] die stillschweigende Norm an, daß der gesetzliche Vertreter nicht über seinen Vertretungsbereich hinaus von der Zwangsvollstreckung angegriffen, d. h. nicht in jenem Bereich belastet werden dürfe, den der Vollstreckungsschuldner selbst ausfüllen müsse. So dürfe der gesetzliche Vertreter mit der Erinnerung rügen, daß er selbst anstatt des Schuldners ins Schuldnerverzeichnis eingetragen worden sei[19].

---

14 Wieczorek § 766 ZPO Anm. B IV b 5.

15 Diss. S. 72 ff.

16 Heintz Diss. S. 72 ff. sagt hier anschaulich, daß dem gesetzlichen Vertreter kein, das Erinnerungsrecht des Schuldners stets begleitendes, „Schattenrecht" zustehe. Schließt man sich dem an, muß man konsequent — unter Zugrundelegung der Vertretertheorie — dem Konkursverwalter ein eigenes Erinnerungsrecht hinsichtlich einer Vollstreckung entgegen § 14 KO versagen, ihn vielmehr nur als „Ausüber" des dem Konkursschuldner zustehenden Erinnerungsrechts ansehen. Der Konkursverwalter muß aus der Betrachtung ausscheiden, da die Frage nach *seiner* Erinnerungsbefugnis systematisch ganz verschieden liegt, je nachdem man ihn als ges. Vertreter (der Masse: Böttícher ZZP 71, 314 (318 ff.); des Gemeinschuldners: Rosenberg Lb § 39 II 3) oder Partei kraft Amtes (u. a. Henckel Parteilehre S. 125) betrachtet, und da zu dieser Streitfrage in dieser Arbeit keine Stellung genommen werden kann.
Ein dem von Heintz abgelehnten „Schattenrecht" verwandtes „Schattenrecht" eines gesetzlichen Vertreters bejaht im Ergebnis BayOb 1963, 35/37, wenn es im Fall einer gegen ein Mündel angeordneten Verwahrung dem Mündel und dem Vormund ein selbständiges Anfechtungsrecht einräumt.

17 Hierin zählt Heintz das allgemein aus § 900 I ZPO entnommene Erfordernis (siehe Baumbach § 900 ZPO Anm. 2 A), daß der Offenbarungseidantrag des Gläubigers auch die Person des schwurpflichtigen Vertreters enthalten müsse.

18 Diss. S. 62.

19 Heintz Diss. S. 62; siehe auch schon RG 140, 152 (153).

Man sieht, daß man dem auf der Schwelle zwischen Schuldner und Drittem stehenden gesetzlichen Vertreter des Vollstreckungsschuldners wenigstens ein beschränktes Erinnerungsrecht zubilligt. Stellvertretend für die Literatur muß in dieser Arbeit der Hinweis auf die mehrfach zitierte Schrift von Heintz stehen, der die Erinnerungsbefugnisse von Schuldner und gesetzlichem Vertreter eingehend untersuchte.

II. Diejenigen Dritten, denen der Vollstreckungsgegenstand dinglich zu- oder mitzugeordnet ist

Unmittelbar im Ausstrahlungsbereich des einzelnen Vollstreckungsakts steht der dinglich Berechtigte am Vollstreckungsgegenstand, der nicht zugleich Gewahrsamsinhaber ist und daher zunächst ertragen muß, daß sein Eigentum auf Grund Vollstreckungstitels gegenüber dem Gewahrsamsinhaber gepfändet wird. Dieser Dritte ist zwar ausdrücklich mit der Geltendmachung seines Rechts auf die zweite „Zulässigkeitsstufe" der Zwangsvollstreckung verbannt und deshalb trotz seiner eigentlichen „Betroffenheit" nicht als betroffen anzusehen im Hinblick auf § 766 ZPO. Er kann also grundsätzlich nicht mit der Erinnerung irgendwelche Verstöße gegen die Zulässigkeitsnormen der Zwangsvollstreckung geltend machen, wenn er zur Geltendmachung seines dinglichen Rechts mittels Drittwiderspruchsklage zu bequem ist[20].

Dennoch gibt ihm die Literatur[21] eine auf bestimmte Normen beschränkte Erinnerungsbefugnis; der „dingliche Dritte" soll erinnern dürfen, wenn gegen Vorschriften verstoßen wurde, die nach ihrem Inhalt typischerweise auf den Schutz des Dritten ausgerichtet sind. Solches nimmt man u. a. bei § 816 I ZPO an, der eine Mindestfrist vor Versteigerung gepfändeter Sachen vorschreibt und damit besonders dem evtl. Dritteigentümer zugute kommt, der dadurch Gelegenheit erhält, in der vorgeschriebenen Frist nach § 771 ZPO zu intervenieren[22]. Auffällig ist hierbei, daß man den drittschützenden Charakter dieser Norm bejaht, obwohl es Vollstreckungsgläubiger und -schuldner in der Hand haben, die vorgeschriebene Frist einverständlich hinwegzubedingen.

Des weiteren nimmt man allgemein an, daß die erststufigen Zulässigkeitsnormen der §§ 810 I, 811 Ziff. 4, 865 II 1 ZPO den mit dem Gegenstand der Zwangsvollstreckung im Sinn des § 771 ZPO Verknüpften

---

20 Siehe neustens OLG Celle MDR 65, 51.

21 Siehe Rosenberg Lb § 185 II, aber auch schon Goldschmidt Lb S. 341 und RG JW 31, 2427.

22 Siehe Note 23.

schützen und ein Verstoß gegen diese Bestimmungen dementsprechend vom Dritten mit der Erinnerung geltend gemacht werden kann[23].

Diese Normen begünstigen unmittelbar diejenigen Dritten, deren dingliches Befriedigungsrecht sich auf den Vollstreckungsgegenstand erstreckt. Zwar macht die Zwangsvollstreckung hier nicht das Drittrecht selbst zum erststufigen Vollstreckungshinderungsgrund, nähert aber doch die beiden getrennten Zulässigkeitsstufen der Zwangsvollstreckung aneinander, indem sie die Vollstreckungshinderung an einen Tatbestand knüpft, bei dessen Vorliegen regelmäßig ein Drittrecht gegeben sein wird, dessen Vorliegen sonst erst in zweiter Stufe berücksichtigt wird. Daraus leitet die Literatur ab, daß hier Drittschutz angeordnet sein soll; mit dem Pfändungsverbot des § 810 ZPO für ungetrennte, noch nicht beschlagnahmte Grundstücksfrüchte, mit dem Pfändungsverbot für Grundstückszubehör nach § 865 II 1 ZPO und mit dem Pfändungsverbot für die zum Grundstück als Wirtschaftseinheit gehörenden Gegenstände nach § 811 Ziff. 4 ZPO soll auch derjenige Dritte begünstigt sein, dessen dingliches Befriedigungsrecht sich auf diese Gegenstände erstreckt. Dieser Drittschutz soll jedenfalls nach der überwiegenden Meinung ein zusätzlicher sein, d. h. den Dritten nicht hindern, sein dingliches Recht als solches mit der Drittwiderspruchsklage geltend zu machen[24].

Diesen sich aus ganz verschiedenen, vereinzelten Drittschutznormen ergebenden Erinnerungsbefugnissen dinglicher Dritter könnte sich nun ein ganzer Kreis von Erinnerungsbefugnissen zugesellen in denjenigen Fällen, in denen das Gesetz ausnahmsweise gewissermaßen im Stufendurchbruch bereits in erster Stufe die Berücksichtigung des sonst erst in zweiter Stufe zu berücksichtigenden dinglichen Drittrechts vorschreibt. Dieser Komplex betrifft die Vollstreckung in Vermögen, an denen mehrere beteiligt sind, also die in den §§ 735 ff. ZPO geregelte Vollstreckung.

Hier sind grundsätzlich die Fälle zu unterscheiden, in denen das Gesetz erststufig einen Vollstreckungstitel gegenüber allen an dem Vermögen, in das vollstreckt werden soll, Beteiligten verlangt (§§ 736, 737, 740 II, 743, 745 II, 747, 748 II ZPO) und diejenigen Fälle, in denen

---

[23] *Für § 810 und § 811 Ziff. 4 ZPO*: siehe Stein-Jonas § 766 II 3, Falkmann-Hubernagel § 766 5; Seuffert-Walsmann § 766 2 d.

Für § 865 II 1 ZPO: Stein-Jonas § 766 ZPO II 3; Seuffert-Walsmann § 766 2 d; Falkmann-Hubernagel § 766 5; Wieczorek § 766 B IV b 6; Baumbach § 865 ZPO Anm. 5; Hellwig Anspruch S. 511; Müller Pfändungspfandrecht S. 126 ff.; RG 55, 207 (208); RG 142, 382.

[24] Wieczorek a.a.O., Seuffert-Walsmann § 766 ZPO 2 a, RG 55, 208, OLG München SA 58, 127 und viele andere. Demgegenüber wird hier der § 771 ZPO und damit eine objektive Rechtsbehelfsvervielfältigung versagt u. a. von Baumbach § 865 ZPO Anm. 5, Müller Pfändungspfandrecht S. 126 ff.

das Gesetz von der materiellen Beteiligung eines der Beteiligten abstrahiert und nur gegen einen anderen der Beteiligten einen Titel verlangt (§§ 740 I, 741, 745 I, 748 I ZPO).

In den zuerst genannten Fällen wiederholt — äußerlich betrachtet — die spezielle Vollstreckungsnorm das allgemeine Erfordernis, daß gegen den materiell Rechtszuständigen ein Vollstreckungstitel vorliegen muß. Die Besonderheit liegt darin, daß hier dies allgemeine Erfordernis ausnahmsweise schon für die erste Stufe der Zwangsvollstreckung, die Vornahme der Vollstreckungsakte, gilt[25]. Daraus folgt zwar, daß hier jeder, gegen den ein Titel vorliegen muß, das Fehlen des gegenüber ihm selbst und dem Mitbeteiligten erforderlichen Titels mit der Erinnerung rügen kann[26]. Da hier aber das sachlich auf das Mehrbeteiligungsvermögen bezogene Vollstreckungsrecht gegen eine Personenmehrheit, eine Gesamthand gewissermaßen, gerichtet ist, handelt es sich nicht um einen „Drittfall"; die Beteiligten sind hier vielmehr gemeinsam als Vollstreckungsschuldner, als Gesamtvollstreckungsschuldner, zu betrachten. Diese Fälle scheiden daher aus unserer Untersuchung, die nach Erinnerungsbefugnissen Dritter fragt, aus.

Zu den noch verbleibenden Fällen, also denjenigen, in denen die Zwangsvollstreckung die materielle Mitberechtigung der jeweils Beteiligten wegfingiert und ihnen die Stellung als Vollstreckungsschuldner entzieht, §§ 740 I, 741, 745 I, 748 I ZPO, nimmt die Literatur kaum Stellung[27]. Damit fehlt die Antwort auf die interessante Frage, ob die systematische Wegfiktion hier eine absolute ist, die Wegfingierten nicht nur zu Dritten, sondern überhaupt unbeachtlichen Personen degradiert, oder ob man ihnen auf Grund ihrer nun einmal gegebenen materiellen Beteiligung nicht wenigstens die Befugnis zugestehen kann, sich gegen eine bereits erststufig unzulässige Vollstreckung mit der Erinnerung zu wehren. Letzterem stünde prinzipiell nicht entgegen, daß diese minderbeachteten Dritten ihre wegfingierte materielle Beteiligung als solche nicht „zweitstufig" mit der Drittwiderspruchsklage geltend machen können[28].

Im Ganzen berachtet ist die Literaturausbeute bei denjenigen Dritten, die zuordnungsmäßig mit dem Gegenstand der Zwangsvollstreckung

---

25 Walsmann, Voraussetzungen S. 47, Hein Duldung S. 312 ff.

26 Allgemeine Meinung: Stein-Jonas § 766 II 3, Seuffert-Walsmann § 766 2 d, Sydow-Busch § 766 1 d, Rosenberg Lb § 185 II, Hein Duldung S. 328 N 2, Hellwig Anspruch S. 511 N 116. — Anderer Ansicht sind Hirsch Württ Z 43, 373, Weismann Lb II S. 62.

27 Wieczorek § 766 B IV b 7 nimmt Stellung, aber unklar.

28 Die Drittwiderspruchsklage ist ihnen naturgemäß versagt; siehe für alle Stein-Jonas I a und II vor §§ 735—749 ZPO und im einzelnen Walsmann Vollstreckung S. 43.

verknüpft sind, mager. Man kann sagen, daß man die Erinnerungsbefugnis dieser Dritten auf Ausnahmefälle beschränkt. Das ist die natürliche Auswirkung des dualistischen Prinzips der Zwangsvollstreckung, nach dem diese Dritten grundsätzlich durch § 771 ZPO in die zweite Stufe verdrängt werden.

Von diesen untypischen Drittfällen führt der Weg nun zum typischsten Fall einer Drittberechtigung.

III. Der mit dem Gegenstand der Vollstreckung begrifflich verknüpfte Dritte (Drittschuldner)

Wurde soeben von Dritten gesprochen, deren Beziehung zum einzelnen Vollstreckungsakt darin besteht, daß ihnen der mit der Vollstrekkung anzugreifende Gegenstand dinglich zu- oder mitzugeordnet ist, ist jetzt ein Dritter zu erwähnen, dessen Beziehung zum einzelnen Vollstreckungsakt in einer ganz anderen, ganz eigenartigen Verknüpfung mit dem Vollstreckungsgegenstand und zugleich mit dem Vollstreckungsschuldner besteht. Dadurch, daß die Zwangsvollstreckung in den §§ 828 ff. ZPO auch Forderungen dem Zugriff des Gläubigers unterwirft, nimmt sie begriffsnotwendig in Kauf, daß die Passivseite einer Forderung, der Schuldner derselben, mit in den Bereich des die Forderung ergreifenden Vollstreckungsakts gezogen wird. Die Forderung als solche gehört allein dem Gläubiger. Sie gehört nicht etwa auch dem Schuldner, dieser gehört vielmehr begrifflich[29] zu ihr.

Es ist nicht erstaunlich, daß die Literatur dem Schuldner der Forderung, in die vollstreckt wird, also dem Drittschuldner, auf Grund dieser seiner begrifflichen Verknüpfung mit dem Vollstreckungsgegenstand, seiner rechtlichen Nähe zum Vollstreckungsakt, schon seit langem gestattet, Zulässigkeitsmängel des Vollstreckungsakts mit der Erinnerung geltend zu machen[30]. Man ist sich über die Erinnerungsbefugnis dieses Dritten derart einig, daß es fast gegen Gewohnheitsrecht verstieße, wenn man diese Drittbefugnis ablehnte.

Auffällig ist, daß man diesem Dritten anders als den bisher erwähnten grundsätzlich eine *schuldnergleiche* Erinnerungsbefugnis zuspricht, ihm also erlaubt, die Verletzung jeder bei Erlaß eines Vollstreckungsakts zu beachtenden Norm geltend zu machen[31].

---

[29] Siehe Roller ZZP 10, 474 (479). Parallele: Notwendige Beteiligung an der Straftat im Strafrecht.

[30] Eingehend Wessel ZZP 61, 62 (69).

[31] So ausdrücklich Brecht BB 52, 859, Stein-Jonas § 766 II 3, Wieczorek § 766 B IV a 2, Schultz Vollstreckungsbeschwerde S. 340 f., Hein Identität II S. 88 N 31. Auch bei denen, die dem Drittschuldner nicht ausdrücklich eine solche „Allbefugnis" zubilligen, sondern ihm die Erinnerung ohne weitere

IV. Der konkurrierende Gläubiger

Von dem begriffsnotwendig beteiligten Drittschuldner führt ein ziemlich weiter Schritt zu einem weiteren Dritten, dessen Berührung mit dem einzelnen Vollstreckungsakt nur darin besteht, daß der Vollstreckungsakt einen Gegenstand erfaßt, der zu einem Vermögen gehört, das auch für die Erfüllung eines von diesem Dritten gegenüber dem Vollstreckungsschuldner geltendgemachten Anspruchs haftet. Schon auf den ersten Blick steht dieser Dritte dem mit der Erinnerung anzufechtenden Vollstreckungsakt sehr viel ferner.

Aber auch dieser Dritte, der konkurrierende Gläubiger, kann in vielerlei Gestalt auftreten, einmal als schlichter Gläubiger, dann als qualifizierter, privilegierter Gläubiger, ferner als Konkursgläubiger und schließlich als konkurrierender Pfändungspfandgläubiger. Je nachdem, in welcher Gestalt er auftritt, steht er dem Vollstreckungsakt näher oder ferner, ist er der Erinnerungsbefugnis mehr oder weniger verdächtig.

1. Der schlicht konkurrierende Gläubiger

Schlüssig lehnt die Literatur die Erinnerungsbefugnis des schlicht konkurrierenden Gläubigers dadurch ab, daß sie nur die Befugnis des nachpfändenden Gläubigers erwägt und bejaht. Ausdrücklich versagen Müller[32] und Schultz[33] dem schlicht konkurrierenden Gläubiger die Rüge, daß der Vollstreckungsakt gegen § 811 Ziff. 5 ZPO verstoße, während ihm Schultz[34] wenigstens bei Zustellungsmängeln die Erinnerung zugesteht.

Sieht man von Schultz, dessen Stellungnahme auf einer besonderen, heute unüblichen Schau von Nichtigkeit und Anfechtbarkeit beruht,

---

Spezifizierung geben, kann davon augegangen werden, daß sie eine derartige Allbefugnis befürworten (Sydow-Busch § 766 1 d, Seuffert-Walsmann § 766 2 d, Falkmann-Hubernagel § 766 5, OLG München SA 71, Nr. 50). Selbst diejenigen, die nur den Unpfändbarkeitseinwand erwähnen, wollen die Erinnerungsbefugnis des Drittschuldners offensichtlich nicht beschränken (Rosenberg Lb § 185 II, Volkmar DAR 35, 13, RG 66, 233, RG JW 00, 839, KG Bl 1925, 89, Kiel JW 29, 871, LAG Hamm BB 52, 576). Früher versagten dem Drittschuldner die Erinnerung OLG München OLG 19, 1 und wohl auch Pagenstecher Prozeßprobleme S. 31 N 68. Im Schweizer Betreibungsrecht verneint Jung Diss. S. 134 (mit Rspr.-nachweisen) die Rügebefugnis des Drittschuldners. Heute versagt Wieczorek § 766 BIV b 9 und BIV c 4 dem Drittschuldner die unbeschränkte Erinnerungsbefugnis. Eine interessante Differenzierung findet sich bei Petschek, Forderungspfändung S. 82, 92 ff. Der Drittschuldner soll Unpfändbarkeit, Unzuständigkeit etc. und damit zweitrangige Mängel rügen dürfen, nicht aber den Mangel des Vollstreckungsanspruchs.

32 Pfändungspfandrecht S. 64 f.

33 Vollstreckungsbeschwerde S. 292 N 25.

34 a.a.O. S. 250 ff.

ab, läßt sich sagen, daß die Literatur den schlicht konkurrierenden Gläubiger als für die Erinnerung „zu leicht" befindet[35].

2. *Der privilegiert konkurrierende Gläubiger und der sonstwie begünstigte Dritte ohne typische Gläubigerposition*

In den Normen, welche die Pfändbarkeit von Forderungen regeln (§§ 850 ff. ZPO), wird u. a. auf gesetzliche Unterhaltsansprüche Dritter gegenüber dem Vollstreckungsschuldner Rücksicht genommen (§§ 850 c I und 850 c II, 850 d, 850 f I b, 850 g, 850 i ZPO), und zwar in der Weise, daß jeweils angeordnet wird, daß die von irgendeinem anderen Gläubiger beantragte Vollstreckung die zur Befriedigung bestimmter Unterhaltsgläubiger erforderlichen Mittel nicht ergreifen darf. Damit werden bestimmte konkurrierende Gläubiger privilegiert. Daraus schließt die Literatur ganz einhellig, daß diesen Gläubigern auch das Recht zusteht, die Verletzung dieser sie betreffenden Normen mit der Erinnerung zu rügen[36].

Mit diesen privilegiert konkurrierenden Gläubigern kann eine weitere Gruppe von gesondert behandelten Gläubigern zusammengefaßt werden; es sind die Eigengläubiger des Erben im Fall des § 778 I ZPO und die Nachlaßgläubiger im Fall des § 778 II ZPO. Diese Gruppe von Gläubigern wird zwar nicht ausdrücklich mit den Erstgenannten zusammengefaßt; in der vollstreckungsrechtlichen Wertung stehen jene jedoch diesen gleich, d. h. auch sie werden vollstreckungsrechtlich privilegiert. Auch der § 778 ZPO wird allgemein als typische „Dritterinnerungsnorm" betrachtet, den Erbengläubigern die Befugnis eingeräumt, die Vollstreckung ins Eigenvermögen des Erben seitens der Nachlaßgläubiger zu rügen, den Nachlaßgläubigern gestattet, die Vollstreckung in den Nachlaß seitens der Erbengläubiger zu beanstanden[37].

Als weitere Gruppe von Personen, denen man eine normbeschränkte Erinnerungsbefugnis zubilligt, sind diejenigen Personen zu nennen, auf deren Wohl in den §§ 811 f. ZPO, also den Pfändbarkeitsnormen bei Sachen, Bedacht genommen wird. Hier handelt es sich zwar auch zum Teil um konkurrierende Gläubiger, und zwar ebenfalls um gesetz-

---

[35] Ebenso Blumenstein S. 84 mit Rechtsp.-hinweisen N 37 betr. Beschwerdebefugnis im Schweizer Schuldbetreibungsrecht.

[36] Hier kann der Hinweis auf Stein-Jonas § 766 II 3 genügen; weitere Literaturnachweise würden zu einer mechanischen Aufzählung führen. Auch ist ein näheres Eingehen auf die einzelnen, hier begünstigten konkurrierenden Gläubiger nicht veranlaßt, da es keine grundsätzlich neuen und die Untersuchung fördernden Gesichtspunkte bringen würde.

[37] Stein-Jonas § 766 II 3, Baumbach § 778 2 B, Wieczorek § 766 B IV b 6, früher bereits Hellwig Anspruch S. 511.

liche Unterhaltsgläubiger[38]; zum anderen Teil stellt aber hier das Gesetz nicht auf typische Gläubigerpositionen ab, sondern auf den faktischen Nutzen, den bestimmte Dritte auf Grund ihrer familiären Beziehung zum Vollstreckungsschuldner oder ihrer Haushaltszugehörigkeit von den für unpfändbar erklärten Gegenständen haben (z. B. § 811 Ziff. 10 ZPO). Auch hier leitet die herrschende Meinung aus dem die Dritten nennenden und auf ihren Nutzen abstellenden Charakter der Normen eine entsprechende — auf diese Normen beschränkte — Erinnerungsbefugnis dieser Dritten ab[39].

3. Der schlicht konkurrierende Gläubiger im Konkurs des Vollstreckungsschuldners

Zwar sinken im Konkurs des Vollstreckungsschuldners die tatsächlichen Befriedigungsaussichten aller seiner Konkursgläubiger u. U. auf ein Minimum herab. Mit dieser faktischen Abwertung ist aber eine rechtliche Aufwertung der Stellung jedes einzelnen konkurrierenden Gläubigers als „Trostpflaster" verbunden. Das Schuldnervermögen wird rationiert und jedem einzelnen Gläubiger ein bestimmtes Quantum quasi dinglich zugeteilt. Hinsichtlich der Konkursmasse stehen jetzt plötzlich alle einzelnen Gläubiger in einer Gemeinschaft, die derjenigen zwischen mehreren Pfandgläubigern in Ansehung eines Pfandgegenstandes strukturell vergleichbar ist. Da die Befriedigungsaussicht des schlicht konkurrierenden Gläubigers zur — wenn auch minderwertigen — Befriedigungsanwartschaft erstarkt, liegt es nahe, daß die Stellung des konkursmäßig schlicht konkurrierenden Gläubigers im Konkurs des Schuldners auch hinsichtlich § 766 ZPO stärker bewertet wird.

In der Tat gibt Schultz ihm die Befugnis, mittels § 766 ZPO dafür zu sorgen, daß kein anderer Konkurrent entgegen dem Vollstreckungsverbot nach § 14 KO vollstreckt[40].

---

38 Siehe z. B. § 811 Ziff. 4 a ZPO, der auf den Familienunterhalt Bedacht nimmt.

39 Stein-Jonas § 766 II 3, Falkmann-Hubernagel § 766 5, Baumbach § 811 2 C, Pohle Pfändungsschutz S. 31. Hinsichtlich der Einzelheiten wird auf die insoweit eingehende und erschöpfende Untersuchung Brauns (Diss. S. 76 ff.) verwiesen. — Trotz nicht ausdrücklicher Erwähnung der Ehefrau in § 811 Ziff. 1 ZPO sieht man (s. neuerdings LG Düsseldorf MDR 62, 62) diese Dritte als hinsichtlich dieser auf den Haushalt etc. abstellenden Norm erinnerungsbefugt an. Gleiches gilt für § 812 ZPO (siehe Baumbach § 812 3).

40 Vollstreckungsbeschwerde S. 250 ff., siehe auch Stein-Jonas § 766 II 3 hinsichtlich des dem § 14 KO entsprechenden § 47 VglO. Die h. M. (s. Jaeger-Lent § 146 KO Anm. 25, Mentzel-Kuhn § 146 KO Anm. 17) gestattet zwar den Angriff auf die materiellrechtliche Position des Konkurrenten mittels § 767 ZPO im Gewand des § 146 VI KO, lehnt aber wohl die Erinnerungsbefugnis wegen einer nach § 14 KO bereits formell unzulässigen Vollstreckung ab (s. Jaeger-Lent § 14 KO Anm. 21, Mentzel-Kuhn § 14 KO Anm. 17).

4. Der nachstehende Pfandgläubiger

Vom schlicht konkurrierenden Gläubiger führt eine gerade Linie zu demjenigen konkurrierenden Gläubiger, der für seine Forderung bereits außerhalb des Konkurses ein Befriedigungsrecht an einem bestimmten Gegenstand in Form eines Pfandrechts erlangt hat und dem es nun darum geht, etwaige Mängel einer *vor* Erlangung seines Pfandrechts zugunsten eines anderen Gläubigers erfolgten Pfändung geltend zu machen.

Mit dem nachstehenden Gläubiger, der — von der Vollstreckung des vor ihm pfändenden Gläubigers her betrachtet — Dritter ist, ist wiederum ein Dritter angesprochen, der Prototyp des in der Literatur für erinnerungsbefugt gehaltenen Dritten ist. Gleich dem Drittschuldner bei der Forderungspfändung wird auch er nicht vergessen, wenn es um die Aufzählung von erinnerungsbefugten Dritten geht; ebenso wie dem Drittschuldner wird ihm die Befugnis zugesprochen, *alle* formalen Mängel des zugunsten des Vorpfänders erlassenen Vollstreckungsakts geltend zu machen, also die Verletzung grundsätzlich[41] aller für den Erlaß eines Vollstreckungsakts maßgeblichen Normen zu rügen[42].

Damit ist der Kreis der konkurrierenden Gläubiger abgeschritten.

Nun ist noch ein Dritter zu erwähnen, der nicht recht in die Reihe der bisher genannten paßt. Wenn auch die bisher erwähnten Dritten insgesamt eine buntgewürfelte Gruppe bildeten, so wurde doch deutlich, daß es sich stets um Personen handelte, die auf Grund ihrer Beziehung zum einzelnen Vollstreckungsakt und ihrer Nähe zum Vollstreckungsschuldner im Ausstrahlungsbereich des *auf den Vollstrekkungsschuldner zielenden Vollstreckungsakts* standen.

Nun ist eines Dritten zu gedenken, gegenüber dem der einzelne Vollstreckungsakt nicht irgendeine nachteilige Wirkung neben seiner

---

41 Ausnahme: Verstoß gegen Pfändungsschutz, der der Pfändung des Nachstehenden ebenfalls anhaftet (s. Bruns Lb § 19 III 2 b cc.).

42 Ausdrücklich wird eine derartige Allbefugnis dem Nachpfänder von Martin Verteilungsverfahren S. 166 eingeräumt, schlüssig jedoch von der gesamten Literatur, wenn sie einhellig auf RG 121, 349 (351) = JW 28, 2713 Bezug nimmt (so Rosenberg Lb § 185 II, Stein-Jonas § 766 II 3, Wieczorek § 766 B IV b 6, Seuffert-Walsmann § 766 2 d, Falkmann-Hubernagel § 766 5, Pagenstecher Prozeßprobleme S. 26 u. 54 ff.). Denn die genannte RG-Entscheidung gibt dem nachpfändenden Gläubiger das Recht zur Erinnerung *insbesondere auch* gegen die Zulässigkeit wegen Aufhebung des Titels. Außerdem bejahen Hein Identität I S. 253 N 75, Bay Ob SA 39, 275 und Baumbach § 766 3 B das Recht des nachstehenden Pfandgläubigers zur Erinnerung ohne irgendeine Einschränkung. Auch Schultz' (Vollstreckungsbeschwerde s. 265) Erwähnung des Antragsmangels ist nicht ausschließlich gemeint.

Vollstreckungswirkung gegenüber dem Vollstreckungsschuldner entfaltet, sondern gegenüber dem — wenn auch fehlerhaft — selbst vollstreckt wird.

V. Der fehlsam an Stelle des Vollstreckungsschuldners getroffene Dritte

Es entspricht ganz herrschender Lehre, daß der Dritte, der irrtümlich bei Vorliegen eines Vollstreckungstitels gegenüber einer anderen Person mit der Vollstreckung angegriffen[43] oder in dessen Gewahrsam entgegen § 809 ZPO vollstreckt wird[44], diesen Fehlgriff mit der Erinnerung rügen kann. Dieser Dritte wird immer mit den vorher erwähnten Dritten zusammen genannt, obwohl sein Fall eigentlich ganz anders liegt. Fraglich ist es hier, ob man überhaupt von der Erinnerungsbefugnis eines „Dritten" sprechen kann. Immerhin möglich wäre es, diesen Dritten als Vollstreckungsschuldner anzusehen und auf diese Weise seine Erinnerungsbefugnis einfach zu erklären. Ob man dies tut, hängt davon ab, wie man überhaupt Vollstreckungsschuldner und Dritten voneinander abgrenzt. Mit diesem Dritten ist ein typischer Grenzfall angesprochen[45].

Man wird hier die Richtung des vom Gläubiger *behaupteten* Vollstreckungsrechts in der Frage entscheiden lassen müssen, wem hier das Prädikat „Vollstreckungsschuldner" zukommt.

Derjenige, der durch Versehen des Vollstreckungsorgans anstatt dessen, gegen den der Vollstreckungsgläubiger den Vollstreckungsakt erlassen sehen wollte, mit der Vollstreckung angegriffen wurde, ist also Dritter. Im Fall des § 809 ZPO kommt es dann darauf an, ob der Antrag des Gläubigers bereits auf den Dritten zielte.

Obwohl sich auf diese Weise der fehlsam an Stelle des Vollstreckungsschuldners mit dem Vollstreckungsakt Angegriffene als Dritter ansehen ließe, soll dieser Dritte bereits hier aus der weiteren Betrachtung ausscheiden. Er würde die Untersuchungen als untypischer Fall hemmen; andererseits ist hier die Erinnerungsbefugnis unproblematisch.

---

[43] Rosenberg Lb § 185 II, Stein-Jonas § 766 II 3, Wieczorek § 766 B IV b 5, Falkmann-Hubernagel § 766 5, Oertmann System II § 307 2 a, Schultz Vollstreckungsbeschwerde S. 270 ff., Braun Diss. S. 71, HansOLG SA 38 249 (250).

[44] Rosenberg Lb § 185 II, Schmidt Lb § 159 II 1, Stein-Jonas § 766 II 3, Wieczorek § 766 B IV b 6, Baumbach § 809 1 B, Thomas-Putzo § 766 5, Sydow-Busch § 766 1 d, Seuffert-Walsmann § 766 2 d, Falkmann-Hubernagel § 766 5, Hellwig Anspruch S. 511, Schultz Vollstreckungsbeschwerde S. 250 ff., Lent ZZP 70, 401 (415).

[45] Das wird offensichtlich, wenn man bei näherer Betrachtung feststellt, daß einige der in Note 1 genannten Stimmen (Oertmann a.a.O. und Hans OLG SA 38, 249 [250]) anders als die übrigen den irrtümlich mit einem Vollstreckungsakt Überzogenen nicht als Dritten sondern als Vollstreckungsschuldner bezeichnen und ihm in dieser Eigenschaft die Erinnerung gewähren.

Diesem Dritten kann das Recht auf Beseitigung des Vollstreckungsakts ohne Vorgriff auf die weiteren Erörterungen zugesprochen werden. Denn der Sache nach muß derjenige, gegen den fehlsam auf Grund eines gegen eine andere Person gegebenen Vollstreckungstitels vollstreckt wird, einer derartigen Vollstreckung ebenso entgegentreten können, wie es derjenige kann, gegen den vollstreckt wird, ohne daß dem Vollstreckungsgläubiger überhaupt ein Vollstreckungstitel — also ihm gegenüber oder gegenüber einem anderen — zusteht. Letzterer kann den Mangel des Vollstreckungstitels ohne weiteres mit der Erinnerung rügen.

Mit der Erwähnung dieses Grenzfalls ist der Rundgang durch den Ausstrahlungsbereich des Vollstreckungsakts, die Suche nach allgemein als erinnerungswürdig betrachteten Dritten beendet. Es ließen sich zwar noch andere Drittfälle nennen; die erwähnten Fälle, welche die wesentlichsten und charakteristischsten sind, müssen jedoch genügen, da sonst die nun folgende systematische Untersuchung des aufgefundenen Materials mit unfruchtbaren Einzelheiten, aus denen sich keine neuen Gesichtspunkte ergeben, belastet würde.

Die Einigkeit und Eindeutigkeit, mit der Rechtsprechung und Schrifttum bestimmten Dritten Erinnerungsbefugnisse verleihen, bestimmt die Richtung der Prüfung: Aussichtslos wäre das Unterfangen, das für die Erinnerung geforderte Recht eines Dritten auf Beseitigung eines ergangenen Vollstreckungsakts gänzlich zu leugnen. Es bleibt vielmehr nur, den systematischen Unterbau für die zwar drittfreundliche, doch nähere Begründung abgeneigte allgemeine Meinung zu liefern.

D. Untersuchung der verschiedenen für die Erinnerungsbefugnis Dritter in Betracht kommenden Gründe

Erinnert sei an die oben[46] entwickelte Prämisse:

Wer erinnern will, muß ein Recht auf Beseitigung des ergangenen Vollstreckungsakts haben.

Beim Vollstreckungsschuldner resultiert ein derartiges Recht daraus, daß er die Passivpartei — im materiellen Sinn! —, der typisch Betroffene der Zwangsvollstreckung, ist und deshalb die Normen, welche die Zulässigkeit des einzelnen Vollstreckungsakts regeln, nicht nur objektives Recht darstellen, sondern seine Rechtssphäre von derjenigen des Vollstreckungsgläubigers abgrenzen, ihm das subjektive Recht gewähren, ihre Einhaltung — das „ne ultra" — zu verlangen.

[46] S. 50.

Beim Dritten ist nun zu fragen, ob die zulässigkeitsbestimmende Norm für den einzelnen Vollstreckungsakt gewissermaßen noch eine zweite subjektive Komponente besitzt, nicht nur dem Vollstreckungsschuldner, sondern auch dem Dritten ein subjektives Recht verleiht[47].

Daraus ergeben sich zwei wesentliche Gesichtspunkte für die Untersuchung:

1. Aus dem Verhältnis bestimmter Drittpositionen zur Zwangsvollstreckung lassen sich nicht „freihändig" erinnerungsrelevante Rechte Dritter ableiten; nur der numerus clausus objektiver Zulässigkeitsregeln ist daraufhin zu untersuchen, ob und wieweit in ihm gleichzeitig subjektive Rechte Dritter enthalten sind.

2. Da die Prüfung an der einzelnen objektiven Zulässigkeitsnorm der Zwangsvollstreckung auszurichten ist, gibt es nicht nur die Alternative, einem Dritten die Erinnerung in toto — hinsichtlich aller denkbaren Verstöße — zu gestatten oder zu versagen. Es kann und muß vielmehr eine teilweise Erinnerungsbefugnis, ein normbeschränktes Erinnerungsrecht anerkannt werden, wenn nur die eine oder andere derjenigen Bestimmungen, die bei Erlaß eines Vollstreckungsakts zu beachten sind, einem Dritten ein subjektives Recht verleiht.

   Die Erinnerung ist also beliebig teilbar, für den Dritten steht eine Skala von Erinnerungsbefugnissen zur Verfügung, die von der für den Vollstreckungsschuldner typischen Vollbefugnis bis zu einer auf die Rüge der Verletzung einer einzigen Norm beschränkten Erinnerungsbefugnis reicht. Beim Vollstreckungsschuldner ergibt sich die Vollbefugnis aus seinem Verhältnis zum Vollstreckungsakt: Durch den Vollstreckungsakt soll zwar in die Rechts- und Freiheitssphäre des Schuldners eingegriffen werden, dieser Eingriff soll aber auf ein Mindestmaß beschränkt bleiben. Die Vollstreckung schränkt zwar wesensgemäß die Rechtssphäre des Vollstreckungsschuldners ein, aber nur insoweit, als sie sich in ihren selbst gesteckten Grenzen hält. Damit setzt *grundsätzlich jede Zulässigkeitsnorm* nicht nur der Vollstreckung eine Grenze, sondern auch eine solche zwischen der Vollstreckung und dem Rechtsbereich des Schuldners.

Während der erstgenannte Gesichtspunkt nur von formalem Gewicht ist, indem er dazu zwingt, in die Kette „Drittposition-Drittrecht" das Zwischenglied „Zulässigkeitsnorm" einzusetzen, ermöglicht der zweite

---

[47] Sachlich entspricht diese Fragestellung derjenigen Falkmann-Hubernagels (§ 766 N 5), ebenfalls allumfassend gemeinten: Ist eine zum Schutz des Dritten erlassene Norm verletzt? Von dieser Fragestellung geht auch Heintz Diss. 108 ff. (109) aus.

Gesichtspunkt eine systematisch wichtige unterschiedliche Behandlung der in Betracht kommenden Dritten.

I. Die Erinnerungsrechte Dritter zerfallen in zwei Gruppen

Nimmt man an, daß bei Erlaß eines einzigen Vollstreckungsakts 20 Regeln zu beachten sind, ergibt sich eine zwanzigfach gestufte Skala umfangmäßig verschiedener Erinnerungsbefugnisse. Betrachtet man nun die aufgeführten Literaturbeispiele, sieht man, daß die Literatur zwar die Erinnerungsbefugnisse Dritter auf dieser Skala ansiedelt, die Skala aber keineswegs ausschöpft. Es lassen sich vielmehr solche Dritte, denen grundsätzlich ein alle Normen umfassendes Erinnerungsrecht zugesprochen wird (Drittschuldner, nachstehender Gläubiger), von denen unterscheiden, die grundsätzlich nur die Verletzung einer bestimmten Norm rügen dürfen; kurz gesagt, es werden — ohne daß dies ausdrücklich bemerkt wird — Dritte mit schuldnergleicher Vollbefugnis und Dritte mit normbeschränkter Befugnis anerkannt[48].

Diese Ungleichbehandlung Dritter läßt auf einen sie rechtfertigenden, sachlichen Unterschied in demjenigen Verhältnis schließen, das die Dritten zur Vollstreckung haben. Denn in diesem Verhältnis Dritter zur Zwangsvollstreckung, zum einzelnen mit der Erinnerung anzufechtenden Vollstreckungsakt, muß die Causa für ein dem Dritten zu gewährendes Recht auf Beseitigung des ergangenen Vollstreckungsakts liegen.

Ein solcher sachlicher Unterschied besteht in der Tat. Er ist sogar systematischer Natur und nicht auf das Gebiet der Zwangsvollstreckung, der vollstreckungsrechtlichen Verwaltung, beschränkt, sondern erstreckt sich auf den Sektor der allgemeinen Verwaltung. Dort gewinnt er entscheidende Bedeutung für die von Bernhardt[49] im Gegensatz zur herrschenden Meinung verneinten Frage, ob sich die Anfechtungsbefugnis des Adressaten systematisch von der eines Dritten dadurch unterscheidet, daß der erstere grundsätzlich alle Mängel, der Dritte nur einen bestimmten Mangel eines Verwaltungsakts rügen darf.

---

[48] Es muß darauf hingewiesen werden, daß diese in der Literatur vorgefundene Unterscheidung nur von der im ersten Abschnitt vorgenommenen systematischen Einordnung der Erinnerung her verständlich ist; die Literatur bestätigt damit indirekt die Qualifizierung der Erinnerung als Quasiklage. Die Rechtsmittelbefugnis gestattet eine derartige Differenzierung nicht, sie stellt auf die vorherige prozessuale Beteiligung am Verfahren ab und läßt die anzuwendenden Normen grundsätzlich außer Acht. Ist ein Dritter daher kraft Nebenintervention rechtsmittelbefugt, kann er grundsätzlich — automatisch — die Verletzung aller Normen rügen, die bei Erlaß der Vorentscheidung zu beachten waren. Eine normbeschränkte Befugnis ist im Prinzip undenkbar.

[49] JZ 63, 302 ff.; ebenso neuerdings Theuerkauf DVBl 64, 387; dagegen wohl Fromm VerwArch 1965, 26 (55).

1. Die erste Gruppe:

Die Beeinträchtigung bereits durch einen ordnungsgemäßen Vollstreckungsakt berechtigt zur Erinnerung gegen alle bei Erlaß des betreffenden Akts denkbaren Verstöße

Hat die allgemeine Meinung Recht, wenn sie Drittschuldnern und nachstehenden Pfandgläubigern die Verletzung aller einen Vollstreckungsakt bestimmenden Normen rügen läßt, muß die Stellung dieser Dritten derjenigen des Vollstreckungsschuldners rechtsähnlich sein. Die Gleichheit des Rechtsumfangs läßt auf eine Gleichheit der causa schließen.

Causa für die Vollbefugnis des Vollstreckungsschuldners ist seine bestimmungsgemäße Betroffenheit durch den Vollstreckungsakt. Dabei bedeutet „bestimmungsgemäße Betroffenheit", daß bereits der ordnungsgemäße, also unter Beachtung aller erststufigen Vorschriften erlassene Vollstreckungsakt in die Rechtsstellung des Vollstreckungsschuldners eingreift.

Soll auch ein Dritter derart voll-anfechtungsbefugt sein, muß auch ihn bereits der ordnungsgemäße Vollstreckungsakt beeinträchtigen[50].

Das ist in der Tat bei Drittschuldner und nachpfändendem Gläubiger der Fall, wie sich zeigen wird.

Nun wird man gegen diese ganze Argumentation einwenden, daß jemand, der bereits wie der Schuldner durch einen ordnungsgemäßen Vollstreckungsakt beeinträchtigt ist, ebenfalls wie der Schuldner auf der Passivseite des Vollstreckungsverhältnisses steht, d. h. nicht Dritter, sondern auch Schuldner ist. Dieser Einwand wird jedoch durch die bereits oben, als es um die Abgrenzung von Passivpartei und Drittem ging, angestellten Erwägungen entkräftet:

---

50 Durch diese Frage wird — allerdings nur für die erste Gruppe von Dritt-erinnerungsbefugnissen — die Unterscheidung Bettermanns (NJW 61, 1097; ZZP 77, 31) zwischen Betroffenheit (Beeinträchtigung durch rechtmäßigen Akt) und Verletzung (Beeinträchtigung durch unrechtmäßigen Akt), die allerdings auch von der Freiwilligen Gerichtsbarkeit bekannt ist (siehe Baur FS Lent S. 318), akzeptiert. Strenggenommen ist die Formulierung, daß man durch einen rechtmäßigen Akt in seiner Rechtstellung beeinträchtigt wird, heikel, zumindest mißverständlich. Denn eine Beeinträchtigung, die das Gesetz zuläßt, ist eigentlich gar keine Beeinträchtigung. Die Rechtstellung des Betr. ist vielmehr von vornherein durch das den ungünstigen Hoheitsakt zulassende Gesetz geschmälert und wird dies nicht erst durch den Akt selbst. Dennoch läßt sich das letztere vertreten, wenn man die Rechtsphäre des Privaten in eine potentielle und aktuelle aufspaltet, wie man es auch im privaten Recht durch die Trennung von schuldrechtlicher und dinglicher Ebene tut. Die potentielle Sphäre wird durch Gestaltungs*akt* „akt"-ualisiert, die aktuelle beeinträchtigt.

Auch wenn naturgemäß mit dem ungünstigen Vollstreckungsakt eine ungünstige Nebenwirkung gegenüber dem Drittschuldner, dessen Gläubiger durch einen anderen ausgetauscht wird, und gegenüber dem nachstehenden Pfandgläubiger, der auf einen ungünstigeren Rang gerät, verbunden ist, läßt sich dennoch eine derartige Wirkung qualitativ nicht als Vollstreckung werten. Vollstreckung wirkt der Vollstreckungsakt nur gegenüber demjenigen, aus dessen Rechtssphäre das *Substrat* des Vollstreckungsakts stammt, das der Rechtssphäre des Vollstreckungsgläubigers zugute kommt. Der einzelne Vollstreckungsakt wirkt gegenüber dem einen Vollstreckung und gegenüber dem anderen in sonstiger Weise nachteilig. Nur derjenige, gegenüber dem der Vollstreckungsanspruch Vollstreckung gestattet, ist Vollstreckungsschuldner.

Nach Überwindung dieser Klippe ist der Weg zur Frage frei, worin sich im einzelnen bei den genannten und evtl. bei weiteren Dritten eine solche Beeinträchtigung bereits durch den ordnungsgemäßen Vollstreckungsakt sehen läßt, die es gestattet, aus den den einzelnen Vollstreckungsakt bestimmenden Normen „in toto" subjektive Rechte der jeweiligen Dritten herzuleiten.

a) Beim *Drittschuldner* scheint die Sache auf den ersten Blick eindeutig: Niemand kann leugnen, daß der Pfändungs- oder Überweisungsakt die Rechtslage des Drittschuldners *verändert*[51]; anstatt an seinen bisherigen Gläubiger A hat er jetzt an A und B gemeinsam (entsprechend § 1281 BGB)[52], bzw. an B allein zu zahlen.

Doch wäre es ein arger Kurzschluß, aus dieser „nuda mutatio" bereits auf eine ungünstige Veränderung, also eine Beeinträchtigung, zu schließen. Erst die Beeinträchtigung ist aber taugliche Grundlage einer schuldnergleichen Erinnerungsbefugnis, die man dem Drittschuldner allgemein gewährt[53].

Die durch die Pfändung bewirkte Veränderung des Schuldverhältnisses *als solche* ist ihrer Natur nach neutral[54]. Die eigenartige neutrale Wirkung, die der Austausch der Aktivseite eines Schuldverhältnisses gegenüber der Passivseite zeitigt[55], ist nicht nur Motiv der grund-

---

[51] Dies leugnet wohl RG 27, 391.

[52] Stein-Jonas § 829 V 1, Baumbach § 829 5 a, Falkmann-Hubernagel § 829 9, Förster-Kann § 829 7, RG 108, 320.

[53] Das übersehen alle diejenigen, die die Erinnerungsbefugnis des Drittschuldners daraus ableiten, daß er einen neuen Teilnehmer in seinem Schuldverhältnis erhält (Hein Identität II S. 88 N 31, Müller Pfändungsrecht S. 67, Lüke JuS 62, 418 [420 ff.]).

[54] Das ist auch die Meinung derer, die die Interessen des Schuldners dadurch, daß er an einen anderen als den bisherigen Gläubiger zu zahlen habe, nicht als berührt erachten (Pagenstecher Prozeßprobleme S. 31 N 38, OLG München OLG 19, 1 OLG Dresden SächsArch 32, 55).

[55] Siehe schon Planck § 398 BGB Anm. 1: Nach der gesetzlichen Konstruktion der Zession kann der Schuldner keinen Schaden erleiden.

sätzlich freien Abtretbarkeit von Forderungen im BGB (§ 398 BGB), sondern auch der Ausgangspunkt einer verbreiteten extensiven Auffassung von den subjektiven Grenzen der Rechtskraft, die dem Schuldner einer zum Nachlaß gehörenden Forderung das Recht versagt, die Unrichtigkeit eines zwischen zwei Erbprätendenten ergangenen Urteils geltend zu machen[56].

Der Glaube an eine über die neutrale Veränderung hinausgehende Beeinträchtigung der Rechtslage des Drittschuldners wird einem schwer, wenn man an das einhellige Bestreben von Literatur und Rechtsprechung denkt, durch entsprechende Anwendung aller denkbaren BGB-Vorschriften jedenfalls dafür zu sorgen, daß der Drittschuldner durch Pfändung und Überweisung nicht schlechter gestellt wird, als er vorher stand. Stellvertretend für alle Normen, die nach allgemeiner Ansicht dafür Sorge tragen, daß der Drittschuldner keinen Schaden leidet, sei die wichtigste Bestimmung genannt: § 404 i. V. mit § 1275 BGB[57]. Trotz aller erdenklichen Mühe, die man sich gibt, den Drittschuldner von der Vollstreckung ungeschoren zu lassen, ist jedoch eine typische Beeinträchtigung über die neutrale Veränderung des Schuldverhältnisses hinaus gegeben[58]. Es muß jedoch betont werden, daß diese Beeinträchtigung im typischen, hier maßgeblichen Fall gering ist, viel geringer als die Beeinträchtigung, die der Vollstreckungsakt typischerweise für den Vollstreckungsschuldner bewirkt. Sie liegt an der Grenze

---

56 Binder Rechtskraft S. 74, Pagenstecher Rechtskraft S. 422—430 vom Standpunkt seiner materiellen Rechtskrafttheorie aus, Schwab ZZP 77, 125 ff. vom Standpunkt seiner Drittwirkungslehre aus, Bettermann Zivilurteil S. 103 ff. vom Standpunkt der prozessualen-modifizierten Rechtskrafttheorie aus. Im Gegensatz zu den erstgenannten Verfassern versagt Bettermann a.a.O. (ebenso bereits Savigny System VI § 301 S. 475) jedoch nicht den Nachlaß*gläubigern* die Berufung auf die Unrichtigkeit eines zwischen den Erbprätendenten ergangenen Urteils mit der Begründung, daß bereits das BGB den Gläubiger vor dem Entzug seines Schuldners schütze (§ 414 BGB), während es dem Schuldner den entsprechenden Schutz versage. Dem Argument Sayignys a.a.O., daß der Nachlaßgläubiger nicht an einen etwa zahlungsunfähigen Schuldner gebunden werden dürfe, hält Binder a.a.O. S. 73 entgegen, daß der Gläubiger nicht besser gestellt zu werden brauche als zu Lebzeiten des Erblassers, wo ihm auch nur der „Nachlaß" zur Befriedigung offen gestanden habe.

57 Rosenberg Lb § 195 III, Lent-J § 19 VII, Goldschmidt Lb § 86 1 e, Schmidt Lb S. 956 N 5, Planck Lb § 185 2 d, Stein-Jonas § 829 VI 2 b, § 835 III, Baumbach § 829 7 B, Förster-Kann § 829 9 d, Seuffert-Walsmann § 839 4 b, Sydow-Busch § 835 4 c, Palandt § 1275 BGB 2, Erkel Diss. S. 30, RG JW 10, 63, RAG 6, 207 etc. — Auch behält der Drittschuldner sein Zurückbehaltungsrecht gegenüber dem Vollstreckungsgläubiger (Stein-Jonas § 829 VII 2 b, Flechtheim ZZP 28, 262, Stöcker Diss. S. 60; anderer Ansicht ist Holz Diss. S. 61) und kann auch weiterhin durch Anfechtung des der Forderung zugrunde liegenden Rechtsgeschäfts nach §§ 119 ff. BGB seine Schuld beseitigen (Stöcker Diss. S. 45, Petschek Forderungspfändung S. 159.).

58 So wohl auch Petschek Forderungspfändung S. 82; anders zu Unrecht Hirsch Rechtsausübung S. 331.

dessen, was man fordern muß, damit ein Dritter auf Grund seiner Beeinträchtigung durch den ordnungsgemäßen Vollstreckungsakt für befugt angesehen werden kann, den nichtordnungsgemäßen Vollstreckungsakt als solchen anzufechten.

Bei einer in ein Synallagma eingreifenden Pfändung ist der Nachweis einer Beeinträchtigung des Drittschuldners noch verhältnismäßig leicht zu führen. Auch wenn der Drittschuldner weiterhin rechtlich alle Einwendungen und Einreden aus seiner Gegenforderung hat[59], das Synallagma also rechtlich aufrechterhalten bleibt, wird es doch personell zerrissen; dem Vertragspartner kommt die Forderung nicht mehr zugute, und es entfällt deshalb für ihn der Anreiz, die Erfüllung dieser Forderung durch seinerseits vertragsgetreue Leistungen zu sichern[60].

Darüber hinaus wird bei der Pfändung von Arbeitseinkommen, dem Hauptanwendungsgebiet der Dritt-Erinnerung, durch die Pfändung adäquat der Grundstein dafür gelegt, daß das dem Drittschuldner gewinnbringende Synallagma überhaupt gelöst wird. Denn die Pfändung bildet für den Arbeitnehmer immerhin ein typisches Motiv, aus dem Arbeitsverhältnis ordnungsgemäß — von Vertragsbruch abgesehen — durch Kündigung auszuscheiden[61].

Die deutlich erkennbare typische Beeinträchtigung des „synallagmatischen" Drittschuldners durch den einzelnen Vollstreckungsakt legt den Gedanken nahe, die Erinnerungsbefugnis diesem besonderen Drittschuldner auf jeden Fall zu geben. Damit würde aber die Frage heraufbeschworen, ob eine derartige differenzierende und isolierende Betrachtung angängig ist. Um überhaupt zu praktikablen Lösungen zu kommen, muß man sich an bestimmte Drittypen halten und diese auf ihre Erinnerungsnähe oder -ferne prüfen. Eine gewisse typische Betrachtungsweise ist unumgänglich. Subjektive Rechte Dritter sollen aus den objektiven Zulässigkeitsregeln der Zwangsvollstreckung abgeleitet werden. Die Zulässigkeitsregeln gehören selbst dem Bereich typischer Betrachtungsweise, dem Bereich der Norm, an; darum muß auch dann, wenn es darum geht, aus ihnen subjektive Rechte im

---

[59] Für § 320 BGB siehe Stein-Jonas § 829 VII 2 b, Falkmann-Hubernagel § 829 N 25, Stöcker Diss. S. 60 ausführlich.

[60] Petschek Forderungspfändung S. 92 ff. im Anschluß an Koch Gutachten 7. Juristentag I S. 101.

[61] Petschek a.a.O. — Dogmatisch unhaltbar ist es, die Erinnerungsbefugnis des Arbeitgebers aus der Fürsorgepflicht herzuleiten (so aber Berner Rpfl 61, 289). Diese Pflicht gegenüber dem Arbeitnehmer setzt die Möglichkeit ihrer Erfüllung, die Erinnerungsbefugnis, voraus, vermag sie aber nicht zu erzeugen.

Wege der Auslegung zu gewinnen, auf den Typus abgestellt werden[62]. Um der Rechtssicherheit willen muß es in Kauf genommen werden, daß die Einzelfallgerechtigkeit zuweilen zu kurz kommt. Betrachtet man diesen besonderen Gesichtspunkt, wird es in der Tat schon fraglich, ob man überhaupt aus dem einheitlichen Typ des Drittschuldners den synallagmatischen Drittschuldner herausgreifen und seine Erinnerungsbefugnis gesondert prüfen und bejahen darf[63].

Dieser besonderen Frage braucht hier aber nicht weiter nachgegangen zu werden, da sich auch beim nicht „synallagmatischen" Drittschuldner[64] mit einigem Bemühen eine typische Beeinträchtigung durch den ordnungsgemäßen Vollstreckungsakt erkennen läßt.

Eine derartige Beeinträchtigung liegt nicht schon darin, daß der Drittschuldner der Gefahr ausgesetzt ist, trotz Zustellung des Pfändungs- und Überweisungsbeschlusses an ihn nichts von der personellen Veränderung des Schuldverhältnisses zu erfahren. Denn zu Recht schützt heute die allgemeine Meinung den Drittschuldner, der in Unkenntnis von der Pfändung an den Falschen zahlt, davor, doppelt zahlen zu müssen[65]. Dieser Schutz ist allerdings insofern nicht vollkommen, als die Tatsache der Zustellung des Pfändungs- und Überweisungsbeschlusses an den Drittschuldner diesem die Beweislast für

---

[62] Die gebotene typische Betrachtungsweise bringt es mit sich, daß der vom Typ her Betroffene, aber im Einzelfall zufällig keineswegs Beeinträchtigte ein Recht zugeteilt erhält (siehe Wessel ZZP 61, 62 [69] für den Drittschuldner), und daß der typischerweise nicht Beeinträchtigte, aber im Einzelfall sehr stark Betroffene, leer ausgeht.

[63] Eine freilich gewagte Parallele läßt sich zur Situation des Vollstrekkungsschuldners ziehen. Hält man die differenzierende Fragestellung beim Drittschuldner für richtig, dürfte man vielleicht auch dem Schuldner nicht generell im Verteilungsverfahren die Möglichkeit versagen, die richtige Reihenfolge der konkurrierenden Gläubiger durchzusetzen (so aber h. M.: Rosenberg Lb § 196 III 4, Stein-Jonas § 876 I 2, Baumbach § 876 2 B, Emmerich Pfandrechtskonkurrenzen S. 414 N 294, Martin Verteilungsverfahren S. 66), sondern ihm wenigstens dann diese Möglichkeit gewähren, wenn der zu Unrecht an zweiter Stelle stehende Gläubiger zum Schuldner in einem für den letzteren lukrativen gegenseitigen Vertragsverhältnis steht.

[64] Zur Pfändung nicht synallagmatischer Forderung (schenkweise gewährter Unterhaltsrente) s. OLG 19, 1.

[65] Durch analoge Anwendung des § 407 BGB: Stein-Jonas § 829 VII 1 a, Lent-J § 19 VII, Erkel Diss. S. 30 und besonders ausführlich Lüke ZZP 76, 24 und JZ 59, 270 (273 ff.) mit weiteren Nachweisen. — Früher war diese Frage streitig. Während Hellwig (Forderungspfändung S. 126), Oertmann (System II § 323 1 d), Simon (JW 14, 721) und vor allem Stein (Drittschuldner S. 16 ff.) dem Drittschuldner einen dem § 407 BGB entsprechenden Schutz gewährten — KG JW 36, 2000 allerdings nur für den Fall unverschuldeter Unkenntnis —, wurde dieser Schutz von Planck (§ 407 BGB Anm. b), Petschek (Forderungspfändung S. 129), Fabian (JW 14, 451 ff.), Josef (AcP 114, 124 [131 ff.]), Weismann (Lb 152 II), Kleinfeller (Lb § 151 VI 1) und Struckmann-Koch (§ 829 6) dem Drittschuldner versagt.

seine mangelnde Kenntnis aufbürdet, die er nach § 407 BGB nicht trüge[66].

Die typische Beeinträchtigung durch Pfändungs- und Überweisungsakt liegt jedoch für den Drittschuldner darin, daß durch beide Akte, genau betrachtet, kein eigentlicher Personen*wechsel* eintritt, sondern eine Personen*kumulation*. Das Aktivsubjekt der Forderung, die Gegenstand der Vollstreckung ist, wird gewissermaßen verdoppelt. Bei der Pfändung folgt dies bereits aus § 1281 BGB, der deshalb entsprechend anwendbar ist, weil nach ganz herrschender Meinung die Stellung des Pfändungspfandgläubigers derjenigen eines Pfandgläubigers vor Pfandreife gleicht[67]. Danach können nach Pfändung Vollstreckungsgläubiger und -schuldner, jeder für sich, klagen, allerdings nur auf ein idem, nämlich Leistung an beide gemeinsam. Bei der Überweisung in ihrer typischen Form zur Einziehung entspricht es ganz herrschender Meinung, daß die Forderung nicht aus dem Vermögen des Vollstreckungsschuldners ausscheidet[68] und dementsprechend auch hier — gleich mit welcher theoretischen Begründung — jedenfalls eine personelle Verdoppelung auf der Aktivseite des Schuldverhältnisses stattfindet.

Diese mit Pfändung und Überweisung stets verbundene personelle Vervielfältigung auf der Gläubigerseite der Forderung stellt eine Beeinträchtigung für den Drittschuldner dar[69], ohne Rücksicht darauf, daß evtl. mit dieser personellen Vermehrung eine Minderung der ursprünglich nur einer Person zukommenden Rechtssubstanz verbunden ist[70].

Liegt in der bisher aufgezeigten Beeinträchtigung des Drittschuldners eine gewissermaßen vollstreckungsheteronome Beeinträchtigung,

---

66 Siehe Rosenberg Lb § 195 II 5 b, Sydow-Busch § 829 5 A, Palandt § 1275 BGB 2 und Holz Diss. S. 88, KG a.a.O.

67 Siehe für alle Baumbach § 829 Anm. 5 A und ausführlich mit Lit. Erkel Diss. S. 25.

68 Siehe Stein-Jonas § 835 VI, Baumbach § 835 5, Förster-Kann § 835 3 b, Sydow-Busch § 835 1, Rosenberg Lb § 195 III 1 b, Erkel Diss. S. 32.

69 Man denke an den Zwang für den Drittschuldner, nun gemäß 1283 II BGB gegenüber Vollstreckungsgläubiger und -schuldner eine Kündigung zu erklären (Stöcker Diss. S. 47), und daran, daß der Drittschuldner jetzt der Einflußnahme auf eine sicherungsübereignete Sache (per analogiam zu § 401 BGB) seitens eines außerhalb des Treueverhältnisses Stehenden ausgesetzt ist.

70 Eine derartige Substanzminderung könnte in einer subjektiven Rechtskrafterstreckung im Verhältnis der Berechtigten zueinander gesehen werden; darüber wird später gehandelt. — Hier muß gesagt werden, daß es unrichtig ist, wenn Erkel Diss. S. 101 eine mit Rechtskrafterstreckung gekoppelte subjektive Vervielfältigung mit dem Argument für unbedenklich ansieht, daß dadurch die Rechtsstellung des Drittschuldners nicht beeinträchtigt werde.

ist in einer weiteren, mit der Pfändung naturgemäß verbundenen Wirkung[71], der Auskunftspflicht nach § 840 ZPO[72], eine vollstreckungsautonome Beeinträchtigung des Drittschuldners zu sehen.

Ohne auf den Streit über die öffentliche[73] oder private Natur[74] dieser Pflicht, die Anerkenntnis- oder Geständniswirkung[75] ihrer Erfüllung oder ihre Klagbarkeit[76] einzugehen, kann gesagt werden, daß die Auferlegung dieser Pflicht eine Last für den Drittschuldner bedeutet[77]. Wenn man den Erfüllungszwang im Hinblick auf die dem Vollstreckungsgläubiger gegenüber dem Drittschuldner offen stehende Leistungsklage verneint und nur im Prozeß gegen den Drittschuldner zuungunsten des evtl. unbegründet verklagten Drittschuldners § 91 a ZPO analog anwendet, gestützt auf § 840 II ZPO[78], liegt die Belastung des Drittschuldners eben in der Rechtsfolge des § 840 II ZPO.

Damit ist gezeigt, daß bereits der ordnungsgemäße Vollstreckungsakt die Rechtssphäre des Drittschuldners beeinträchtigt und es daher grundsätzlich gerechtfertigt ist, in den Normen, die dafür sorgen, daß Vollstreckungsakte nur unter besonderen Voraussetzungen ergehen, auch ein „ne ultra" zugunsten des Drittschuldners begründet zu sehen — und zwar global, ohne Rücksicht auf den besonderen Inhalt der einzelnen Norm. Die besonderen Bedenken, die gegen eine derartige Deduktion aus anderen Gründen bestehen, müssen zunächst zurückgestellt werden.

b) Auch der *nachstehende Pfandgläubiger* ist in die Gruppe der vollanfechtungsbefugten Dritten einzustufen.

In der Fage nach der causa seiner Vollbefugnis schweigt die Literatur[79]. Man begnügt sich mit dem Hinweis auf RG 121, 349 = JW 28, 2713, diese Entscheidung mit dem Verweis auf die eingefahrene Recht-

---

[71] Auch Petschek (Forderungspfändung S. 318) spricht von der Auskunftspflicht als einer Wirkung der Pfändung.

[72] Zur Entstehung dieser Norm s. Pohle AP § 850 ZPO Nr. 4 sub 2.

[73] Petschek Forderungspfändung S. 320 ff., Erkel Diss. S. 25, Stein-Jonas § 840 I.

[74] Ausführlich Förster AcP 75, 140 (143).

[75] So eingehend Pohle AP § 850 ZPO Nr. 4 sub. 2.

[76] Für Klagbarkeit plädieren Zöller § 840 Anm. 2, Rosenberg Lb 193 II 5 b, Stöcker Diss. S. 38, dagegen Baumbach § 840 3, Seuffert-Walsmann § 840 1, Sydow-Busch § 840 8, Stein-Jonas § 840 IV 1.

[77] Pohle a.a.O.; s. auch Petschek a.a.O. S. 312, der in der Auskunftspflicht eine Ausnahme von dem Prinzip sieht, daß die Pfändung dem Drittschuldner nicht zur Last fallen darf.

[78] Diesen Weg schlagen Jonas JW 37, 210 und Stein-Jonas § 840 IV 1 ein.

[79] Selbst Martin, der sich sonst eingehend mit der Stellung des konkurrierenden Pfandgläubigers befaßt, setzt die Vollbefugnis, ohne sie zu erörtern, als selbstverständlich voraus (Verteilungsverfahren S. 166).

sprechung von der Erinnerungsbefugnis jedes rechtlich interessierten Dritten. Selbst die umfangreiche, das Wesen von Vollstreckung und Pfändungspfandrecht ausleuchtende Analyse, die Pagenstecher dieser Entscheidung gibt[80], ist in der Frage nach der causa der Erinnerungsbefugnis des nachstehenden Pfandgläubigers nichtssagend. Man hat fast den Eindruck, daß diese Frage, als „nur“ den unbedeutenden Rechtsbehelf der Erinnerung betreffend, völlig hinter dem im Mittelpunkt stehenden Problem der Akzessorietät des Pfändungspfandrechts verschwindet. Das ist sehr schade; denn auch die Frage nach der Erinnerungsbefugnis ist in ihrer Vielschichtigkeit mit dem Problem des Pfändungspfandrechts verknüpft, was hier gesondert zu erörtern ist.

Soll dem nachstehenden Pfandgläubiger die dem Vollstreckungsschuldner zustehende Vollanfechtungsbefugnis zukommen, soll er also alle denkbaren Verstöße rügen können, muß auch er bereits durch den ordnungsgemäßen Vollstreckungsakt irgendwie in seiner Rechtssphäre beeinträchtigt sein. Ohne alle „Verbundsprobleme“ anzusprechen, ist im Weg einer reinen Kausalitätsprüfung zu sagen, daß der nachstehende Pfandgläubiger durch die Pfändung, die ein anderer Gläubiger vor ihm vollständig ordnungsgemäß in denselben Pfandgegenstand erwirkte, benachteiligt ist. Dadurch, daß der Pfändungsakt gemäß § 804 I ZPO zugunsten des ihn erwirkenden Gläubigers ein Pfändungspfandrecht begründet, kann der später kommende Gläubiger nur noch einen schlechteren Rang erhalten.

Damit sind diejenigen Dritten aus der anfangs aufgestellten Liste herausgegriffen, denen die Literatur ausdrücklich oder schlüssig eine schuldnergleiche Erinnerungs-Vollbefugnis zuspricht.

c) In die Gruppe der Voll-anfechtungsbefugten lassen sich nun noch diejenigen zählen, die in den §§ 735 ff. ZPO „schlecht wegkommen“, die zwar zivilrechtlich in irgendeiner Weise an dem Vermögen, in das die Vollstreckung erfolgt, beteiligt sind, denen aber das Gesetz die Stellung des Vollstreckungsschuldners nimmt (siehe die §§ 740 I, 741, 745 I, 748 I ZPO). M. E. ist es hier durchaus nicht erforderlich, daß man beispielsweise die Wertung der Erbenstellung in § 748 I ZPO auch in die Frage der Erinnerungsbefugnis überträgt. Im Gegenteil, es läßt sich ebensogut sagen, daß das Gesetz nur den Streit um die zivilrechtliche Berechtigung des Urteils gegenüber dem Testamentvollstrecker als dem einen materiell Beteiligten ausgetragen sehen will, aber nichts dagegen hat, daß der andere Beteiligte, der Erbe, dafür sorgen darf, daß das einmal erlassene Urteil nicht ordnungswidrig vollstreckt wird.

---

[80] Seine Abhandlung „Prozeßprobleme“ ist dieser Entscheidung und den in ihr angesprochenen Problemen gewidmet.

Sieht man in den §§ 735 ff. ZPO nur eine beschränkte, nicht auf den Bereich der Erinnerung übergreifende, prozessuale Abwertung gewisser materieller Mitberechtigungen, läßt sich im Hinblick auf die Erinnerung sagen, daß die in diesen Normen wegfingierten Beteiligten bereits durch den ordnungsgemäßen Vollstreckungsakt in ihren Rechtspositionen beeinträchtigt sind.

Freilich ist diese Argumentation nicht zwingend, und es läßt sich ebenso das Gegenteil vertreten[81].

Der bisher erwähnten Gruppe von vollanfechtungsbefugten Dritten ist nun diejenige der normbeschränkt anfechtungsbefugten Dritten gegenüberzustellen. Um zu erkennen, daß es sich hier wirklich um zwei systematisch verschiedene Drittypen innerhalb des allgemeinen Drittkreises, um verschieden geartete Befugnisse innerhalb des großen „Topfes“ Erinnerungsbefugnis Dritter handelt, muß man die causa der bisher behandelten Befugnisgruppen noch einmal deutlich herausstellen:

In der Zwangsvollstreckung ist es unvermeidlich, daß manche Vollstreckungsakte trotz des übergeordneten Prinzips, Dritte nicht in Mitleidenschaft zu ziehen, auch dann, wenn sie vollständig ordnungsgemäß ergehen, bestimmte Dritte beeinträchtigen. Da an diesen Nachteilen für Dritte nicht die ganze Vollstreckung scheitern darf, geht die im Weg der Interessenabwägung gewonnene Entscheidung des Gesetzgebers dahin, daß diese Nachteile von Dritten in Kauf genommen werden müssen, d. h. daß die Stellung gewisser Dritter von vornherein mit der potentiell-negativen Ausstrahlung des Vollstreckungsakts belastet ist. Ein diese Belastung tragendes Belastungsrecht ist damit schon den einzelnen Zulässigkeitsnormen der Zwangsvollstreckung in summa immanent. Wenn das Gesetz aber in bestimmten Fällen um der Vollstreckung willen Beeinträchtigungen Dritter in Kauf nimmt, sagt es zugleich, daß außerhalb der gesetzlichen Tatbestände keine Beeinträchtigungen eintreten sollen. Die vom Gesetzgeber zu beachtenden Interessen der Dritten gebieten es grundsätzlich, in dem „Soweit“ zuungunsten des Dritten zugleich ein „Nicht weiter“ zugunsten des Dritten, d. h. das subjektive Recht des Dritten auf Einhaltung aller beim Erlaß des Vollstreckungsakts zu beachtenden Normen, zu sehen[82].

Damit enthebt die festgestellte Beeinträchtigung eines Dritten bereits durch einen ordnungsgemäßen Vollstreckungsakt der Mühe, jede ein-

---

[81] Auch Wieczorek § 766 B IV b 7 läßt sich kaum für die hier vertretene Ansicht zitieren.

[82] Dieser Gedanke wird bei Blomeyer FS für Lent nicht deutlich (S. 58), wenn er den Regeln der Unpfändbarkeit jede Beziehung zum Drittschuldner abspricht.

zelne Norm in Beziehung zur Position des Dritten zu setzen, aus ihr gesondert ein subjektives Recht des Dritten herzuleiten zu versuchen.

Anders liegt die Sache bei den übrigen Dritten aus der anfangs aufgestellten Liste.

2. *Die zweite Gruppe:*

Die Beeinträchtigung durch einen Vollstreckungsakt, der gegen eine bestimmte, einen Dritten begünstigende Norm verstößt, berechtigt diesen Dritten zur Erinnerung gegen diesen Verstoß

Den übrigen, nach allgemeiner Ansicht erinnerungsbefugten Dritten räumt man nur die Befugnis ein, Verstöße gegen *ganz bestimmte einzelne Normen* mit der Erinnerung geltend zu machen. Nach der Prämisse, daß der Dritte nur dann erinnerungsbefugt ist, wenn die Zulässigkeitsnorm, die verletzt ist, auch ihm ein subjektives Recht gewährt, muß in diesen Fällen gerade eine bestimmte Norm, *aber auch nur diese bestimmte Norm* subjektiven Rechtscharakter zugunsten des betreffenden Dritten haben.

In der Tat leitet hier die herrschende Meinung die Erinnerungsbefugnis daraus ab, daß von all den bei Erlaß des einzelnen Vollstreckungsakts zu beachtenden Normen eine dadurch hervorsticht, daß sie einen Dritten schützt oder begünstigt. Das geschieht zwar kaum ausdrücklich und in einem bewußten Gegensatz zu der vorgenannten Gruppe der Dritterinnerungsbefugnisse, doch konkludent dadurch, daß oft nach dem vorangestellten allgemeinen Satz, daß die Erinnerungsbefugnis eine Betroffenheit durch den Vollstreckungsakt voraussetze, im einzelnen von Dritten die Rede ist, auf die das Gesetz in einer bestimmten einzelnen Norm Rücksicht nimmt[83].

Zunächst erscheint es lediglich als ein rein quantitativer Unterschied, wenn z. B. der Hausangehörige des Schuldners nur die Unpfändbarkeit des Gegenstandes, in den vollstreckt wird, nach den verschiedenen Ziffern des § 811 ZPO soll rügen dürfen, nicht aber beispielsweise den Mangel des Titels oder die Unzuständigkeit des Gerichtsvollziehers etc., dem nachstehenden Pfandgläubiger hingegen auch die Rüge der letztgenannten Mängel offenstehen soll.

In Wahrheit handelt es sich aber um einen grundlegenden systematischen Unterschied. Das wird bereits deutlich bei dem Versuch, Dritte, die nach allgemeiner Meinung normbeschränkt anfechtungsbefugt sind, in die zuerst genannte Gruppe der Vollanfechtungsbefugten einzuordnen. Auch hier wäre nach einer typischen Beeinträchtigung bereits

---

[83] Stein-Jonas § 766 Anm. II 3.

durch den ordnungsgemäßen Vollstreckungsakt zu suchen. Auf dieser Suche entdeckt man nun, daß *unter den für den Erlaß des einzelnen Vollstreckungsakts maßgeblichen Normen jeweils eine besondere ist, die gerade dafür sorgt, daß der Dritte nicht beeinträchtigt wird.* Da also bereits unter den Regeln, die bei dem Erlaß des Vollstreckungsakts zu beachten sind, eine ist, die den Dritten saniert, seine Beeinträchtigung verhindert, kann man nicht mehr sagen, daß bereits der ordnungsgemäß erlassene Vollstreckungsakt den betreffenden Dritten beeinträchtigt. Natürliche Konsequenz einer derart drittfreundlichen gesetzlichen Ausgestaltung der Vollstreckung ist dann, daß gerade diejenige Norm, die die Beeinträchtigung des Dritten ausschließen will, als subjektiv gefärbt, als Quelle eines entsprechenden subjektiven Rechts dieses Dritten betrachtet werden muß. Damit erklärt sich zwanglos die normbeschränkte Erinnerungsbefugnis dieses Dritten.

Beachtet man die verschiedene Causa beider Drittgruppen, ist man gewappnet, in dem von Bernhardt[84] entfachten Streit über die Natur der Drittanfechtungsbefugnis bei Verwaltungsakten klärend Stellung zu nehmen. Sowohl Bernhardt als auch die von ihm bekämpfte herrschende Lehre haben recht: Es gibt eben Drittpositionen, die derjenigen des Adressaten verwandt, schon durch den normgemäßen Verwaltungsakt beeinträchtigt werden und daher eine adressatgleiche Vollanfechtungsbefugnis auslösen, was Bernhardts Vorstellungen entspricht. Es gibt aber auch Positionen, bei denen eine Norm schützend vor einem Dritten in der Weise steht, daß sie gerade seine Beeinträchtigung verbietet. Hier ist der Dritte normbeschränkt anfechtungsbefugt, was der Vorstellung der herrschenden Lehre entspricht.

Diese Unterscheidung ist auch geeignet, die begrenzte Brauchbarkeit der Trennung von Betroffenheit und Verletzung[85] in der Frage der verwaltungsgerichtlichen Anfechtungsbefugnis aufzuzeigen. Diese Trennung ist bei der zweiten Gruppe der hier herausgestellten Anfechtungsbefugnisse nicht mehr möglich, da Beeinträchtigung und Verletzung im Wege des Grenzübergangs ineinander übergehen.

Die Richtigkeit der hier vorgenommenen Unterscheidung soll sich nun bei der Betrachtung der Erinnerungsgründe in den übrigen Drittfällen erweisen.

Ganz offensichtlich handelt es sich bei den Dritten, die das Gesetz in den Pfändungsschutztatbeständen (§§ 811, 850 ff. ZPO) ausdrücklich erwähnt, um solche Dritten, die in die Gruppe der normbeschränkt Erinnerungsbefugten gehören. Dadurch, daß das Gesetz in diesen Be-

---

84 JZ 63, 302 ff.; s. oben S. 20 N 19.

85 Siehe Bettermann NJW 61, 1097 f.: Der rechtmäßige Akt „betrifft" bzw. „beeinträchtigt", der rechtswidrige Akt „verletzt".

stimmungen die Vollstreckung dort eine Grenze finden läßt, wo der Lebensbedarf von Familie und Hausangehörigen des Schuldners, die Befriedigung seiner gesetzlichen Unterhaltsgläubiger in Gefahr geraten, sorgt es dafür, daß diese Dritten durch die ordnungsgemäße Vollstreckung nicht beeinträchtigt werden. Nun wird man einwenden, daß auch diese Fürsorge des Gesetzes nicht allumfassend sei, nicht verhindern könne, daß in irgendeiner Weise auch hier der Dritte in Mitleidenschaft gezogen wird. Sicherlich ist es möglich, daß die Unterhaltsforderung des unehelichen Kindes auch dann nicht so, wie es bei Unterbleiben der Pfändung möglich wäre, erfüllt werden kann, wenn sich die Pfändung im Rahmen des § 850 c I Satz 2 ZPO hält. Ebenso schafft die Pfändung von Sachen Unbequemlichkeiten für die Familie des Schuldners, auch wenn sie sich im Rahmen des § 811 Ziff. 2 ZPO hält und damit Nahrungs-, Feuerungs- und Beleuchtungsbedarf der Familie nicht beeinträchtigt.

Das alles kann aber nichts daran ändern, daß diese Dritten den an die Vollanfechtungsbefugnis zu stellenden Anforderungen nicht genügen, sich vielmehr mit dere normbeschränkten Erinnerungsbefugnis begnügen müssen, die ihnen auch die Literatur zuweist. Der Grund dafür liegt darin, daß nach der im Gesetz zum Ausdruck gekommenen Gesamtwertung eine derartige, über die vom Gesetz gedeckte Beeinträchtigung hinausgehende Benachteiligung dieser Dritten einfach nicht als Beeinträchtigung angesehen wird. Anschaulich ausgedrückt sagt das Gesetz zu diesen Dritten: „Ich sehe, daß ihr auf Grund eurer Nähe zum Vollstreckungsschuldner auf alle erdenkliche Art in Mitleidenschaft gerissen werdet, wenn dem Schuldner Forderungen und Sachen fortgenommen werden. Die etwa entstehenden Nachteile sind aber in ihrer ganzen Breite derart vielschichtig und verschiedengeartet und von derart verschiedenen anderen Komponenten mit abhängig, daß ich nicht gehalten bin, sie insgesamt als eine vom Vollstreckungsakt ausgehende Wirkung anzusehen und sie damit als rechtlich relevante Beeinträchtigung zu werten. Mir steht es daher frei, diese Nachteile nur bis zu einem bestimmten Grad als Beeinträchtigung anzuerkennen, und gerade diesen Grad habe ich ausdrücklich in den Tatbeständen der §§ 811, 850 ff. ZPO gekennzeichnet.“

Der Unterschied der Stellung dieser Dritten zu derjenigen der zur ersten Gruppe gezählten Dritten besteht also darin, daß hier etwaige vom ordnungsgemäßen Vollstreckungsakt ausgehende Nachteile gar nicht als Beeinträchtigung gewertet werden, daß aber bei der ersten Gruppe (Drittschuldner, nachpfändender Gläubiger) eine Beeinträchtigung im Rechtssinn sehr wohl gegeben ist, nur beim ordnungsgemäßen Vollstreckungsakt nach der Entscheidung des Gesetzgebers in Kauf zu nehmen ist.

In die zweite Gruppe, die Gruppe der normbeschränkt Erinnerungsbefugten, gehört auch der „dingliche“ Dritte, der zwar regelmäßig auf § 771 ZPO verwiesen ist, zu dessen Gunsten aber dennoch schon die erststufigen Zulässigkeitsnormen der §§ 810 I, 811 Ziff. 4, 816, 865 II 1 ZPO ihrem Inhalt nach ausnahmsweise wirken. Diese besonderen Normen sind darauf zugeschnitten, zu verhindern, daß der an dem Gegenstand, auf den sich der Vollstreckungsakt bezieht, dinglich berechtigte Dritte in diesem seinem dinglichen Recht erststufig beeinträchtigt wird. Auch hier läßt also der ordnungsgemäße Vollstreckungsakt den Dritten unberührt; erst der gegen die genannten Normen verstoßende Akt beeinträchtigt und verletzt den Dritten zugleich. Es ergibt sich damit für den Dritten keine Vollanfechtungsbefugnis, sondern nur eine auf die Rüge der genannten Normen beschränkte, wie sie die Literatur auch annimmt.

Auch die schlicht konkurrierenden Gläubiger im Konkurs, Nachlaß- und Erbengläubiger im Fall des § 778 ZPO sind Dritte, deren Erinnerungsbefugnis auf jeweils eine bestimmte Norm beschränkt ist, auf § 14 KO bzw. § 778 ZPO. Hier läßt sich ebenfalls sagen, daß diese Bestimmung als erststufige Zulässigkeitsnormen bereits dafür sorgen, daß das diesen Gläubigern zustehende Befriedigungsobjekt für ihre Forderungen erhalten bleibt. Auch diese Normen ordnen also typische Gunst für die genannten Dritten an und können daher als Quelle eines subjektiven Rechts dieser Dritten gewertet werden. Da diese Dritten schon durch Beachtung der genannten Normen saniert werden, entfällt eine Beeinträchtigung durch den normgemäßen Vollstreckungsakt und damit die causa einer Vollbefugnis.

Letztlich ist auch der gesetzliche Vertreter des Vollstreckungsschuldners in die zweite Gruppe der erinnerungsbefugten Dritten zu zählen. Zwar ist dieser Dritte an sich auch durch den ordnungsgemäßen Vollstreckungsakt faktisch betroffen, aber insoweit gilt seine Betroffenheit als solche des Vollstreckungsschuldners. Mit Recht versagt ihm daher Heintz[86] das Recht zur Erinnerung hinsichtlich aller einen Vollstrekkungsakt bestimmenden Normen. Mit Recht sieht er ihn aber dort für erinnerungsbefugt an, wo gegen eine Norm verstoßen ist, die seine Beeinträchtigung über den Bereich hinaus, in dem er an der Stelle des Schuldners steht, verhindern will.

Damit ist die Reihe all derer, die in der Literatur für erinnerungswürdig erachtet werden, abgeschritten. Es wurde nun deutlich, daß auch jene Fälle, in denen man von einer normbeschränkten Erinnerungsbefugnis spricht, eine causa für die Erinnerungsbefugnis Dritter erkennen lassen. Gleichzeitig wurde jedoch festgestellt, daß diese causa

---

[86] Diss. S. 72 ff.

grundsätzlich anders geartet ist als diejenige, die einer vollen Anfechtungsbefugnis zugrunde liegt. Trotz der systematischen Gemeinsamkeit beider Anfechtungsbefugnisse, die in ihrem gemeinsamen Oberkriterium — die Nähe des Dritten zur Zwangsvollstreckung führt dazu, die objektive Zulässigkeitsnorm als zu seinen Gunsten subjektiv gefärbt zu betrachten — liegt, werden die beiden Anfechtungsbefugnisse von grundsätzlich verschiedenen Elementen getragen:

Einmal ist es die Beeinträchtigung des Dritten bereits durch den ordnungsmäßigen Vollstreckungsakt, aus der ihm das Recht erwächst, die Einhaltung grundsätzlich aller Zulässigkeitsregeln zu verlangen. Das andere Mal sorgt bereits eine bestimmte Norm von all den für den Erlaß eines Vollstreckungsakts maßgeblichen Normen dafür, daß ein Dritter nicht in Mitleidenschaft gezogen wird; daraus erwächst ihm das Recht, gerade die Einhaltung dieser Norm, aber auch nur dieser Norm zu verlangen.

Damit ist aber die sachliche Untersuchung der Erinnerungsbefugnisse Dritter noch nicht beendet. Bei der ersten Gruppe wurden um der klaren Struktur willen Probleme übergangen, die mit der Erinnerungsbefugnis verbunden sind. Diese Probleme sind nun gesondert zu behandeln.

II. Die Problematik der Erinnerungsbefugnis der ersten Gruppe

1. Problem der relativen Nichtigkeit

Wäre der unzulässige Vollstreckungsakt zwar gegenüber dem Vollstreckungsschuldner regelmäßig wirksam[87], jedoch gegenüber dem Dritten, der bereits durch den zulässigen Vollstreckungsakt beeinträchtigt ist, regelmäßig unwirksam, hätte es der Dritte nicht nötig, erst mit der Erinnerung die Aufhebung des Vollstreckungsakts zu bewirken. Die Erinnerung wäre ihm mangels Bedürfnisses zu versagen.

Damit ist die Fage der relativen Nichtigkeit des Vollstreckungsakts angesprochen.

Dieses Problem läßt sich nicht mit dem Hinweis umgehen, daß auch nichtige Staatsakte angefochten werden könnten und daher auch keine Bedenken bestünden, dem Dritten die Anfechtung des relativ — nur ihm gegenüber — nichtigen Vollstreckungsakts zu gestatten.

---

[87] Siehe ausführlich Schwinge Staatsakt S. 21 ff. Grundsätzlich anderer Ansicht ist Wessel ZZP 61, 62 (84 f.) bei allen Vollstreckungsakten ohne vorgängiges Gehör des Schuldners.

Richtig ist, daß auch ein nichtiger Vollstreckungsakt ebenso wie ein nichtiger Verwaltungsakt[88] mit der Erinnerung angefochten werden kann[89]. Die Begründung, mit der sich dieses auf den ersten Blick widersinnige Vorgehen rechtfertigen läßt, zeigt jedoch, daß dies nur dort gilt, wo der Hoheitsakt trotz etwaiger Mängel regelmäßig wirksam und nur ausnahmsweise nichtig ist.

Die Anfechtung des nichtigen Hoheitsakts soll den auch durch einen unwirksamen Hoheitsakt erzeugten Schein eines wirksamen Hoheitsakts beseitigen[90]. Von einer der Beseitigung harrenden Anscheinswirksamkeit läßt sich aber nur dort reden, wo ein Hoheitsakt ohne Rücksicht auf seine Zulässigkeit im Einzelfall regelmäßig wirksam ist.

Sollte der Vollstreckungsakt gegenüber Dritten nun anders als gegenüber dem Vollstreckungsschuldner[91] stets unwirksam sein, wenn er mit irgendeinem Mangel behaftet ist, fehlte es im Verhältnis zum Dritten an dem die Anfechtung des nichtigen Hoheitsakts rechtfertigenden Grund.

Zu prüfen ist also, ob das Verhältnis von Anfechtbarkeit und Nichtigkeit im Bereich der Erinnerung ein absolutes ist, der unzulässige Vollstreckungsakt ohne Ansehen der Person regelmäßig wirksam und nur ausnahmsweise nichtig ist.

Bejaht man diese Frage, hat es den Anschein, als geriete man in gefährliche Nähe des alten, heute zunehmend bekämpften[92] Dogmas von der allseitigen Wirksamkeit des Gestaltungsurteils. Man brauchte nur den einzelnen Vollstreckungsakt in der Struktur dem gerichtlichen Urteil gleichzusetzen und dann zu folgern:

---

88 Auch gegenüber dem nichtigen Verwaltungsakt ist neben der Feststellungsklage die Anfechtungsklage zulässig: siehe Eyermann-Fröhler § 43 VwGO RdNr. 18, Amtliche Begründung zum Entwurf der VwGO S. 33.

89 Oertmann System II § 307 2 c, Förster-Kann § 766 Anm. 3 und Pieper Diss. S. 190; a.A. Hein Identität I S. 241 N 54.

90 Siehe Jesch Bindung S. 21 und 128 mit Literatur; ebenso bereits Wetzell System S. 510. — Die Anfechtung des nichtigen Hoheitsakts darf nicht mit der Anfechtung des nichtigen Privatrechtsgeschäfts vermengt werden. Dort handelt es sich darum, einen aus Grund A nichtigen Privatakt aus Grund B anzufechten (dafür h. M. im Anschluß an Kipp FS für Martitz S. 211, 244 ff.), beim Hoheitsakt aber darum, den Akt wegen seines nichtigkeitserzeugenden Fehlers anzufechten. Die Anfechtbarkeit des ausnahmsweise nichtigen Urteils bejahten schon Wach RheinZ 3, 395 und Hein Identität I S. 338 ff. gegen Kriegsmann FS für Hänel S. 473 ff.

91 Gegenüber dem Vollstreckungsschuldner ist der unzulässige Vollstreckungsakt regelmäßig wirksam, da sein Zweck und Wesen in der Einwirkung auf den Schuldner liegen. Es ist jedoch auch allgemein anerkannt, daß ein Fehler so schwerwiegend sein kann, daß er den Vollstreckungsakt ausnahmsweise nichtig macht (für alle Stein-Jonas Anm. IX vor § 704).

92 Siehe ausführlich Brox FamRZ 63, 392 ff.; aber auch schon Jesch Bindung S. 93 ff.

Wie der gestaltende Teil des gerichtlichen Urteils subjektiv über die Grenzen des feststellenden Teils — die Grenze des letzteren legt § 325 ZPO fest — hinaus gegenüber jedermann wirken soll[93], müßte auch der gestaltende Vollstreckungsakt[94] grundsätzlich ohne Rücksicht auf seine Zulässigkeit gegenüber den von ihm inhaltlich betroffenen Dritten wirken und nicht nur zwischen den Parteien der Zwangsvollstreckung, Vollstreckungsgläubiger und -schuldner. Diese Gegenüberstellung zeigt jedoch bereits, daß der Vergleich hinkt, im wesentlichen Punkt nicht richtig ist.

Das Urteil ergeht bereits auf Grund eines formellen Zweiparteienverfahrens, der Beklagte hatte bereits vor Erlaß des Urteils Gelegenheit zur Stellungnahme zu dem sachlich gegen ihn gerichteten Begehren des Klägers. Demgegenüber standen andere Personen als der Beklagte formell außerhalb des zum Urteil führenden Verfahrens. Auf dieser formellen Ungleichbehandlung beruht die Frage, ob nicht auch in den Rechtsfolgen des Urteils unterschieden werden muß, d. h. das Gestaltungsurteil gegenüber den vorher nicht gehörten Dritten, für deren Rechtstellung es inhaltlich relevant wird, dann der Gestaltungswirkung entbehrt, wenn es den gesetzlichen Voraussetzungen zuwider erlassen wurde.

Ganz anders ist die Situation beim Vollstreckungsakt im Anwendungsbereich der Erinnerung. Hier hat das Gesetz die materielle Passivpartei, den Vollstreckungsschuldner, gerade nicht zur formellen Partei in dem Verfahren, das dem Erlaß des Vollstreckungsakts voranging, gemacht. Verfahrensmäßig steht der Schuldner daher dem Dritten gleich, d. h. beide hatten in gleicher Weise keinen Einfluß auf den Erlaß des Vollstreckungsakts. Damit entfällt aber auch der Grund jeglicher Ungleichbehandlung in den Rechtsfolgen. Ebenso wie der Vollstreckungsschuldner muß es der bereits durch den ordnungsgemäßen Vollstreckungsakt beeinträchtigte Dritte zunächst einmal hinnehmen, daß auch der normwidrige Vollstreckungsakt vorerst bis zu seiner Aufhebung regelmäßig wirksam ist. Die Annahme einer relativen Unwirksamkeit des unzulässigen Vollstreckungsakts gegenüber dem Dritten ist also abzulehnen.

Dieses Ergebnis wird durch eine weitere Erwägung getragen: Beeinträchtigt ein Vollstreckungsakt bereits seiner Natur nach im Rahmen des ihn bestimmenden Zwecks die Rechtstellung Dritter neben der-

---

[93] Rosenberg Lb § 87 I 3, Nikisch Lb § 40 II 1, Baumbach § 322 Anm. 4, Dölle ZZP 62, 287 ff., Henckel Parteilehre S. 208 ff. etc.; dazu näher unten S. 155.

[94] Die Gestaltungswirkung des Vollstreckungsakts (s. heute u. a. Lüke ZZP 76, 24) wurde früher z. T. bestritten. Hellwig Forderungspfändung S. 115 und Ruhstrat ZZP 14, 470 ff. schrieben dem Überweisungsakt nur deklaratorische Wirkung zu.

jenigen des Vollstreckungsschuldners, muß ein „hinkender", also teils nichtiger und teils wirksamer Vollstreckungsakt sinnlos sein. Wäre die unzulässige Überweisung einer Forderung nur dem Vollstreckungsschuldner, nicht aber dem Drittschuldner gegenüber wirksam, entstünde eine rechtlich sinnlose Situation. Dem Gläubiger nützte es nichts, daß er im Verhältnis zum Vollstreckungsgläubiger dessen Forderung erhalten hätte, da er sie gegenüber dem Drittschuldner nicht geltend machen könnte.

Danach macht also die allgemeine Regel vom grundsätzlich wirksamen, nur ausnahmsweise nichtigen Staatsakt[95] auch vor den Dritten in der Zwangsvollstreckung nicht halt.

Damit erfüllt die Erinnerung ihre Beseitigungsfunktion auch gegenüber dem Dritten. Der Dritte hat die Erinnerung regelmäßig nötig; deshalb steht sie ihm auch dort zu, wo er sie ausnahmsweise nicht braucht, weil der anzufechtende Vollstreckungsakt bereits nichtig ist. Mit der Ablehnung der relativen Nichtigkeit des Vollstreckungsakts gegenüber beeinträchtigten Dritten ist die Erinnerungsbefugnis dieser Dritten gerettet.

Die Erörterung beruht auf der Prämisse, daß auch der ordnungswidrige Vollstreckungsakt im Regelfall zunächst wirksam ist und der Aufhebung mittels Erinnerung bedarf. Mit dieser Prämisse wurde die Grenze zwischen Anfechtbarkeit und Nichtigkeit beim Vollstreckungsakt gezogen. Diese Grenze verdient nun noch nähere Betrachtung, da sie in innerem Zusammenhang mit der Erinnerungsbefugnis eines der wesentlichsten Dritten, des Drittschuldners, steht.

Ohne das alte und breit ausgewalzte Konkurrenzproblem, ob und wieweit dem Drittschuldner zur Geltendmachung von Fehlern des Pfändungs- und Überweisungsbeschlusses die Erinnerung oder der Einwand gegen die Zahlungsklage des Vollstreckungsgläubigers oder gar beide Rechtsbehelfe kumulativ zur Verfügung stehen[96], auszuschöpfen, kann gesagt werden, daß die Lösung dieses Problems nur unter Zwischenschaltung der rechtstechnischen Kategorien der Nichtigkeit und Anfechtbarkeit erfolgen kann. Nur wenn und soweit ein fehlerhafter Pfändungsbeschluß nichtig ist, ist es rechtstechnisch möglich, daß der Drittschuldner den Fehler als Einwand im Zahlungsprozeß mit dem Gläubiger bringt. Denn nur die Nichtigkeit nimmt dem

---

[95] Grundlegend Kormann System S. 217 ff., Fleiner Institutionen S. 208, Schwinge Staatsakt S. 21 ff. Anderer Ansicht sind Kelsen (Grünhut Z 40, 1 ff. und oft) und Merkl (VDStRL 5, 220 ff.).

[96] Zu diesem Problem eingehend mit umfangreichen Literaturangaben BAG JuS 61, 205 = RPfl. 61, 287.

Gläubiger die Sachbefugnis und die Begründetheit seiner Klage, worauf sich der Drittschuldner ohne weiteres berufen kann.

Dieser Zusammenhang des Konkurrenzproblems mit den Kategorien der Nichtigkeit und Anfechtbarkeit legt es nahe, bei der Grenzziehung zwischen diesen beiden Kategorien bereits auf das Konkurrenzproblem beim Drittschuldner Rücksicht zu nehmen.

Das ist durchaus angängig. Denn Anfechtbarkeit und Nichtigkeit sind eben nur technische Kategorien, die der Auffüllung mit teleologischem Gehalt bedürfen[97]. Erst ist zu fragen, welche Zwecke erreicht werden sollen, und dann ist diesen Zwecken entsprechend die Grenze zwischen Anfechtbarkeit und Nichtigkeit zu ziehen. Ähnlich wie nach 1945 zuerst zu fragen war, ob irgendein Hoheitsakt trotz ausgeschlossener Anfechtungsmöglichkeit auf seine Normgemäßheit soll nachgeprüft werden können und erst nach Bejahung dieser Zweckfrage der „Nichtigkeitskunstgriff“ zur Erreichung dieses Zwecks mittels richterlicher Incidentkontrolle angewandt wurde[98], ist zu prüfen, ob und wieweit es zweckmäßig ist, den Drittschuldner Fehler des Pfändungsbeschlusses im Prozeß mit dem Vollstreckungsgläubiger geltend machen zu lassen und dann auf der Grundlage dieser Zweckentscheidung die Grenze zwischen bloßer Anfechtbarkeit und Nichtigkeit zu bestimmen[99].

Bei dieser gebotenen Zweckentscheidung spielen eine Reihe von Zwecken eine Rolle und bedürfen der Abwägung.

Das Gesetz schaltet die Pfändung als staatlichen Akt ein und läßt die Verstrickung nicht bereits mit einer dahingehenden Erklärung eines Vollstreckungsgläubigers entstehen[100], damit diejenigen, die es angeht, sofort Klarheit erlangen und nicht auf Feststellungsverfahren, die die Gefahr des Widerspruchs in sich bergen, angewiesen sind. Schon dieser

---

[97] So wohl auch Götz Diss. S. 42, der die Kategorie der Nichtigkeit als solche der prozessualen Zweckmäßigkeit bezeichnet.

[98] Vgl. zu dieser Incident-anfechtung der Nachkriegszeit Jesch Bindung S. 122, Bachof ZZP 65, 1 (25 f.), Bötticher FS Juristentag 1960 S. 511 (521). Schon Goldschmidt (Rechtslage S. 501 ff.) legte zu dieser Rechtsprechung den dogmatischen Grund, als er sagte, daß Nichtigkeit nur anzunehmen sei, wenn die Möglichkeit zur Abänderung mittels vorgesehener Rechtsbehelfe nicht bestünde. — Heute wendet sich der BGH (4, 823) gegen die Verquickung von Rechtsschutz und Nichtigkeit.

[99] Diese Fragestellung klingt in BAG RPfl. 61, 287 = JuS 61, 265, der Entscheidung, welche die Diskussion um die Konkurrenz von Erinnerung und Klageeinwand beim Drittschuldner in ungeahntem Maß neu entfachte, in den späteren Entscheidungen des BAG und den unzähligen Stellungnahmen zur erstgenannten Entscheidung an, ohne ganz klar ausgesprochen zu werden.

[100] In diese Richtung weist der Vorschlag Berners (RPfl 61, 289), nur unter Wiederholung des abstrakten Gesetzeswortlauts zu pfänden.

Zweck fordert es, Vollstreckungsakten ohne Rücksicht auf ihre Zulässigkeit im Einzelfall weitestgehend Wirksamkeit zu verleihen[101].

In dieselbe Richtung geht eine weitere Erwägung: Der nichtige Hoheitsakt begünstigt auch solche Personen, deren Nähe zum Vollstreckungsakt für eine Erinnerungsbefugnis nicht ausreichte. Der allgemein nicht für anfechtungsbefugt gehaltene schlicht konkurrierende Gläubiger kann sich freuen, daß der Zugriff des Vollstreckungsgläubigers auf das wertvolle Objekt des Schuldnervermögens wegen Nichtigkeit entfällt, ebenso wie sich übrigens der zwar erinnerungs-, aber im Leistungsprozeß nicht rechtsmittelbefugte Drittschuldner freuen kann, daß das den Vollstreckungsanspruch erzeugende Urteil wegen eines exorbitanten Fehlers nichtig ist, der auf Grund dieses Urteils ergehende Vollstreckungsakt unzulässig ist und nun von ihm mittels Erinnerung beseitigt werden kann[102]. Auch eine solche günstige Nebenwirkung ist möglichst zu vermeiden.

Bei der Vollstreckung in Forderungen liegt der entscheidende Gesichtspunkt für die Ablehnung der Nichtigkeit in dem erwähnten Konkurrenzproblem. Das Gebot möglichst einheitlicher und möglichst richtiger Rechtsanwendung fordert es, dem Drittschuldner den Klageeinwand mangelhafter Pfändung in dem vom Vollstreckungsgläubiger angestrengten Zahlungsprozeß zu versagen und zu diesem Zweck die mangelhafte Pfändung nur für anfechtbar mittels Erinnerung zu erklären.

Wäre jede fehlerhafte Pfändung nichtig, käme es dazu, daß typisch vollstreckungsrechtliche Fragen nicht nur vom sachnächsten Vollstreckungsgericht, sondern auch vom Prozeßgericht, das über die Zahlungsklage des Vollstreckungsgläubigers entscheidet, beurteilt würden. Darunter würde nicht nur die Einheitlichkeit der Rechtsanwendung, sondern auch die Qualität richterlicher Entscheidung leiden[103]. Denn dem Prozeßgericht fehlt die zu einer sachgemäßen Entscheidung erforderliche Sachkunde[104]. Das Prozeßgericht könnte sich zwar für jeden einzelnen Fall durch eingehendes Sachstudium das notwendige Rüstzeug bis zu einem gewissen Grad verschaffen. Die hiermit verbundenen

---

101 Verstärkt gilt dies bei Anwendung unbestimmter Rechtsbegriffe: Müller Pfändungspfandrecht S. 63 f.

102 Wessel ZZP 61, 62 (84 f.).

103 So auch Pohle AP § 850 d ZPO Nr. 4, Lüke JuS 62, 418 (420 f.).

104 Das wird von der verbreiteten Meinung, die Erinnerung und Klageeinwand dem Drittschuldner kumulativ gestattet (siehe Nikisch SAE 62, 16 [19], Oehmann Lohnpfändung in AuR 56, 16 ff., Stein-Jonas § 829 VII 2), nicht genügend beachtet. Gleiches gilt für das BAG, das an seiner Rechtsprechung, daß nur die „Belassens"-entscheidung des Vollstreckungsgerichts nach § 850 d ZPO verbindlich sei, festhält (JuS 61, 265 = RPfl 61, 287 = MDR 61, 799; NJW 62, 510; MDR 63, 339).

Verzögerungen des einzelnen Prozesses wären jedoch schon vom Standpunkt der Prozeßökonomie nicht zu verantworten[105].

Nun wird man sagen, daß doch nicht die Kategorien der Nichtigkeit und Anfechtbarkeit bemüht zu werden brauchten, um das Prozeßgericht von der Beurteilung der ihm fremden vollstreckungsinternen Fragen auszuschließen. Es müsse doch genügen, die Zuständigkeit des Prozeßgerichts für diese Fragen zu verneinen. Dieser Einwand geht deshalb fehl, weil es sich hier für das Prozeßgericht um *bloße Vorfragen* handelt, deren Beurteilung nach dem geltenden Begriff der Zuständigkeit *jedem* Gericht offen steht[106]. Erst mit dem Kunstgriff, daß man fehlerhafte Vollstreckungsakte nur für anfechtbar erklärt, kann man erreichen, daß das Prozeßgericht von der Anwendung des Vollstreckungsrechts im Weg der Vorfragenbeurteilung ferngehalten, dem Gedanken einer *Funktionsteilung im weiteren Sinn*[107] Geltung verschafft wird.

Wenn damit auch grundsätzlich ein weiterer Grund gegen die Nichtigkeit von Vollstreckungsakten dargetan ist, trägt dieser Grund doch gleichzeitig eine gewisse Einschränkung des Verlangens nach bloßer Anfechtbarkeit in sich. Wo ausnahmsweise die bei der Pfändung zu beachtende Norm mittelbar ihren Schwerpunkt im Zivilrecht hat — das ist bei § 850 h ZPO der Fall —, ist das pfändende Vollstreckungsgericht gar nicht mehr das sachnächste. Hier fehlt daher der innere Grund dafür, dem Prozeßgericht auf dem technischen Weg der Nichtigkeit des erlassenen Vollstreckungsakts die Beurteilungszuständigkeit zu nehmen. Es ist im Gegenteil zweckmäßig, daß das mit der Entscheidung zivilrechtlicher Entscheidungen vertraute Gericht in der Beurteilung dieser Fragen frei ist[108].

Abgesehen von der zuletzt genannten Einschränkung fordern die bisher erwähnten Zwecke, daß der Vollstreckungsakt ohne Rücksicht auf seine Normgemäßheit wirksam ist.

---

105 *Insofern* läßt sich der Gedanke der Prozeßökonomie, der zunächst nur dafür zu sprechen scheint, daß die Fehlerhaftigkeit der Pfändung unmittelbar im Zahlungsprozeß des Gläubigers eingewendet werden kann, auch zur Verweigerung eines derartigen Einwands verwenden. Das wird von Lüke JuS 62, 418 (420) in seiner Kritik an Pohle AP § 850 d ZPO Nr. 4 nicht gebührend berücksichtigt. — In einer anderen Frage — Beurteilung der Wirksamkeit eines Prozeßvergleichs — hat wohl zuerst Pohle darauf aufmerksam gemacht, daß die Prozeßökonomie selbst eine Vorfragenbeurteilung des sachfremden Gerichts als unzweckmäßig erscheinen lassen kann (SAE 61, Nr. 4 S. 10).

106 RG 100, 178 (180) betr. Verhältnis ZP-FGG, Bachof ZZP 65, 40 betr. Verhältnis ZP-VP, Bruns FS Lent S. 107 f., Pohle FS Apelt S. 178, ebenso schon Bernatzik Rechtsprechung S. 224 und Bettelheim Grünhut Z 34, 1 (kritisch jedoch S. 55 ff.).

107 Pohle AP a.a.O., Lüke a.a.O.

108 Siehe eingehend Pohle JZ 62, 344 im Anschluß an Jonas Anm. JW 36, 687.

Demgegenüber sprechen aber auch Gesichtspunkte dafür, dem unzulässigen Vollstreckungsakt jede rechtliche Wirkung zu versagen. Es ist hier nicht der Ort, die Vielzahl der für die Frage der Nichtigkeit von Vollstreckungsakten aufgestellten Theorien zu erörtern[109]. Es muß der Hinweis genügen, daß ein Vollstreckungsakt so fehlerhaft sein kann, daß es nicht mehr gerechtfertigt ist, ihn mit Wirksamkeit auszustatten und damit die Betroffenen auf den Anfechtungsweg zu vertrösten. Die Kategorie dieser Fälle ist aber um der zuerst aufgezählten Zwecke willen auf ein Mindestmaß zu beschränken[110].

Damit bestätigt sich die Prämisse, daß der Vollstreckungsakt regelmäßig trotz etwaiger Normverstöße wirksam und anfechtbar, nur in Ausnahmefällen bereits nichtig ist, durch die Abwägung der verschiedenen, bei der Grenzziehung zwischen Anfechtbarkeit und Nichtigkeit zu beachtenden Zwecke.

Mit diesem Excurs ist die Erörterung des mit der Frage nach der relativen Nichtigkeit angesprochenen Problemkreises „Nichtigkeit-Anfechtbarkeit" beendet.

Als Ergebnis dieses Kapitels ist festzuhalten, daß der unzulässige Vollstreckungsakt gegenüber Vollstreckungsschuldner und beeinträchtigtem Dritten in gleicher Weise regelmäßig wirksam und nur ausnahmsweise nichtig ist und daher die ratio der Erinnerung nicht nur gegenüber dem Schuldner, sondern auch gegenüber dem Dritten zutrifft. Insoweit ergeben sich also keine Bedenken gegen die Erinnerungsbefugnis der durch den ordnungsgemäßen Vollstreckungsakt bereits beeinträchtigten Dritten.

Ein weiterer Zweifel ergibt sich aber aus der allgemein üblichen Unterscheidung von Tatbestands- und Gestaltungswirkung. Man könnte dem bereits durch den ordnungsgemäßen Vollstreckungsakt betroffenen Dritten sagen, daß er den Vollstreckungsakt als Tatbestand hinzuneh-

---

109 *Schwinge* (Staatsakt S. 21 ff.) hält den Vollstreckungsakt, dessen begriffsnotwendige Voraussetzungen fehlen, im Anschluß an Fitting ZZP 11, 1 ff. und auf der theoretischen Grundlage von Rickert (Grenzen der naturwissenschaftlichen Begriffsbildung) für nichtig. Zu Recht wirft Rühl AcP 133, 254 diesem Kriterium geringe praktische Brauchbarkeit vor. — *Müller* nimmt beim Verstoß gegen „formelle" Normen Nichtigkeit und beim Verstoß gegen „sachliche" Normen Anfechtbarkeit an (Pfändungspfandrecht S. 69 ff.). Die *h. M.* sieht den an wesentlichen Mängeln leidenden Vollstreckungsakt als nichtig an (siehe BGH 30, 173 [175], Stein-Jonas IX vor § 704). Die Extreme werden von Weigelin Forderungspfändung 21 ff., Francke ZZP 36, 308 einerseits (Vollstreckungsakt als Staatsakt niemals nichtig) und Emmerich Pfandrechtskonkurrenzen S. 113 andererseits (Vollstreckungsakt bei Fehlen irgendeiner Voraussetzung nichtig) vertreten.

110 Eine solche Tendenz kommt heute bei Baumbach Grdzüge 8 B, C vor § 704 zum Ausdruck.

men und deshalb gar nicht danach zu fragen habe, ob der Vollstreckungsakt ordnungsgemäß erlassen wurde.

2. *Tatbestands- und Gestaltungswirkung*

Kaum ein prozessuales Problem liegt so im Dunkel wie die Unterscheidung von Tatbestands- und Gestaltungswirkung von Hoheitsakten. Diese Unterscheidung wird vorgenommen[111], ohne daß man sich über deren Bedeutung und die Abgrenzungskriterien einig ist. Bezeichnend ist, daß ein einziger Autor zwei verschiedene Definitionen gibt, einmal die vom *Inhalt* des Akts ausgehende Wirkung als Gestaltungswirkung und die von der *Existenz* eines Akts ausgehende Wirkung als Tatbestandswirkung bezeichnet[112], ein anderes Mal die vom Hoheitsakt schlicht *ausgehende* Wirkung als Tatbestandswirkung und die von ihm *beabsichtigte* Wirkung als Gestaltungswirkung ansieht[113]. Das zweitgenannte Kriterium ist problematisch, das erstgenannte kaum verwendbar. Denn eine Existenz losgelöst vom Inhalt gibt es bei Hoheitsakten nicht; jeder Hoheitsakt wird durch seinen, wenn auch gattungsmäßig verallgemeinerten Inhalt individualisiert[114]. Ganz deutlich zeigt sich die Unsicherheit, mit der man diese Unterscheidung macht, an der Beurteilung der Vollstreckungswirkung des Urteils. Die einen sagen, daß das Urteil die Vollstreckbarkeit begründe, die Vollstreckbarkeit also Gestaltungswirkung des Urteils sei[115], die anderen leugnen dies energisch und sehen die Vollstreckbarkeit als eine vom Gesetz erst an den Tatbestand eines Urteils geknüpfte, im Urteil selbst nicht ausgesprochene Rechtsfolge an[116].

Soll die Unterscheidung von Tatbestands- und Gestaltungswirkung sinnvoll sein, muß man sich auf die Zwecke besinnen, die man mit dieser Unterscheidung verfolgen will.

---

111 Konkludent wird die Unterscheidung geleugnet von denen, die beide Begriffe synonym verwenden (Zeuner Obj. Grenzen S. 118, Walsmann Nebenintervention S. 140, Arens Streitgegenstand S. 42).

112 Jesch Bindung S. 22.

113 Jesch Bindung S. 58 ff.

114 Merkl Rechtskraft S. 76 gegen Unger System österr. Privatrecht II S. 617 N 6; ebenso Stein-Jonas-Pohle Einl. E I 3 e, wenn sie die Annahme eines Justizgewährungsanspruchs bei Ablehnung eines Anspruchs auf günstiges Urteil als unvertretbar ansehen mit der Begründung, daß hierdurch eine einheitliche Entscheidung *naturwidrig in Form und Inhalt aufgespalten* werde.

115 So bereits Hein Duldung S. 77, Hellwig Rechtskraft S. 5 ff.

116 Stein Grundfragen 12, 13, Walsmann Nebenintervention S. 132, Langheineken Urteilsanspruch S. 165 (Vollstreckungstitel sei keine causa efficiens des Vollstreckungsanspruchs).

Die hier angesprochene Problematik ist zu komplex, als daß man nur eine richtige Lösung finden könnte. So ist auch die hier darzulegende Ansicht nichts anderes als ein Lösungsversuch.

Mir scheint der eigentliche Sinn des Begriffspaares Tatbestands- und Gestaltungswirkung in seiner Bedeutung für die Frage der Anfechtbarkeit von Hoheitsakten zu liegen. Ein Tatbestand ist ein rechtliches Faktum, dessen Genesis nicht interessiert und deshalb auch im Weg der Anfechtung nicht aufgerollt werden kann. Gestaltung ist eine willensgesteuerte, zweckgerichtete Tätigkeit[117], nach deren Causa sich im Weg der Anfechtung fragen läßt. Damit sind die beiden Begriffe geradezu wie geschaffen dafür, die Grenze zwischen Unanfechtbarkeit und Anfechtbarkeit von Hoheitsakten zu bestimmen.

Natürlich kann man nicht nach Belieben dem einen Hoheitsakt Gestaltungswirkung zuschreiben und den anderen zu einem bloßen Tatbestand erklären und auf diese Weise Anfechtung gestatten und versagen. Sonst wäre es für den Gesetzgeber ein leichtes, jede Anfechtung auszuschließen. Er brauchte nur ins Gesetz zu schreiben, daß die den Schuldner und Dritte beeinträchtigende Verstrickung immer kraft Gesetzes einträte, wenn das Vollstreckungsorgan irgendeine äußere, faktische Handlung vornähme. Auf diese Weise ließe sich jede hoheitliche Tätigkeit kaschieren, die Executive würde zu einem Wolf im Schafpelz für den Staatsbürger.

Die Grenze zwischen Tatbestands- und Gestaltungswirkung steht nicht zur Disposition des Gesetzgebers, sie bestimmt sich nach der inneren Beziehung, in der die in einem jeden Hoheitsakt enthaltene Rechtsanwendung zu der Rechtsposition eines durch den Hoheitsakt betroffenen Staatsbürgers steht. Nur unter Berücksichtigung dieser Beziehung läßt sich im Einzelfall sagen, ob die Betroffenheit des Staatsbürgers von der öffentlichen Gewalt bewirkt wird oder vom Gesetz selbst, zu dem die Handlung des Staatsorgans als unwesentliches, zusätzliches Element hinzukommt.

Maßstab dafür, ob die innere Beziehung des betroffenen Staatsbürgers zum ungünstigen Hoheitsakt ausreicht, die Wirkung des Hoheitsakts gegenüber dem betreffenden Staatsbürger als Gestaltungswirkung anzusehen, ist der Grad seiner Betroffenheit durch den Hoheitsakt als solchen.

In dieser Betrachtung wird das Begriffspaar Tatbestands- und Gestaltungswirkung zu einem Korrektiv des bisher gefundenen Anfechtungskriteriums, der Beeinträchtigung bereits durch den ordnungsgemäßen Hoheitsakt.

---

117 Siehe Jesch a.a.O. S. 58 ff.

Mit diesem Korrektiv werden allzu ferne Rechtspositionen, für die sich irgendeine Beeinträchtigung zwar auch noch letzten Endes aus einem bestimmten Hoheitsakt ableitet oder mitableitet, aus dem Bereich der Anfechtungswürdigkeit ausgeschieden. Letztlich erfolgt diese Ausscheidung auf Grund einer bestimmten Interessenabwägung. Die zwar irgendwie auch bei diesen fernsten Dritten vorhandenen Interessen an der Aufhebung des Hoheitsakts werden einfach geringer gewertet als das allgemeine staatliche Interesse, die Zahl der durch einen Hoheitsakt ausgelösten Prozesse nicht in den Himmel wachsen zu lassen, den Anstoß zur Überprüfung eines einzigen Aktes nicht Heerscharen von Betroffenen freizustellen.

Mit dem Begriffspaar Tatbestands- und Gestaltungswirkung ist natürlich keine Zauberformel gefunden. Die Grenze zwischen Gestaltung und Tatbestand liegt auf einer stufenlosen Skala und muß in jedem Fall einzeln gesucht werden.

Diese Auffassung vom Verhältnis zwischen Gestaltungs- und Tatbestandswirkung sei am Beispiel des Leistungsurteils veranschaulicht. Vergleicht man das Leistungsurteil mit einem privatrechtlichen Kaufvertrag[118], sieht man, daß in beiden Fällen an der Rechtsfolge des Einzelfalles das Gesetz (§ 433 BGB, § 704 ZPO) auf der einen Seite und der konkrete Wille des richtenden Organs bzw. der vertragschließenden Partner auf der anderen Seite beteiligt sind[119].

Will man hier von Gestaltungswirkung sprechen, läßt sich dies letztlich nur mit der Erwägung rechtfertigen, daß den quantitativ weit überwiegenden Anteil an dem Ergebnis, daß der Kläger gegen den Beklagten in Höhe von DM 1.000 vollstrecken, der Verkäufer einen Kaufpreis von DM 1.000 fordern kann, jeweils der im Einzelfall betätigte Wille, das Urteil des Richters, die Ausformung des Vertrages seitens der privaten Partner, trägt, nicht aber das jeweils einschlägige Gesetz, d. h. § 704 ZPO, der den Richter zur Begründung der Vollstreckbarkeit ermächtigt, und § 433 oder 305 BGB[120], die die Parteien

[118] Der Vergleich des Urteils mit dem Vertrag ist alt und kehrt in allen Spielarten wieder (siehe Kelsen Reine Rechtslehre S. 108, 111 ff. und oft); neuerdings zieht besonders Bötticher FS Juristentag S. 511 (522) diese Parallele.

[119] Das Gesetz ist in irgendeiner Weise an allen Rechtsfolgen beteiligt; ein logischer Unterschied zwischen Gestaltungs- und Tatbestandswirkung dahin, daß nur die letztere vom Gesetz angeordnet wird (s. Stein Grundfragen S. 12, 13: Vollstreckbarkeit nicht Folge des Urteils *sondern* (!) des Gesetzes), ist daher nicht möglich. Auch die Gestaltungswirkung ist die vom Gesetz bestimmungsgemäß ans Urteil geknüpfte Rechtsfolge (Rosenberg Lb § 146 II 2).

[120] In dieser Weise sieht auch Reinhardt FS Schmidt-Rimpler S. 115 ff. (125) den § 305 BGB.

zur Schließung von Verträgen weitgehend beliebigen Inhalts ermächtigen[121].

Da die Willensbetätigung des Richters selbst der wesentliche Umstand ist, der zu dem Ergebnis führt, daß gegen den Beklagten in Höhe von DM 1.000 vollstreckt werden kann, ist die Tätigkeit des Richters selbst als causa efficiens[122] gegenüber dem Beklagten, als der seinen Nachteil unmittelbar bewirkende, auf diesen zielende Umstand anzusehen. Ist dies aber der Fall, muß man dem Beklagten die Frage nach dem Vorliegen der gesetzlichen Voraussetzungen des Urteils, d. h. die Anfechtung, gestatten. Das schließt nicht aus, daß dieses eine Urteil gegenüber einer anderen Person, für deren Beeinträchtigung es nur einer von vielen anderen zusammentreffenden, erheblichen Umständen ist, nur als ein der Anfechtung nicht zugänglicher Tatbestand angesehen wird.

Auch bei den Dritten der Zwangsvollstreckung ist zu fragen, ob ihre Beeinträchtigung durch den Vollstreckungsakt dermaßen ist, daß sie als vom Vollstreckungsakt bewirkt, gestaltet betrachtet werden kann, oder ob der Vollstreckungsakt nur eine von vielen anderen Bedingungen ist, die zusammentreffen müssen, damit die Beeinträchtigung wirklich eintritt.

Beim Drittschuldner liegt die freilich geringe, nachgewiesene Beeinträchtigung bereits in dem Vollstreckungsakt als solchem; sie ist durch diesen bewirkt. Ihm ist deshalb zu gestatten, auf die unmittelbaren Rechtsgrundlagen des Akts zurückzugehen. Das wird deutlich bei Betrachtung des Verhältnisses des Drittschuldners zu dem die Vollstrekkung gestattenden Leistungsurteil. Auf den ersten Blick sieht es so aus, als ob die zwar auf Grund eines gültigen, aber ungerechtfertigt entstandenen Vollstreckungsanspruchs erfolgte Pfändung in gleicher Weise die Stellung des Drittschuldners beeinträchtigt wie die bereits formell unzulässige Pfändung, nämlich dann, wenn der Vollstreckungsschuldner nicht nur sein Gläubiger, sondern auch sein gewinnbringender Schuldner ist[123]. Dennoch versagt ihm die allgemeine Meinung zu Recht die Anfechtung des Vollstreckbarkeitsausspruchs des Leistungsurteils

---

[121] Zur quantitativen Aufspaltung des konkreten Rechtsfolgeergebnisses beim Vertrag in einen gesetzlichen und privatwillentlichen Anteil siehe Reinhardt FS Schmidt-Rimpler S. 115 ff. (125) und Schmidt-Rimpler AcP 147, 160 (163).

[122] Siehe Kohler ZZP 29, 18 zur Unterscheidung von Ursache und Bedingung: Ursache ist der kausale Umstand, der für das „So-sein" der Rechtsfolge maßgeblich ist.

[123] Siehe Luttner Diss. S. 77, der es für unbillig hält, daß es dem Drittschuldner, der einen guten Arbeiter behalten wolle, versagt ist, die mangelnde causa des Leistungsurteils mit § 767 ZPO geltend zu machen.

mittels § 767 ZPO[124] und vertröstet ihn damit auf den Zufall, daß der Vollstreckungstitel nicht nur anfechtbar, sondern ausnahmsweise nichtig ist. Diese Nichtigkeit kommt auch dem Drittschuldner zugute, er ist vom Vollstreckungsgläubiger befreit[125], entweder unmittelbar[126] oder über § 766 ZPO, den man dem Drittschuldner ja bei allen erststufigen Mängeln und damit auch beim nichtigen Vollstreckungstitel gibt[127].

Zu Recht wird dem Drittschuldner die Anfechtung des Vollstreckungstitels deshalb versagt, weil der Vollstreckungstitel als solcher anders als der auf seiner Grundlage zu erlassende Pfändungsakt nur ein Einzelelement in einer Reihe anderer Tatbetandsmerkmale ist, die dieses Element an Bedeutung überragen und alle zusammen erst die Beeinträchtigung des Drittschuldners ausmachen. Aus dem ganzen großen Wirkungskreis des durch das Leistungsurteil begründeten Vollstreckungsanspruchs strahlt nur ein geringer Sektor auf den Drittschuldner aus, der gegenüber dem Pfändungsakt, der auf seiner Grundlage erlassen wird, den weitaus geringeren Anteil an dem konkreten Ergebnis, daß jetzt der Drittschuldner nicht mehr an den Vollstreckungsschuldner zahlen darf, hat.

Freilich kann sich im Einzelfall das Verhältnis der Anteile zueinander verschieben, der gegen das Vermögen des Vollstreckungsschuldners als solches gerichtete Vollstreckungsanspruch sich auf die gegen den Drittschuldner gerichtete Forderung als einzigen Vermögensgegenstand des Vollstreckungsschuldners konzentrieren. Dieser Fall ist aber nicht typisch und wegen der auch hier gebotenen typischen Betrachtungsweise unbeachtlich.

---

124 Fast ausnahmslos wird jeglichem Dritten der § 767 ZPO versagt (Stein-Jonas § 767 I 3, Baumbach § 767 3 B, Falkmann-Hubernagel § 767 4, Oertmann System II § 286 I 2, Schönke-Baur Lb § 39 IV 2; konkludent: Thomas-Putzo § 767 6, Bruns Lb § 14 III 2, Rosenberg Lb § 183 III 5 a). Eine besondere Begründung wird nicht gegeben, meist beruft man sich auf den Wortlaut des § 767 ZPO. Der Wortlaut entscheidet jedoch nicht, eine sachliche Prüfung wäre durchaus veranlaßt. Anders als die h. M. gab Kohler AcP 80, 141 (158 ff.) wenigstens dem nachpfändenden Gläubiger die Vollstreckungsgegenklage und Schultz Vollstreckungsbeschwerde S. 407 f. jedem Dritten, der ein mittelbares rechtliches Interesse an der Abwendung der Vollstreckbarkeit habe. — Ausdrücklich versagen dem *Drittschuldner* die Vollstreckungsgegenklage Rosenberg Lb § 193 III 2 b, Oertmann System II § 286 I 2, RG 38, 400 (402), BAG AP Nr. 1 zu § 776 ZPO, BAG NJW 64, 687 (689), konkludent durch Versagung von Einwendungen gegen den zur Vollstreckung stehenden Anspruch Stein-Jonas § 829 VII 2 c, Thomas-Putzo § 835 2, Zöller § 829 1 c (diesem Autor unterstellt Luttner Diss. S. 75 fälschlich, er vertrete das Gegenteil), Hellwig Rechtskraft S. 89, Pohle Pfändungsschutz S. 31 und in neuerer Zeit Bruns Lb § 22 II 2.

125 Ausdrücklich BAG AP Nr. 1 zu § 776 ZPO, NJW 64, 687 (688).

126 Wenn man die Nichtigkeit wie das BAG (vorige Note) auf den Vollstreckungsakt durchschlagen läßt.

127 Pohle Pfändungsschutz S. 31.

Dem Leistungsurteil, auf Grund dessen die Vollstreckung erfolgt, steht der Drittschuldner also zu fern, als daß man gegenüber diesem Dritten von einer Gestaltungswirkung des Urteils sprechen könnte. Damit entfällt der Grund, ihm die Anfechtung des Urteils zu gestatten[128].

Als nächstes ist der nachstehende Pfandgläubiger auf den Prüfstein der Tatbestandswirkung zu legen.

Seine Nähe zum Vollstreckungsakt tritt deutlich hervor, wenn man sie mit *seiner* Stellung zum *Leistungsurteil,* das dem Vollstreckungsakt zugrunde liegt, und mit der Stellung seines „geringeren Bruders", des *schlicht konkurrierenden Gläubigers,* zum *Vollstreckungsakt* vergleicht.

Soll der nachstehende Pfandgläubiger den Pfändungsakt anfechten können, der schlicht konkurrierende Gläubiger aber nicht, muß der Pfändungsakt gegenüber dem erstgenannten Gestaltung, gegenüber dem zweitgenannten Gläubiger nur Tatbestand wirken.

Die Annahme einer vom Pfändungsakt ausgehenden Gestaltungswirkung gegenüber dem Nachpfänder verbietet sich nicht schon deshalb, weil der Nachpfänder erst nach Vornahme der Pfändung seine Rechtsstellung erwirbt. Denn mit jeder Pfändung wird bereits ein gewisses Quantum des in einem späteren Verteilungsverfahren zur Verteilung stehenden Erlöses zuungunsten jedes später kommenden Pfandgläubigers beansprucht. Damit wird ein künftiger Pfandgläubiger gewissermaßen antecipierend auf eine schlechtere Erlösanwartschaft verwiesen, es wird mit Richtung auf die Zukunft auch ihm gegenüber gestaltet.

Prüft man, ob der Pfändungsakt den nachstehenden Pfandgläubiger mittels Tatbestands- oder Gestaltungswirkung beeinträchtigt, ist zunächst die Versuchung groß, aus § 804 ZPO zu folgern, daß das Vollstreckungsorgan diesem Dritten durch den Erlaß des Pfändungsaktes nichts Böses antue, daß vielmehr das Gesetz der „Bösewicht" sei, der in § 804 ZPO an den vom Vollstreckungsorgan gesetzten Tatbestand der Pfändung die für den Dritten unerfreuliche Rechtsfolge des Pfändungspfandrechts knüpfe. Eine derartige Argumentation liegt jedenfalls vom Standpunkt der konservativen Pfändungspfandrechtstheorie aus bei diesem Dritten nahe. Folgert man nämlich mit der privatrechtlichen Theorie aus § 804 II und III ZPO, daß das Gesetz gerade im Hinblick auf die miteinander konkurrierenden Gläubiger das Institut der Pfändung mit demjenigen des Pfändungspfandrechts angereichert,

---

128 Weder mit der Vollstreckungsgegenklage noch mittels Nebenintervention in dem zum Leistungsurteil führenden Prozeß! Letzteres sagt weder die Literatur, die sich mit dem Drittschuldner beschäftigt, noch jene, die sich mit §§ 66, 69 ZPO befaßt.

zum Dualismus erweitert hat[129], kommt man nicht umhin, die Beeinträchtigung dessen, der erst nach einer Pfändung ein Pfandrecht erwirbt, unmittelbar als Folge des rangbesetzenden Pfändungspfandrechts anzusehen, das der Vorpfänder seinerseits durch die von ihm beantragte Pfändung erhalten hat.

Aus § 804 ZPO eine Tatbestandswirkung zuungunsten des nachstehenden Pfandgläubigers herzuleiten, geht jedoch nicht an. Der in gewissem Sinn zufällige Umstand, daß das Gesetz das Pfändungspfandrecht bei der Pfändung von Mobilien ausdrücklich konstituiert und beschreibt, sich jedoch hier über die andere Wirkung der Pfändung, die Verstrickung ausschweigt, kann nicht zu einer derart folgenschweren Differenzierung führen, die Pfändung selbst als Gestaltungs-, das Pfändungspfandrecht hingegen als Tatbestandswirkung des Pfändungsakts aufzufassen. Das ergibt sich auch aus der hier vertretenen Ansicht von Tatbestands- und Gestaltungswirkung.

Denn der den Nachpfänder beeinträchtigende Rangverlust beruht bereits zu einem ganz wesentlichen Teil auf der Pfändungsmaßnahme des Vollstreckungsorgans. Dieser Anteil ist — gemessen am Gesamtergebnis — von einem derartigen Gewicht, daß dem Nachpfänder die Frage nach den Grundlagen der Pfändungsmaßnahme gestattet werden muß.

Daß eine Gestaltungswirkung im Verhältnis zum nachstehenden Gläubiger angenommen werden muß, wird deutlich, wenn man diesen Gläubiger nun mit dem schlicht konkurrierenden Gläubiger vergleicht. Auch der letztere wird insofern durch eine Pfändung, die ein anderer Gläubiger erwirkt, benachteiligt, als ihm selbst nun der erste und damit erfolgreichste Zugriff auf den betr. Gegenstand des schuldnerischen Vermögens versagt ist. Um Gestaltungswirkung handelt es sich hier jedoch nicht. Solange er seinerseits noch keinen Titel für seine Forderung erworben und auf Grund dieses Titels gepfändet hat, steht ihm nur das allgemeine Befriedigungsrecht an dem Vermögen des Schuldners als solchem, d. h. in seinem jeweiligen Bestand, zu. Seine Beziehung zu dem mit der Pfändung seitens des schnelleren Gläubigers angegriffenen Gegenstand ist noch zu schwach, als daß man diesen Pfändungsangriff auf den Gegenstand bereits als causa efficiens des auch ihn irgendwie treffenden Nachteils betrachten könnte. Es müssen im typischen Fall noch weitere Umstände hinzukommen, damit eine Beeinträchtigung konkret eintritt; der Konkurrent muß sich seinerseits um

[129] Diesen seine Existenz rechtfertigenden Zweck des Pfändungspfandrechts, auf den bereits Rudolph JJb 20, 311 (391), Hein Identität II S. 94 und Bülow AcP 152, 285 (287) u. a. hinweisen, leugnen die öffentlichrechtliche Theorie Martin'scher Ausprägung (siehe Martin Verteilungsverfahren S. 98 ff.) und auch Lent-J § 16 C 4 c.

die Geltendmachung seiner Forderung bemühen, sich selbst eine konkrete Zugriffsposition schaffen, ehe man sagen kann, daß die Pfändung des ersten Gläubigers die tragende Grundlage seiner Beeinträchtigung ist.

Er steht dem einzelnen Pfändungsakt nicht wesentlich näher als dem Leistungsurteil, das er erst recht nicht anfechten kann, weder mittels Nebenintervention[130], noch mittels Vollstreckungsgegenklage. Muß es ihm auf Grund seiner Rechtsferne bereits gleichgültig sein, ob die Zulässigkeitsvoraussetzungen des konkreten Zugriffsakts gegeben sind, muß es ihm erst recht gleichgültig sein, ob eine der Zulässigkeitsvoraussetzungen des Zugriffsakts, die Vollstreckbarkeit des zugrunde liegenden Urteils, ihrerseits gerechtfertigt begründet wurde[131].

Die Gestaltungswirkung des Pfändungsakts gegenüber dem nachstehenden Pfandgläubiger tritt plastisch hervor, wenn man sie mit der Wirkung des Leistungsurteils, das der Pfändung vorausging, vergleicht. Dieser Vergleich ist alternativ nach den verschiedenen Lehren vom Pfändungspfandrecht vorzunehmen, damit nicht schon hier die in besonderem Kapitel zu behandelnde Verknüpfung der Erinnerungsbefugnis des nachstehenden Pfandgläubigers mit der Frage nach der Natur des Pfändungspfandrechts erörtert werden muß. Wenn man das Pfändungspfandrecht als die den Nachpfänder belastende Rechtsposition des Vorpfänders auf der Pfändung einerseits und dem der Pfändung zugrunde liegenden Vollstreckungsanspruch andererseits ruhen sieht, d. h. Pfändungsakt und Vollstreckungsanspruch koordiniert und als gleichberechtigte Fundamente eines *wirksamen* Pfändungsrechts betrachtet[132], ist es veranlaßt, dem nachstehenden Gläubiger nicht nur den Angriff auf den Pfändungsakt, sondern auch denjenigen auf den „anderen Fundamentsteil", den Vollstreckungsanspruch, d. h. die Anfechtung des Leistungsurteils, das ihn begründet, zu gestatten[133]. Denn

---

[130] Die Nebenintervention im Prozeß des Gläubigers A wird dem schlicht konkurrierenden Gläubiger B allgemein versagt (Stein-Jonas-Pohle § 66 III 2, Goetzeler Nebenintervention S. 18, Stein Grundlagen S. 103, Wieser Diss. S. 101; a. A. Hellwig Lb II S. 488).

[131] Daß es dem schlicht konkurrierenden Gläubiger also einerlei sein muß, ob das Vermögen seines Schuldners durch mat. gerechtfertigte oder ungerechtfertigte Zugriffe von Konkurrenten verringert wird, erkennt deutlich Hein Duldung S. 7.

[132] Dies ist die Ansicht der öffentlichrechtlichen Theorie älterer Prägung, welche das Pfändungspfandrecht zwar als akzessorisch betrachtet, aber nicht gegenüber dem zivilrechtlichen Anspruch, sonderm dem Vollstreckungsanspruch. — Vertreter u. a.: Kohler AcP 80, 141 ff. (157 ff.), Grünhut Z 14, 1 (33), Müller Pfändungspfandrecht S. 20, Francke ZZP 36, 308 ff., Siber JJb 50, 93, Pagenstecher Prozeßprobleme S. 14, 15, Schönke Lb (5. Aufl.!) § 31 V 4, z. T. auch Rosenberg Lb § 190 II 2 b.

[133] So völlig konsequent Kohler AcP 80, 158 ff. (171).

hier ist die Vollstreckungswirkung des Titels nicht nur ein unselbständiges Element für die Beeinträchtigung des nachstehenden Gläubigers, sondern selbständige, unmittelbare Wurzel, deren Freilegung durch Anfechtung dem nachstehenden Pfändungsgläubiger gestattet werden muß.

Nimmt man hingegen an, daß das Pfändungspfandrecht auf der Doppelsäule Pfändungsakt — *materieller Anspruch* ruht, d. h. bei Fehlen einer beider Säulen, des Pfändungsakts oder des materiellen Anspruchs überhaupt nicht existent ist[134], ist der nachstehende Pfandgläubiger gar nicht darauf angewiesen, den Vollstreckbarkeitsausspruch des Urteils anzufechten, um das Fehlen von dessen Voraussetzungen geltend zu machen, sondern er hat es sehr viel einfacher; er kann nämlich schlicht die Existenz des materiell-rechtlichen Anspruchs des Vorpfänders bestreiten. Anders ist die Sache jedoch hier, wenn man dem nachstehenden Gläubiger die Geltendmachung des ihm nach dieser Theorie vom Pfändungspfandrecht freistehenden Einwands, daß der materielle Anspruch des Vorpfänders fehle, im Ergebnis dennoch versagt, aber mit der Begründung, daß sich der Nachpfänder die materielle Rechtskraft des gegen den Vollstreckungsschuldner ergangenen Leistungsurteils entgegenhalten lassen muß[135].

Nimmt man dies an, ist der den Nachpfänder belastende Akt nicht der vollstreckungsgestattende Teil des Leistungsurteils, sondern der feststellende Teil desselben. Dieses Feststellungssubstrat kann der Nachpfänder angreifen, jedoch naturgemäß nur in der technischen Form, daß er, gestützt auf §§ 66, 69 ZPO, gegen das bereits ergangene Urteil ein Rechtsmittel einlegt, was ihm wiederum naturgemäß (Rechtsmittelprinzip!) nur solange möglich ist, wie das Urteil nicht zwischen den

---

134 Das ist der Kern der zivilrechtlichen Theorie, die Akzessorietät des Pfändungspfandrechts vom zivilrechtlichen Anspruch. Nachdem Rosenberg und Stein-Jonas ihr die Freundschaft aufgesagt haben und auch Baumbach Übers. § 803 3 B, Thomas-Putzo § 804 Anm. 2 sie ablehnen, sind die hauptsächlichsten Vertreter dieser Theorie heute neben Bruns Lb § 19 III 2 die Zivilisten (Palandt 4 d vor § 1204 BGB, Westermann Lb § 126 II 1, Wolff-Raiser Lb § 163 IV bei N 29).

135 So argumentieren Bettermann Zivilurteil S. 178—182, Blomeyer Lb § 93 I 2, ZZP 75, 1ff. (20) und wohl auch — konkludent! — die noch heute auf dem Boden der privatrechtlichen Pfändungspfandrechtstheorie stehende Lehre, ohne dieses prozeßtechnische Gleis ihrer Argumentation eindeutig zu offenbaren. Das ist schade, da hierdurch eine klare Erkenntnis dessen, was die verschiedenen Theorien überhaupt voneinander unterscheidet, erschwert wird. Bei Bruns (Lb § 19 III 2) heißt es dunkel, daß zwar der mat. Anspruch zur Wirksamkeit des Pfandrechts erforderlich sei, aber nur im Gewand, das er im Titel gefunden habe — auch gegenüber den konkurrierenden Gläubigern. Daß Bruns hier Rechtskrafterstreckung befürwortet, folgt nur mittelbar aus seiner Berufung auf Bettermann bei § 25 IV 3 a, ebenso wie sich die gleiche Meinung Schönke-Baurs (Lb § 22 III) aus dessen Bezugnahme auf Bruns ergibt.

Parteien unanfechtbar ist, der Rechtsstreit also noch anhängig ist. Da nach dieser Theorie der *Vollstreckbarkeitsausspruch* keine *unmittelbare* Beziehung zum nachstehenden Gläubiger hat, besteht kein Anlaß, dem nachstehenden Gläubiger die Anfechtung des Vollstreckungstitels mit der eigens diesem Zweck dienenden Vollstreckungsgegenklage zu gestatten.

Mittelbar betrifft jedoch auch nach dieser Theorie der Vollstreckbarkeitsausspruch des Leistungsurteils den nachstehenden Pfandgläubiger. Denn das eine Fundament des ihn beeinträchtigenden Pfändungspfandrechts des Vorpfänders, der *Pfändungsakt,* hat den Vollstreckbarkeitsausspruch seinerseits zur Zulässigkeitsvoraussetzung. In dieser Beziehung ist jedoch das Leistungsurteil wiederum nur ein unbedeutendes Element der Beeinträchtigung des nachstehenden Pfandgläubigers, dessen Anfechtung seitens des Nachpfänders nicht veranlaßt ist. Insofern ist das Leistungsurteil wiederum nur Tatbestand, und die h. M. versagt deshalb — konkludent! — auch dem nachstehenden Pfandgläubiger im Ergebnis zu Recht die Vollstreckungsgegenklage, indem sie jeglichem Dritten dieses Anfechtungsmittel verwehrt[136].

Hat sich soeben gezeigt, daß sich nach der privatrechtlichen Theorie vom Pfändungspfandrecht der Vollstreckbarkeitsausspruch des Urteils zugunsten des Vorpfänders gegenüber dem Nachpfänder als ein *Tatbestand* darstellt, der der Anfechtung mittels Vollstreckungsgegenklage nicht zugänglich ist, wird sogleich deutlich, daß das gleiche für die öffentlich-rechtliche Theorie von der Prägung Martins gilt. Auch unter Zugrundelegung dieser Theorie ist die Beziehung des Nachpfänders zum Leistungsurteil des Vorpfänders nicht dichter als nach der privatrechtlichen Theorie. Nach dieser Theorie ruht das Pfändungspfandrecht nur auf einer einzigen Säule, dem wirksamen Pfändungsakt[137]; dafür reicht seine Aussagekraft aber nur bis zum ersten Stadium des Verteilungsverfahrens; das Verteilungsorgan muß die Verteilung im Verteilungsplan zunächst nach der Rangfolge der verschiedenen, den konkurrierenden Gläubigern zustehenden Pfändungspfandrechte vornehmen. Keine Kraft soll das Pfändungspfandrecht hingegen haben zur endgültigen Regelung des Verhältnisses der konkurrierenden Pfändungspfandgläubiger untereinander. Hier soll die ihm von der privatrechtlichen Lehre zugeschriebene Regelungsfunktion von dem in § 878 II ZPO erwähnten „besseren Recht" abgenommen werden, dem also von der öffentlichrechtlichen Theorie eine selbständige Bedeutung (Recht sui generis?) zugeschrieben wird. Dieses bessere Recht soll anders als das Pfändungspfandrecht in seinem Bestand vom privatrechtlichen

---

136 Siehe oben S. 93 N 124.

137 Die folgende Darstellung fußt auf Martin, Verteilungsverfahren S. 98 ff.

Anpruch abhängig sein. Auch nach dieser Theorie ist der nachpfändende Gläubiger letztlich dadurch saniert, daß er den Mangel des zivilrechtlichen Anspruchs des Vorpfänders später immer noch zur Erreichung einer ihm günstigen Verteilung mit der Widerspruchsklage nach § 878 ZPO geltendmachen kann. Das Pfändungspfandrecht des Vorpfänders als solches belastet also den Nachpfänder seiner geringen Aussagekraft entsprechend nur geringfügig. Ist aber die Beeinträchtigung durch den Pfändungsakt als solche schon gering, ist es nicht veranlaßt, dem Nachpfänder auch noch die Beseitigung einer bloßen Voraussetzung der Pfändung, des Titels, unter Berufung auf dessen Unrechtmäßigkeit mittels Vollstreckungsgegenklage zu gestatten.

Die dem Verhältnis des nachstehenden Pfandgläubigers zu dem von dem Vorpfänder erwirkten Leistungsurteil gewidmete Untersuchung kommt zum Ergebnis, daß nur nach der öffentlichen Pfändungspfandrechtstheorie Kohler'scher Prägung eine Gestaltungswirkung bejaht werden kann. Nach den anderen Theorien handelt es sich um bloße, der Anfechtung nicht zugängliche Tatbestandswirkung.

Damit hebt sich die Stellung des nachstehenden Pfandgläubigers zu dem vom Vorpfänder erwirkten *Pfändungsakt*, aus der eine Gestaltungswirkung des Pfändungsakts auch ihm gegenüber hergeleitet wurde, deutlich von seiner Stellung zum *Leistungsurteil*, auf Grund dessen der Vorpfänder die Pfändung erwirkte, ab.

Das Ergebnis dieses Kapitels ist, daß die Beeinträchtigung von Drittschuldner und nachstehendem Pfandgläubiger, aus der zuvor die Erinnerungsbefugnis hergeleitet wurde, auf einer *Gestaltungswirkung* des Vollstreckungsakts beruht und auch insofern die Voraussetzungen einer Anfechtungsbefugnis erfüllt[138].

3. Schließt die Befugnis des Schuldners, einem Dritten durch eigene Handlungen Nachteil zuzufügen, die Erinnerungsbefugnis dieses Dritten aus?

Nun stellt sich ein Problem, das in eigenartiger Weise sowohl die im ersten Teil der Arbeit zu behandelnden Fragen, ob überhaupt Dritte neben dem Vollstreckungsschuldner gegen ergangene Vollstreckungsakte erinnern dürfen, als auch die im zweiten Teil zu erörternde Frage, ob die Erinnerungsbefugnis des Dritten mit Zurückweisung der von dem Schuldner eingelegten Erinnerung endet, betrifft.

Es geht hier darum, ob eine Befugnis Dritter allen bisherigen Erwägungen zum Trotz entweder gar nicht oder doch nur in sehr gemin-

[138] Dasselbe ließe sich bei den übrigen vollanfechtungsbefugten Dritten nachweisen, was jedoch die Arbeit unangemessen in die Länge ziehen würde.

derter Form anzunehmen ist, weil der durch die ordnungsgemäße Vollstreckung beeinträchtigte Dritte unter Umständen hinnehmen müßte, daß der Vollstreckungsschuldner aus eigener Initiative ein Ergebnis herbeiführt, das in der Wirkung demjenigen der beeinträchtigenden Vollstreckungsmaßnahme gleichkommt.

Dieser Gedanke stellt sich naturgemäß in zwei Stufen. Er könnte bereits der Annahme eines Drittrechts auf Einhaltung der den Vollstreckungsakt bestimmenden Zulässigkeitsnormen entgegenstehen; er könnte aber auch lediglich dazu nötigen, die vom Vollstreckungsschuldner erwirkte, ihm ungünstige Erinnerungsentscheidung auch auf die Dritten „abfärben", d. h. auch sein Erinnerungsrecht mit dem Verbrauch der schuldnerischen Erinnerungsbefugnis enden zu lassen.

Die Bedeutung dieses Gedankens an sich und seine Aktualität für das Gesamtproblem der Arbeit seien an einem Fallvergleich gezeigt:

1 a) Der Abbruch eines Hauses, dessen Existenz bislang dem Nachbarn die Verputzung der eigenen Giebelmauer ersparte, wird hoheitlich verfügt. Hier könnte man mit derselben Begründung, mit der das LG Berlin[139] einen Entschädigungsanspruch des Nachbarn verneinte, den Nachbarn von der Geltendmachung eines der Abrißverfügung anhaftenden Mangels ausschließen: Genauso wie der Nachbar den freiwilligen Abriß des Hauses seitens des Hauseigentümers hätte hinnehmen müssen, muß er auch die hoheitliche Abrißverfügung und deren Vollzug ohne Rücksicht auf deren Zulässigkeit hinnehmen.

1 b) Die Forderung des Vollstreckungsschuldners X gegen den Drittschuldner Y wird auf Antrag des Vollstreckungsgläubigers Z gepfändet. Hier könnte man dem Y die Geltendmachung von Vollstreckungsmängeln von vornherein mit der Begründung versagen:

Genauso wie der Y die freiwillige Abtretung der Forderung seitens X hätte hinnehmen müssen, muß er auch die hoheitliche Abtretungsverfügung ohne Rücksicht auf deren Zulässigkeit hinnehmen[140].

2 a) Der Gläubiger Z der OHG X hat gegen diese ein rechtskräftiges Leistungsurteil über eine Schuld von DM 1.000 erwirkt. Hier könnte man dem Gesellschafter Y — ohne aus § 129 HGB argumentieren zu müssen — verbieten, in einem später gegen ihn angestrengten Leistungsprozeß die bereits zwischen Gläubiger und OHG entschiedene Frage, ob die OHG schuldet, als Vorfrage für seine eigene Haftung erneut zur Entscheidung zu stellen, mit der Begründung:

---

139 MDR 63, 1012.

140 Dieser Gedanke beansprucht selbstverständlich keine Geltung, wo es um den Verstoß von Pfändungsschutznormen geht, da hier auch eine freiwillige Zession nach § 394 ZPO ausgeschlossen ist.

Der Y hätte es hinnehmen müssen, wenn die OHG, statt zu prozessieren, freiwillig eine Schuld übernommen und damit die Haftung des Y ausgelöst hätte[141].

2 b) Der Vollstreckungsschuldner X hat erfolglos gegen die vom Gläubiger Z erwirkte Forderungspfändung erinnert. Hier könnte man dem Drittschuldner Y, wenn man ihm auch grundsätzlich die Erinnerung gestattet, dennoch jetzt die Erinnerung versagen mit der Begründung:

Der Y hätte es hinnehmen müssen, wenn der Vollstreckungsschuldner im Fall seines Erinnerungssieges die an ihn zurückgefallene Forderung jetzt dem Gläubiger freiwillig abgetreten hätte[142].

Das in beide Stufen passende Erinnerungsbeispiel zeigt im Vergleich mit den anderen, jeweils einer Stufe zugeordneten Beispielen, daß es sich in der Struktur immer um das gleiche Problem handelt, daß der auf der Stufe der Rechtskrafterstreckung unter dem Stichwort „Rechtskrafterstreckung kraft zivilrechtlicher Abhängigkeit" bekannte Gedanke[143] innerhalb einer umfassenden, grundsätzlichen Frage steht, die den Staatsakt als solchen in seiner Ausformung als Gestaltungs- und Feststellungsakt betrifft.

Dasjenige, das die Frage der Rechtskrafterstreckung kraft Abhängigkeit mit der Frage verbindet, ob überhaupt irgendein Betroffener einen Hoheitsakt anfechten kann, ist die Eigenschaft des rechtskräftigen Urteils als eines sich gegen die unterliegende Partei ungünstig auswirkenden Hoheitsakts.

Hier muß es genügen, daß der innere Zusammenhang der „Abhängigkeitstheorie" mit dem Problem der Erinnerungsbefugnis Dritter schlechthin aufgezeigt wurde. Die Erörterung dieser Rechtskrafttheorie ist aufzusparen, bis im zweiten Teil der Arbeit die Erinnerungsbefugnis auf der zweiten Stufe, der „Rechtskraftstufe", behandelt wird.

Der Annahme, daß auch ein Dritter ein Recht auf Einhaltung aller einen Vollstreckungsakt bestimmenden Zulässigkeitsnormen hat, deren

---

[141] So begründet Bettermann Zivilurteil S. 168 ff. hier Rechtskrafterstrekkung.

[142] Dieses Argument kann seine Verwandtschaft mit dem Gedanken, mit dem manche Autoren Rechtskrafterstreckung des zwischen Erbprätendenten ergangenen Urteils gegen Nachlaßschuldner begründen, nicht verleugnen: Der zu Unrecht siegreiche Erbprätendent A hätte die Nachlaßforderung vom wahren Erben B, seinem unterlegenen Prozeßgegner, auch durch Abtretung erwerben können (so Bettermann Zivilurteil S. 104 ff., aber auch schon Vangerow Pandekten I 1 S. 209, Binder Rechtskraft S. 74, Pagenstecher Rechtskraft S. 412 ff.; a. A. Heim Feststellungswirkung S. 221, Goldschmidt Rechtslage S. 179).

[143] Neuerer Wegbereiter dieser Idee: Bettermann Zivilurteil S. 79 ff. Gefolgschaft: Henckel Parteilehre S. 234, Blomeyer Lb § 93 u. a.

Nichteinhaltung ihn beeinträchtigt, steht die Erkenntnis, daß der Dritte weitgehend dem Willen (Willkür) des Schuldners, des Hauptbetroffenen der Zwangsvollstreckung, unterworfen ist, nicht entgegen[144]. Der gegen den Vollstreckungsschuldner gerichtete Vollstreckungsakt wird durch diese seine bestimmungsgemäße Richtung nicht schon zu einem Quasiakt des Schuldners. Zwar leitet sich die Befugnis des Vollstreckungsorgans, verfügungsgleich Rechtssubstanz zu übertragen, aus der Verfügungsmacht dessen, gegen den das Vollstreckungsorgan den Vollstreckungsakt erlassen darf, ab. Doch ist die Rechtsmacht dieses Adressaten lediglich eine Grenze, über die das Vollstreckungsorgan nicht hinauswirken darf, nicht aber eine Grenze, bis zu der es jedenfalls mit Auswirkung gegen Dritte immer vorgehen darf. Wie weit die Macht des Vollstreckungsorgans innerhalb der Höchstgrenze im konkreten Fall reicht, bestimmen die Zulässigkeitsregeln der Vollstreckung.

Damit ist auch gegenüber Dritten nicht das auf anderem Weg erreichbare Ergebnis, sondern der Weg zu diesem hin und die Person des Autors, der das Ergebnis bewirkt, dafür entscheidend, ob und wieweit sich der Dritte gegen das ihm ungünstige Ergebnis wenden kann.

Einem Dritten ist also nicht schon deshalb das Recht gegenüber dem Staat zu versagen, nicht mehr, als nach den objektiven Regeln zulässig, beeinträchtigt zu werden, weil ihm dem Schuldner gegenüber das Recht auf Erhaltung seiner derzeitigen Lage fehlt.

Dieses Ergebnis steht auch nicht im Widerspruch zu der vom Landgericht Berlin gefällten Entscheidung im „Abbruch-fall“[145]. Dort stand ein Entschädigungsanspruch des benachteiligten Dritten aus Art 14 GG zur Debatte. Ihn hat das Gericht abgelehnt, ohne sich zugleich in der Frage der Anfechtungsbefugnis zu präjudizieren. Zu Recht hat das Gericht es hier unter Berufung auf die latente Möglichkeit, daß der Eigentümer selbst aus freiem Entschluß sein Haus hätte abreißen können, abgelehnt, die bis dahin günstige Position des Nachbarn als *entschädigungswerte* Rechtsposition anzusehen. Genauso wie auch der Drittschuldner in der Zwangsvollstreckung die in dem ordnungsgemäßen Vollstreckungsakt für ihn liegende Beeinträchtigung entschädigungslos hinnehmen muß, muß auch hier der Nachbar den durch die

---

[144] Parallele: Die Tatsache, daß das Recht des A durch eine voluntativ bedingte Verfügung des B begründet wird, hindert nicht, dieses Recht wirklich als ein — bedingtes — der Verletzung durch Dritte zugängliches Recht zu betrachten. Herrschende Meinung ist es heute, daß auch die auf den Willen des Rechtgebers abstellende Bedingung zulässig ist (Enneccerus-Nipperdey Lb § 194 IV 3 mit Nachweisen in N 25), so daß heute die Ansicht von RG 136, 132, daß derjenige, der sich nur für den Fall seines Wollens verpflichte, sich gar nicht verpflichte, als überholt gelten kann (vgl. schon Hölder JJb 56, 147).

[145] MDR 63, 1012.

ordnungsgemäße Abbruchsverfügung ihm entstehenden Nachteil ohne Entschädigung hinnehmen. Anders ist die Situation beim Adressaten der Abbruchsverfügung, beim Hauseigentümer, und anders wäre auch die Situation beim Vollstreckungsschuldner, dem Adressaten des Vollstreckungsakts, wenn bei diesem nicht die im Vollstreckungsakt liegende „Enteignung" ihre Causa im Vollstreckungstitel fände und aus diesem Grund keine Entschädigungspflicht auslöste[146]. Da die Frage, ob man für einen ordnungsgemäßen, nachteiligen Hoheitsakt Entschädigung verlangen darf, wesensmäßig ganz anders liegt als die behandelte Frage, ob man einen ordnungswidrigen Hoheitsakt, wenn man durch ihn bereits im Fall seiner Ordnungsgemäßheit beeinträchtigt wird, anfechten darf, läßt sich diese Frage sehr wohl bejahen und jene vom Landgericht Berlin verneinte Frage gleichzeitig verneinen.

Damit sind die wesentlichsten Einwände gegen eine Erinnerungsbefugnis Dritter entkräftet. Es bleibt jedoch noch die Erörterung eines besonderen Problems, das sich bei einem der wichtigsten Dritten, der auch in dieser Arbeit im Vordergrund steht, ergibt.

Es geht um die Frage, wie sich die Aufspaltung des einheitlichen Pfändungsvorgangs in Verstrickung und Pfändungspfandrecht auf die Erinnerungsbefugnis des nachstehenden Pfandgläubigers auswirkt.

4. Die besondere Problematik der Erinnerungsbefugnis des nachstehenden Pfandgläubigers

Problematisch ist bereits die Formulierung der Frage, ob der „nachstehende" Pfandgläubiger erinnerungsbefugt ist. Ist nämlich das Pfändungspfandrecht des „vorstehenden" Gläubigers, wie es viele Vertreter der zivilrechtlichen Theorie[147], aber auch Rosenberg[148] vom Standpunkt der öffentlichen Theorie wollen, derart „zerbrechlich", daß es prinzipiell auf jeden Verstoß gegen eine Zulässigkeitsregel der Zwangsvollstreckung mit Unwirksamkeit reagiert, gibt es gar keinen nachstehenden Gläubiger mehr; der vermeintlich nachstehende ist vielmehr ein im Rang bereits vorstehender Gläubiger.

---

[146] Nimmt man an Stelle des Vollstreckungsschuldners den dinglichen Dritten, der seinen „Hausrechtbehelf", den § 771 ZPO versäumte, findet man den entschädigungsberechtigten Hauseigentümer aus dem „Abbruchfall" in der Zwangsvollstreckung wieder. Auch der Dritteigentümer wird „enteignet", und trotz aller Verschiedenheiten kann der ihm zustehende Bereicherungsanspruch, gleich, ob man ihn aus § 812 oder § 816 BGB herleitet, seine Verwandtschaft mit dem enteignungsrechtlichen Entschädigungsanspruch nicht verleugnen.

[147] Bruns Lb § 19 III 2 b bb, dd, Wolff-Raiser Lb § 163 IV, Goldschmidt Lb § 94 1 c, Förster Kann § 766 3, RG 56, 148.

[148] Lb § 190 II 2 b beta.

Vorsichtig kann man deshalb nur von einem Pfandgläubiger sprechen, der zeitlich nach der zugunsten eines anderen Gläubigers erfolgten Pfändung ein Pfandrecht erwirbt. Aber auch die Erinnerungsbefugnis dieses vorsichtig umschriebenen konkurrierenden Gläubigers ist sehr fraglich, wenn man das Pfändungspfandrecht des Vorpfänders nicht nur als „Seismographen" in zivilrechtlicher Hinsicht betrachtet, sondern auch bei einem Verstoß der Pfändung gegen irgendeine Zulässigkeitsnorm seine Entstehung verneint[149]. Das ergibt sich aus dem bereits erwähnten Gedanken, daß die Erinnerung nur einem solchen Dritten zustehen kann, dem gegenüber sie ihre typische Funktion, regelmäßig aus einem wirksamen, aber unzulässigen Akt einen unwirksamen zu machen, erfüllen kann. Nun ist zwar, wie bereits oben allgemein dargelegt wurde, das Verhältnis zwischen Nichtigkeit und Anfechtbarkeit in der Zwangsvollstreckung ein absolutes, d. h. der einzelne Vollstreckungsakt ist in gleicher Weise wie gegenüber dem Vollstreckungsschuldner auch gegenüber dem betroffenen Dritten und damit auch gegenüber dem konkurrierenden Gläubiger, der erst später ein Pfandrecht erwirbt, nichtig oder nur anfechtbar.

Die Besonderheit bei dem späteren Pfandrechtserwerber ist jedoch, daß seine Beeinträchtigung gar nicht von der Pfändung als solcher, sondern von dem durch sie begründeten Pfändungspfandrecht des Vorpfänders ausgeht — nach der zivilrechtlichen Pfändungspfandrechtstheorie — oder von dem durch sie begründeten „Besserrecht" des Vorpfänders — nach der neueren öffentlichen Theorie[150].

Ist dieses für den späteren Pfandgläubiger relevante Pfändungspfandrecht oder „bessere Recht" derart anfällig, daß es bereits bei jedem Verstoß gegen die Zulässigkeitsnormen, der sonst mit der Erinnerung zu rügen ist, gar nicht erst entsteht[151], fehlt es an der „causa" für die Erinnerungsbefugnis des späteren Pfandgläubigers. Denn er kann ohne Beseitigung der Pfändung die Nichtexistenz des Pfändungspfandrechts oder des „Besserrechts" des vorpfändenden Gläubigers unter Berufung auf das Fehlen der Zulässigkeitsvoraussetzungen der Zwangsvollstrekkung mit der Widerspruchsklage nach § 878 I ZPO, — wenn sein Pfandrecht seinerseits auf einer Pfändung beruht, — oder mit der Klage nach § 805 I ZPO, wenn sein Pfandrecht eine andere Grundlage hat[152], geltend machen[153]. Hier wäre auf dem technischen Weg der Nichtigkeit

149 Siehe Noten 147, 148.

150 Martin Verteilungsverfahren S. 134 ff.

151 Hinsichtlich des Pfändungspfandrechts nach privatrechtlicher Theorie so Bruns § 19 III 2 b dd. Hinsichtlich des „Besserrechts" nach neuerer öffentlichrechtlicher Theorie so Martin Verteilungsverfahren S. 168.

152 Wie weit dies überhaupt denkbar ist, kann hier nicht erörtert werden.

153 Siehe Note 151.

der Rechtsbehelf der Erinnerung durch andere vollstreckungsrechtliche Rechtsbehelfe verdrängt.

Dennoch gibt die überwiegende Meinung dem nachpfändenden Gläubiger zusätzlich die Erinnerung; von Martins Standpunkt aus ist dies deshalb gerechtfertigt, weil für ihn das untrennbar mit der Pfändung verbundene Pfändungspfandrecht zunächst, bis es zur Widerspruchsklage im Verteilungsverfahren kommt, die Rangfolge der konkurrierenden Gläubiger bestimmt und in dieser allerdings vorläufigen Funktion ohne Rücksicht auf etwaige Mängel der Pfändung wirksam besteht, den nachpfändenden Gläubiger wirksam beeinträchtigt. Die in einer derartigen zeitweisen Nichtbeachtung eines an sich besseren Rangs liegende Beeinträchtigung gilt es mit der Erinnerung zu beseitigen. Insoweit läßt sich also die Erinnerungsbefugnis des nachpfändenden Gläubigers rechtfertigen.

Auch vom Standpunkt der zivilrechtlichen Pfändungspfandrechtstheorie läßt sich jedoch die Erinnerungsbefugnis dieses Dritten begründen. Erforderlich ist es dafür, daß man, wie es Bruns tut[154], eine kleine Anleihe bei der öffentlichrechtlichen Theorie insofern macht, als man ebenfalls die Rangfolge in dem Verteilungsplan, den das Verteilungsgericht zunächst aufstellt, ausschließlich nach der Reihenfolge der Pfändungen beurteilt. Letzteres ist durchaus sachgerecht, denn auch das Verteilungsverfahren ist als Bestandteil der Zwangsvollstreckung dualistisch. Das Verteilungsorgan soll zunächst an einfache Tatbestände anknüpfen; über die gegenseitigen Fehler der Gläubigerpositionen soll erst auf Widerspruch und anschließende Widerspruchsklage entschieden werden.

Sehr viel einfacher ließe sich die Erinnerungsbefugnis des Nachpfänders begründen, wenn man unter grundsätzlicher Annahme der privatrechtlichen Pfändungspfandrechtstheorie die Anleihe bei der öffentlichrechtlichen Theorie in folgender Weise erweitert:

Das Pfändungspfandrecht hat zwar die Funktion, die verschiedenen miteinander konkurrierenden Gläubiger in ein bestimmtes Rangverhältnis *untereinander* zu bringen. Hierbei soll derjenige an erster Stelle stehen, der zuerst kommt, *aber auch wirklich Gläubiger ist.* Aus dem zweiten Halbsatz folgt, daß das Pfändungspfandrecht in seiner Existenz von der Existenz eines materiellen Anspruchs des betr. Gläubigers abhängig, also anspruchsakzessorisch sein muß. Hingegen ist es nicht erforderlich, daß das Pfändungspfandrecht nur dann entsteht, wenn auch alle erststufigen Zulässigkeitsnormen der Zwangsvollstreckung eingehalten sind. Es genügt vielmehr, daß ein *wirksamer Pfändungsakt,*

---

154 Bruns Lb § 19 III 2, 25 III 1.

eine wirksame Verstrickung, vorliegt. Entscheidet man sich so, nimmt das Pfändungspfandrecht am üblichen Nichtigkeits-Anfechtbarkeitsverhältnis (Nichtigkeit ist Ausnahme) teil, das bei der Verstrickung besteht. Trotz Verstoßes gegen förmliche Voraussetzungen wäre also das Pfändungspfandrecht wirksam entstanden und belastete die Rechtsposition des später pfändenden Gläubigers, da es ihn auf einen schlechteren Rang im Verteilungsverfahren brächte. Der später pfändende Gläubiger hätte damit noch kein besseres Recht, das er mit der Widerspruchsklage nach § 878 ZPO geltend machen könnte. Er müßte erst die Pfändung des Vorpfänders mittels Erinnerung unter Berufung auf ihre formelle Fehlerhaftigkeit beseitigen. Hat er dies erfolglos versucht oder versäumt, hat er wie jeder andere Erinnerungsbefugte, den die Beendigung der Zwangsvollstreckung überrollt, dies hinzunehmen.

Akzeptiert man diese Meinung, hat man die Fronten säuberlich getrennt:

1. materielle Fehler der Position des Vorpfänders kann der später gekommene Pfandgläubiger mit der Widerspruchsklage nach § 878 ZPO zum Zwecke der Erreichung einer anderen Erlösverteilung unmittelbar geltend machen; er kann sich darauf berufen, da sein Recht schon besser *ist*, weil das Pfändungspfandrecht des Vorpfänders hier gar nicht entstanden ist.

2. Formelle Fehler, die den Pfändungsakt, den der Vorpfänder erwirkte, anfechtbar machen, muß der später gekommene Pfandgläubiger regelmäßig erst zur Beseitigung des wirksamen Pfändungsakts und damit des Pfändungspfandrechts des Vorpfänders mittels Erinnerung geltend machen. Er muß das ihn beeinträchtigende Pfändungspfandrecht auf diesem Weg beseitigen, um dessen Nicht-mehr-Existenz und damit ein eigenes besseres Recht mit der Widerspruchsklage nach § 878 ZPO geltend machen zu können. Unmittelbar kann er sich bei der Klage nach § 878 ZPO auf solche Mängel nicht stützen[155].

Die Einbeziehung des besonderen, bei der Pfändung auftretenden Dualismus' (Verstrickung-Pfändungspfandrecht) hat ergeben, daß nach der privatrechtlichen und der öffentlichrechtlichen Theorie neuerer Ausformung[156] dem nachpfändenden Vollstreckungsgläubiger die Erinnerung zusteht.

---

155 Hiermit würde man sich i. Erg. der Ansicht von Stein-Jonas § 878 II 1, Wieczorek § 878 B II b 1, Baumbach § 878 2 B, Bernhardt Amtsbetrieb S. 63 und auch von Lent-Jauernig Lb § 16 III C 4 c und § 21 III anschließen, die alle nur die Berufung auf eine unwirksame Pfändung bei § 878 ZPO gestatten.

156 Martin Verteilungsverfahren S. 98 ff. (S. 166).

Hiermit ist die Behandlung besonderer Probleme, die mit der Erinnerungsbefugnis Dritter verknüpft sind, abgeschlossen. Es bleibt nun das Fazit der Untersuchung, die sich mit den sachlichen Voraussetzungen der Erinnerung Dritter befaßte, zu ziehen.

E. Ergebnis

Im zweiten Abschnitt der Arbeit wurde nach dem materiellen Recht Dritter auf Beseitigung ergangener Vollstreckungsakte geforscht, das nach der Strukturuntersuchung im ersten Abschnitt der Arbeit für eine Erinnerungsbefugnis Dritter zu fordern war. Dabei hat sich ergeben, daß ein derartiges Recht in der einzelnen, beim Erlaß eines Vollstreckungsakts zu beachtenden Norm wurzelt. Gleichzeitig wurde aber deutlich, daß es kein Geheimrezept gibt, nach dem man eine Norm auf ihren Rechtscharakter zugunsten Dritter prüfen kann. Es kommt vielmehr stets auf den jeweiligen Grad der Nähe eines Dritten zum einzelnen Vollstreckungsakt an, wobei jedoch eine gewisse typisierende Betrachtungsweise nicht zu umgehen ist.

Weiterhin zeigte sich, daß die erinnerungsbefugten Dritten grundsätzlich in zwei Typengruppen zerfallen, in die Vollanfechtungsbefugten, die bereits durch den ordnungsgemäßen Vollstreckungsakt beeinträchtigten Dritten, und in die normbeschränkt Befugten, deren Beeinträchtigung eine bestimmte Norm, die beim Erlaß der Vollstreckungsakte zu beachten ist, gerade auszuschließen trachtet.

Einer Reihe von Dritten wurden neben dem Vollstreckungsschuldner Erinnerungsbefugnisse zur Anfechtung einunddesselben Vollstreckungsakts zugesprochen. Damit wurde die Anfechtungsbefugnis mehrerer Personen zur Anfechtung eines „idem“ bejaht. Daraus ergibt sich die Frage, wie sich diese Anfechtungsbefugnisse zueinander verhalten, sich im prozessualen Raum „stoßen“.

Schlußabschnitt

Rechtsnatur der Befugnis mehrerer Personen nebeneinander: Einzelbefugnis oder gesamthänderische Befugnis?

Jeder erinnerungsbefugte Dritte ficht nicht nur die ihn selbst treffende Beeinträchtigung an, sondern den Vollstreckungsakt in toto. Zwar will jeder nur die Beseitigung des ihn treffenden Teils des Vollstrekkungsakts haben, zur Erreichung dieses Zwecks will jeder aber den Vollstreckungsakt als solchen beseitigen. Denn dieser ist in seiner Beseitigung ebensowenig relativierungsfähig wie in seiner Entstehung. Genausowenig, wie nur mit Wirkung gegen den Vollstreckungsschuldner, nicht aber gegen den Drittschuldner eine Forderung gepfändet werden kann, läßt sich die Pfändung derart relativ beseitigen. Beides widerspräche Sinn und Zweck des angefochtenen Vollstreckungsakts. Zwangsläufig gehen also die Rechte der einzelnen Befugten dahin, tateinheitlich mit der eigenen Rechtsverletzung auch die Rechtsverletzung der anderen Betroffenen zu beseitigen.

In der Struktur lassen sich Schuldner und Dritte zusammen mit den Miterben vergleichen, denen nach § 2039 BGB die Befugnis zukommt, die Erfüllung einer Nachlaßforderung zu verlangen. Auch hier steht mehreren Personen die Befugnis zu, mit der eigenen Beeinträchtigung auch die Beeinträchtigung der Mitberechtigten beseitigen zu lassen.

Es stellt sich nun die Frage, ob sich ein Weg finden läßt, diese Vielfalt gleichgerichteter Rechte einzuschränken.

A. Problem der Erinnerungsgesamthand

(Notwendige Streitgenossenschaft § 62 2. Alternative ZPO)

Das Einfachste wäre, man sähe alle nebeneinander zur Erinnerung Befugten als Gesamthänder an, spräche ihnen ein gemeinsames Recht auf Beseitigung des ergangenen Vollstreckungsakts zu. Diese Lösung wäre ideal; wären doch alle Befugten in einen Erinnerungsprozeß nach der 2. Alternative des § 62 ZPO, in eine aus sonstigem Grund notwendige Streitgenossenschaft gezwungen[1].

---

[1] Damit ergäbe sich eine Art prozessualer Gesamthand (Bay Ob SA 39, 206; siehe auch Bolgiano Handbuch S. 154). Dieser Ausdruck wird zwar

Zwar ist die Figur der Erinnerungsgesamthand und damit die Erinnerungsstreitgenossenschaft nach der 2. Alternative des § 62 ZPO durchaus denkbar, nämlich immer dann, wenn der Gläubiger, der Schuldner, der Dritte keine Einzelperson, sondern bereits eine Gesamthand darstellt. Da Gesamthandsgläubigern auch der Vollstreckungsanspruch nur gemeinsam zusteht[2], liegt es nahe, daß sie diesen Anspruch bei widerspenstigem Verhalten des Vollstreckungsorgans auch nur gemeinsam mit der Erinnerung durchsetzen können. Fraglich ist aber schon, ob den Gesellschaftern der OHG, sieht man sie in ihrer gesamthänderischen Verbundenheit als Passivpartei an[3], auch nur gemeinsam das Recht auf Beseitigung ordnungswidriger Vollstreckungsakte zusteht, oder ob man sie nicht auch einzeln als in ihrem gesamthänderischen Anteil beeinträchtigt und entsprechend erinnerungsbefugt betrachten kann, ebenso wie man ihnen einzeln im Leistungsprozeß die Nebenintervention gestattet[4].

Es ist jedoch ausgeschlossen, die als erinnerungsbefugt erkannten Dritten mit dem Vollstreckungsschuldner zusammen in einer Erinnerungsgesamthand zu vereinigen.

B. Zwischen den anfechtungsberechtigten Dritten untereinander und in ihrem Verhältnis zum anfechtungsbefugten Vollstreckungsschuldner besteht keine Erinnerungsgesamthand

Fragt man nach dem tieferen Sinn einer Erinnerungsbefugnis Dritter, muß man sagen, daß dadurch den neben dem Schuldner betroffenen Dritten die Möglichkeit eingeräumt werden soll, aus *eigener Initiative* eine Prüfung der Zulässigkeit des ergangenen Vollstreckungsakts zu erreichen. Diesem Sinn widerspräche es, den Dritten auf die Mitwirkung aller anderen, ebenfalls betroffenen Personen angewiesen zu sehen.

Auch ist schon dadurch, daß jedem einzelnen Dritten ein Recht auf Beseitigung des Vollstreckungsakts aus der durch diesen Akt verletzten Zulässigkeitsregel hergeleitet wurde, die Möglichkeit genommen, dieses Recht zu einem derart abhängigen Recht zu degradieren. Unbenommen ist jedoch die Prüfung, ob nicht das dem Dritten zustehende selbständige Recht wenigstens dann endet, wenn das entspre-

immer vermieden und angegriffen (s. Behringer Diss. S. 279), ist aber dennoch vertretbar.

2 Emmerich Pfandrechtskonkurrenzen S. 265.

3 So Henckel Parteilehre S. 117 ff., auch schon Binder Rechtskraft S. 79 ff., RG 141, 277 (280), Bay Ob NJW 52, 28; a. A. Rosenberg Lb § 42 II 3.

4 Stein-Pohle § 66 II 2, Walsmann Nebenintervention S. 178 ff., Henckel Parteilehre S. 145, Wieser Diss. S. 72 f., RG 34, 360 (363), RG 102, 301 (302).

chende Recht des Schuldners verbraucht, d. h. seine Erinnerung endgültig zurückgewiesen ist. Wäre dies der Fall, ließe sich die Flut der Erinnerungen, wenn schon nicht mit dem Radikalmittel nach § 62 2. Alternative ZPO, so doch mit dem milderen Mittel des § 62 1. Alternative ZPO während der durch verschiedene Erinnerungen eingeleiteten Verfahren regulieren. Freilich läge auch in diesem Vorgehen eine Beschneidung der Rechtsstellung des Dritten. Ob diese Schmälerung zulässig ist, wird sich in dem nun folgenden zweiten Teil der Arbeit herausstellen, in dem die Erinnerungsbefugnis Dritter in dem Stadium geprüft wird, in dem bereits der Vollstreckungsschuldner erfolglos von seiner Befugnis Gebrauch gemacht hat.

Zweiter Teil

Einfluß einer die Erinnerung des Schuldners zurückweisenden Entscheidung auf die Erinnerungsbefugnis Dritter

Im ersten Teil der Arbeit wurde bestimmten Dritten die Befugnis zugesprochen, ebenso wie der Vollstreckungsschuldner fehlerhafte Vollstreckungsakte mit der Erinnerung rügen zu dürfen.

Im zweiten Teil soll untersucht werden, ob Dritten diese Befugnis auch dann noch zusteht, wenn bereits der Vollstreckungsschuldner erfolglos Erinnerung eingelegt hat.

Diese Untersuchung setzt voraus, daß es dem Vollstreckungsschuldner selbst versagt ist, die von ihm selbst eingelegte Erinnerung beliebig zu erneuern. Hindert die dem Erinnerungsführer ungünstige Erinnerungsentscheidung diesen selbst nicht daran, sein Begehren beliebig zu wiederholen, kann auch ein Dritter, der von seiner Erinnerungsbefugnis überhaupt noch keinen Gebrauch gemacht hat, nicht an die ergangene Entscheidung gebunden sein[1].

Mit beiden Fragen ist das Problem der materiellen Rechtskraft der Erinnerungsentscheidung aufgeworfen, mit der Vorfrage nach der Erneuerung der Erinnerung seitens des unterlegenen Erinnerungsführers die Frage nach der materiellen Rechtskraftfähigkeit, mit der Hauptfrage nach der Einwirkung der Erinnerungsentscheidung auf die erinnerungsbefugten Dritten die Frage nach den subjektiven Grenzen der Rechtskraft[2]. Diese Qualifikation bedarf eingehender Begründung, in ihr steckt ein guter Teil der zu behandelnden Problematik überhaupt.

Zunächst ist zu prüfen, ob der Erinnerungsführer, dessen Erinnerung zurückgewiesen wurde, seine Erinnerung selbst nach Belieben erneuern kann.

---

1 Umgekehrt argumentiert Pieper Diss. S. 193. Er will dem Erinnerungsführer die Erneuerung seiner zurückgewiesenen Erinnerung u. a. deshalb gestatten, weil erinnerungsbefugte Dritte nicht an die Entscheidung gebunden wären.

2 Die spärlichen Äußerungen zur Hauptfrage lassen nicht immer eine klare Einordnung erkennen. Eindeutig wird sie von Pieper Diss. S. 193, Schultz Vollstreckungsbeschwerde S. 480, OLG Celle 27. 4. 33 — 5 W 217/33, berichtet von Lange DGVZ 33, 238, als Frage der subjektiven Grenzen der materiellen Rechtskraft qualifiziert. Unklar ist die Einordnung bei LG Wiesbaden JW 36, 1395.

Erster Abschnitt

Kann der Schuldner die zurückgewiesene Erinnerung selbst beliebig erneuern?

A. Einordnung der Frage als Problem der materiellen Rechtskraft der Erinnerungsentscheidung

Bevor ein prozessuales Problem mit dem schweren Geschütz der materiellen Rechtskraft in Angriff genommen wird, ist zu versuchen, ob man nicht mit den leichteren Mitteln der *formellen Rechtskraft* und der *Innenbindung* auskommt[3].

Hätte bereits die formelle Rechtskraft des Erinnerungsbeschlusses zur Folge, daß der Erinnerungsführer nicht einunddenselben Sachverhalt stets von neuem mit der Erinnerung zur Entscheidung stellen kann[4], so lautete die Hauptfrage, ob sich die formelle Rechtskraft auf Dritte erstreckt. Erstreckung formeller Rechtskraft auf Dritte würde bedeuten, daß ein Dritter, dem an sich die Befugnis zustände, eine ergangene Entscheidung anzufechten, seine Befugnis dann verlöre, wenn ein anderer ebenfalls Anfechtungsbefugter seines Anfechtungsrechts durch Fristablauf oder letztinstantielle Entscheidung verlustig ginge[5].

Als weiteres Mittel, um dem Erinnerungsführer die Wiederholung seiner Erinnerung zu verbieten, kommt die Innenbindung in Betracht. Zur Prüfung, ob dieses Institut in der hier zu behandelnden Frage

[3] Einen vierten Weg schlägt Hirsch Diss. S. 27 ff. ein, wenn er die Erneuerung der zurückgewiesenen Erinnerung am mangelnden Rechtsschutzbedürfnis scheitern läßt (dagegen Hauck Diss. S. 62 f., Schäfer Diss. S. 43, Pieper Diss. S. 181 und OLG Kassel ZZP 60, 137). Damit geht er noch über die Ansicht Schönkes (Rechtsschutzbedürfnis S. 68) hinaus. Diese Ansicht ist unhaltbar, da man demjenigen, der sein Ziel nicht erreicht hat, ein *Bedürfnis* zur weiteren Verfolgung seines Zieles gewiß nicht absprechen kann; siehe auch Pohle FS Lent 195 ff. (216).

[4] So Schäfer Diss. S. 39 ff. und LG Berlin JW 35, 149 (zust. Stein-Jonas § 766 III 7).

[5] Einer derart formellen Rechtskrafterstreckung führt Behringer Diss. S. 241 ff. (gegen die h. M., s. Schumann ZZP 76, 381 (389 ff.) mit Lit. in N 23, 25) das Wort, wenn er unter dem ungenützten Rechtsmittelfristablauf bei einem notwendigen Streitgenossen die übrigen notwendigen Streitgenossen leiden läßt.

die materielle Rechtskraft verdrängt, nötigen weniger die Versuche gerade der letzten Zeit, diesem Gebilde allgemein wieder mehr Leben einzuhauchen[6], als vielmehr die Untersuchungen des Verhältnisses von materieller Rechtskraft und Innenbindung, die sich auf dem Gebiet der Zwangsvollstreckung finden[7]. Das gilt um so mehr, als für den Bereich des Offenbarungseidverfahrens vertreten wird[8], daß hier das Verbot einer zweiten, abweichenden Erinnerungsentscheidung Ausfluß der Innenbindung sei[9].

Es soll nun kurz gezeigt werden, daß weder formelle Rechtskraft noch Innenbindung der erfolgreichen Wiederholung einer zurückgewiesenen Erinnerung entgegenstehen.

Das ergibt sich daraus, daß die Erinnerung in ihrer Struktur als prozessualer Rechtsbehelf nicht dem Rechtsmittelprinzip sondern dem Klageprinzip, dem Anfechtungsprinzip des Verfahrensneubeginns, zugehört, wie im ersten Teil der Arbeit ausgeführt wurde.

I. Materielle Rechtskraft und Innenbindung (Instanzenverbrauch)

Als Innenbindung der Erinnerungsentscheidung läßt sich das Abänderungsverbot nach § 577 III ZPO kennzeichnen, das für die Erinnerungsentscheidung deshalb gilt, weil sie der sofortigen Beschwerde (§ 793 ZPO) unterliegt[10]. Nach § 577 III ZPO ist es dem Gericht, das die Erinnerungsentscheidung erlassen hat, schlechthin — also ohne Rücksicht darauf, ob gegen die Entscheidung sofortige Beschwerde eingelegt ist oder nicht[11] — untersagt, seinen Beschluß abzuändern.

Die Frage ist nun, ob diesem Verbot eine derart weitreichende Bedeutung zukommt, daß es auch jeder Entscheidung oder jedenfalls einer abweichenden Entscheidung über eine *erneut* eingelegte Erinnerung entgegensteht. Nimmt man einmal Böttichers Gegnerschaft in Kauf, kann man sagen, daß eine erneute, nur inhaltlich von dem ergangenen Erinnerungsbeschluß abweichende Entscheidung eine Ab-

---

6 Götz Diss. und JZ 59, 681 ff.

7 In erster Linie Pieper Diss. S. 98 ff.

8 Heintz Diss. S. 113 ff. und Pieper Diss. S. 106, auf dessen Untersuchungen Heintz aufbaut.

9 In diese Richtung geht auch — freilich widersprüchlich — LG Stuttgart ZZP 69, 451 (453).

10 Letzteres ist unbestritten; siehe Baumbach § 766 ZPO Anm. 5 A a.

11 Das entspricht heute allgemeiner Meinung: Stein-Jonas § 577 IV, Pieper Diss. S. 77 ff., Schäfer Diss. S. 10 ff. (beide eingehend); siehe auch schon Hein Identität I S. 212, II S. 157. Streit herrscht lediglich darüber, ob § 577 III ZPO ohne Rücksicht darauf gilt, ob im Einzelfall die sofortige Beschwerde zulässig ist. Diese Frage wird von der h. M. bejaht (Rosenberg Lb § 57 II, Stein-Jonas § 329 II 1 b, Pieper Diss. S. 74 ff., OLG München MDR 58, 244; a. A. Zöller § 577 Anm. 3, Baumbach § 577 Anm. 4).

änderung des ergangenen Beschlusses darstelle[12]. Sagt man dies, legt der Wortlaut des § 577 III ZPO die Bejahung der gestellten Frage nahe, weil er den Bereich, innerhalb dessen nicht abgeändert werden darf, nicht ausdrücklich beschränkt. Entgegen seinem Wortlaut ist aber der Anwendungsbereich des § 577 III ZPO beschränkt.

§ 577 III ZPO will das Gericht an den von ihm erlassenen Beschluß nur in demjenigen Verfahren binden, in dem es ihn erlassen hat[13]. Das ergibt sich, wenn man diese für Beschlüsse geltende Bestimmung mit den *beiden* verschiedenen Normen, §§ 318 und 322 ZPO, vergleicht, die sich mit der Wirkung von Urteilen befassen. § 577 III ZPO will nur das *eine* Wesensmerkmal von Urteilen, die für den innerprozessualen Raum geltende Bindung nach § 318 ZPO, auf besondere Beschlüsse, nämlich diejenigen, die der sofortigen Beschwerde unterliegen, übertragen. Daß § 318 ZPO nur für den Bereich eines laufenden Verfahrens, nämlich desjenigen, in dem das Urteil erlassen wurde, gilt, ergibt der Vergleich mit § 322 ZPO. Das Nebeneinander beider Bindungsnormen ist nur dann sinvoll, wenn sich beide auf verschiedene Bereiche beziehen, § 318 ZPO innerhalb, § 322 ZPO außerhalb eines laufenden Prozesses bindet[14]. Daß § 577 III ZPO dem § 318 ZPO entspricht, zeigt schon der Wortlaut der genannten Bestimmungen, der jeweils von der Bindung des Gerichts an *seine eigenen Akte* spricht. Daß § 577 III ZPO nicht außer § 318 ZPO auch noch § 322 ZPO umfassen will, ergibt sich daraus, daß das Gesetz inner- und außerprozessualen Raum für derart verschiedene Räume hält, daß es Bindung für sie gesondert in § 318 und § 322 ZPO normiert.

Damit ist jedoch nur gezeigt, daß trotz § 577 III ZPO auch bei Beschlüssen, die der sofortigen Beschwerde unterliegen, Raum für die

---

[12] Es ist in erster Linie Bötticher, der sich immer wieder für die scharfe Unterscheidung von Abänderung und inhaltlicher Abweichung einsetzt und die Betrachtung eines „nur" abweichenden Hoheitsakts als eines den vorangegangenen Akt abändernden Hoheitsakts zu den „Todsünden" zählt (Kritische Beiträge S. 30 ff. u. 94, JZ 56, 582 ff., FS für 100. Juristentag S. 511 (531); wie Bötticher u. a. auch Bettermann Zivilurteil S. 39 N 54 und FS für Lent S. 41. Anderer Ansicht ist Fleiner Institutionen S. 176 ff., wenn er die Unabänderlichkeit mit dem inhaltlichen Abweichungsverbot gleichsetzt.

[13] So ausdrücklich Pieper Diss. S. 100 ff.

[14] Dieses Verhältnis von §§ 318 und 322 ZPO zueinander ist fast unbestritten: siehe Schiedermair JZ 58, 278, Götz Diss. S. 53 und JZ 59, 681, Pieper Diss. S. 98 ff., BAG AP § 322 ZPO Nr. 1; a. A. Beseler Diss. S. 91 (Bestandschutz im laufenden und *künftigen* Verfahren werde durch die Innenbindung bewirkt). Die Innenbindung nach § 318 ZPO soll für den Bereich eines einzigen Prozesses, des Ursprungsprozesses, inhaltlich subjektiv und objektiv voll und ganz diejenigen Funktionen erfüllen, die außerhalb des Prozesses von der materiellen Rechtskraft ausgeübt werden (Stein-Jonas § 318 I 1, 322 II 3, Goldschmidt Lb § 51 N 7, Götz JZ 59, 685, Baumgärtel JZ 59, 437 (438), Zeuner obj. Grenzen S. 65, Hellwig System I S. 495).

Entfaltung materieller Rechtskraft ist; möglich ist immerhin, daß die erneute Anfechtung eines bereits erfolglos mit der Erinnerung angefochtenen Vollstreckungsakts mit demselben Rechtsbehelf in den Bereich der von der vorangegangenen Erinnerungsentscheidung ausgehenden innerprozessualen Bindungswirkung gehört und deshalb dem Bereich materieller Rechtskraft entzogen ist.

Es ist daher zu fragen, in welchem Verhältnis die erneute Erinnerung zu dem Verfahren steht, das zu der ersten Erinnerungsentscheidung führte. Es kommt darauf an, ob dieses Verhältnis derart eng ist, daß die erneute Erinnerung automatisch Bestandteil des zur ersten Entscheidung führenden Verfahrens wird und damit zum innerprozessualen Raum der ersten Erinnerungsentscheidung gehört. Wäre dies der Fall, hätte bereits die Innenbindung der Erinnerungsentscheidung den Ausschluß einer zweiten abweichenden Entscheidung zur Folge.

Will man prüfen, ob die erneute Erinnerung noch in den innerprozessualen Raum der ersten Erinnerungsentscheidung gehört, führt man sich am besten den von § 318 ZPO beherrschten Innenbereich im *Urteils*verfahren kurz vor Augen.

Unter dem Begriff der Innenbindung sind im Urteilsverfahren zwei verschiedene Dinge zusammengefaßt[15].

1. Ein unselbständiges, innerhalb eines Prozesses gewonnenes Zwischenergebnis soll der Endentscheidung zugrunde gelegt werden[16]. Auf verschiedene Art kann es sich ergeben, daß während eines Prozesses irgendwelche für das Klagebegehren als solches wesentlichen Vorfragen im weitesten Sinn vorabentschieden werden[17]. Derart wertvolles Entscheidungssubstrat soll für die Entscheidung der Hauptfrage des Prozesses erhalten werden[18].

2. Unter Innenbindung läßt sich jedoch noch etwas anderes verstehen, die dem Instanzensystem des Prozesses immanente Erscheinung, daß jede Instanz grundsätzlich nur einmal über die Klage entscheidet. Nur dann läßt sich sagen, daß sich der Prozeß als ein einheitliches Gebilde über mehrere verschiedene Instanzen hinweg erstreckt, von der einen Instanz in die andere Instanz überwechselt (erwächst), wenn jede Instanz für sich ein abgeschlossenes prozessuales Stadium

---

15 Für alle Rosenberg Lb § 57 I 1.

16 Rosenberg Lb § 57 I 1, Götz Diss. S. 53.

17 Siehe §§ 275, 302, 303, 304, 565 II ZPO.

18 Grundgedanke der Innenbindung ist die Prozeßökonomie (Schröder FS für Nikisch S. 214); Götz JZ 59, 681 hält den Gedanken der Prozeßökonomie hingegen zu Unrecht gegenüber demjenigen der Gerichtsautorität für zweitrangig.

darstellt. Die erste Instanz muß enden, wenn die zweite beginnt[19]. Das bedeutet, daß dem Gericht, das in einer Instanz bereits entschieden hat, die Entscheidungszuständigkeit genommen ist[20]. Es ist also an das von ihm erlassene Urteil gebunden. Auch diese sich aus § 318 ZPO ableitende Wirkung läßt sich als *Innen*bindung kennzeichnen; denn der Prozeß braucht mit der Entscheidung in einer Instanz nicht beendet zu sein, es ist also noch ein Etwas vorhanden, *innerhalb* dessen die Bindung wirkt. Allerdings ist diese Spielart der Innenbindung besser als *Instanzenverbrauch* zu bezeichnen.

Eine Innenbindung, die der Innenbindung erster Spielart im Erkenntnisverfahren, der Bindung der Endentscheidung des Prozesses an ein in seinem Verlauf gewonnenes Zwischenergebnis, entspricht, gibt es in der Zwangsvollstreckung grundsätzlich nicht. Denn die Zwangsvollstreckung als solche bildet weder mit dem ihr regelmäßig vorangehenden Erkenntnisverfahren zusammen eine prozessuale Einheit, die alle Maßnahmen der Zwangsvollstreckung zu einem einzigen prozessualen Innenbereich zusammenschweißte, noch stellt sie ein selbständiges Verfahren dar, als dessen unselbständige Zwischenergebnisse alle zur Vollstreckung eines bestimmten Titels vorgenommenen Vollstreckungsmaßnahmen erschienen.

Es läßt sich zwar ein weiter Begriff der Zwangsvollstreckung aufstellen, der alle Handlungen erfaßt, die auf die Erfüllung eines titulierten Anspruchs gerichtet sind. Dieser Begriff ist aber kein Verfahrensbegriff; es gibt nun einmal nach unserem Recht kein einheitliches Vollstreckungsverfahren, das diesem weiten Begriff der Zwangsvollstreckung entspräche[21]. Jede Vollstreckungsmaßnahme wird einzeln beantragt, stellt das Endergebnis eines auf ihren Erlaß gerichteten Verfahrens dar. Es fehlt in der Zwangsvollstreckung eine der Hauptfrage des Erkenntnisverfahrens entsprechende Zentralfrage, als deren relevante Vorfragen sich die Fragen ansehen ließen, die bei Erlaß der verschiedenartigsten Vollstreckungsakte geprüft werden müssen; die einzelnen Vollstreckungsmaßnahmen lassen sich nicht als Zwischenergebnisse ansehen, da es an dem notwendigen Gegenstück, dem Endergebnis, fehlt. Nur sachlich werden die einzelnen Vollstreckungsakte durch einen bestimmten Vollstreckungstitel „zusammengehalten". Öffentlichrechtlich betrachtet sind alle diejenigen Vollstreckungsmaßnahmen, die auf Grund eines Vollstreckungstitels ergehen, dadurch

---

19 Dem steht nicht entgegen, daß sich ein *Teil* des Prozesses dadurch, daß nur über ihn in einer Instanz entschieden wird, in gewisser Weise verselbständigt und allein in die zweite Instanz erwächst, während der andere Teil des Prozesses in erster Instanz verbleibt.

20 Dazu instruktiv RG Gruch Beiträge 34, 1159.

21 Siehe Rühl JW 31, 3512 (3515).

miteinander verwandt, daß sie dieselbe Eingriffsrechtsgrundlage haben, den im vorangegangenen Erkenntnisverfahren oder sonstwie begründeten Vollstreckungsanspruch.

Für eine Innenbindung der erstgenannten Art fehlt es also in der Zwangsvollstreckung grundsätzlich[22] an dem erforderlichen innerprozessualen Raum, an dem einheitlichen Vollstreckungsverfahren, innerhalb dessen sich Innenbindung auswirken könnte[23].

Grundsätzlich anders ist es bei der zweiten Variante der prozessualen Innenbindung, dem *Instanzenverbrauch*. Auch das einzelne, auf den Erlaß eines Vollstreckungsakts gerichtete Verfahren kann sich ebenso wie das Urteilserkenntnisverfahren über mehrere Instanzen hinweg erstrecken; es wird, wenn es schon in seinem ersten Stadium, also vor Erlaß des Vollstreckungsakts, prozessual zum Zweiparteienverfahren im formellen Sinn und damit zum Erkenntnisverfahren ausgeprägt war, auf dem Weg der Anfechtung durch Rechtsmittel (§ 793 ZPO) in eine zweite Instanz befördert und in dieser Instanz fortgesetzt. So liegen die Verhältnisse bei der Vollstreckung nach den §§ 887 ff. ZPO. Hier steht dem Vollstreckungsgläubiger von Anfang an der Vollstreckungsschuldner als passive Verfahrenspartei gemäß § 891 ZPO gegenüber; es handelt sich also um ein formelles Zweiparteienverfahren, das der Fortsetzung in einer zweiten Instanz, die durch das Rechtsmittel des Unterlegenen ausgelöst wird, fähig ist.

Wie im ersten Teil der Arbeit gezeigt, steht ein derart ausgeprägtes, einzelnes Vollstreckungsverfahren dem Urteilsverfahren des Zivilprozesses gleich, es wird *von Anfang an* zwischen den materiell entgegengesetzt interessierten Personen Recht gesprochen, die Rechtsprechung vor Erlaß des Vollstreckungsakts mittels Anfechtung dieses Akts durch die betroffene Partei in zweiter Instanz *fortgesetzt*.

Wie nun auch im Urteilsverfahren von einer echten instantiellen Fortsetzung des Verfahrens als solchen nur sinnvoll dann gesprochen werden kann, wenn die erstentscheidende Stelle das Verfahren aus der Hand gibt und der zweitentscheidenden Stelle weiterreicht, muß auch im beschlußmäßigen Erkenntnisverfahren das zunächst entscheidende Organ zugleich mit dem Erlaß seiner Entscheidung die Entscheidungszuständigkeit verlieren und an das nächsthöhere Gericht weiterreichen.

---

22 Ob es auf dem speziellen vollstreckungsrechtlichen Sektor der Zwangsversteigerung, Zwangsverwaltung und des Offenbarungseides anders ist, hier also auf partiellem Sektor der Zwangsvollstreckung geschlossene größere Verfahrenseinheiten anzutreffen sind, wie Pieper Diss. S. 106, 220 ff. meint, kann und muß in dieser Arbeit dahingestellt bleiben.

23 Ungerechtfertigt ist die Einschränkung Piepers (Diss. S. 105), daß wenigstens alle an ein Vollstreckungsgericht gestellten Vollstreckungsanträge auf Grund eines Titels einen einheitlichen prozessualen Innenraum bildeten.

Nur so läßt sich wahrhaft sagen, daß das Beschlußverfahren in die zweite Instanz überwechselt. Auch hier ist es also erforderlich, daß die erste Instanz endet, wenn die zweite beginnt, m. a. W., daß die erste Instanz zugleich mit der in ihr ergehenden Entscheidung verbraucht wird.

Dieser Erwägung trägt § 577 III ZPO Rechung[24]. § 577 III ZPO begründet also den typischen Rechtsmitteleffekt, den Instanzenverbrauch, und bestätigt somit mittelbar die im ersten Teil der Arbeit geäußerte Meinung, daß die sofortige Beschwerde anders als die einfache Beschwerde dem Rechtsmittelprinzip, dem Anfechtungsprinzip der Verfahrenskontinuität, angehört.

Die Innenbindung in ihrer Spielart des Instanzenverbrauchs (§ 577 III ZPO) macht es bei der Zwangsvollstreckung nach den §§ 887 ff. ZPO dem Vollstreckungsschuldner, der Passivpartei des zum Vollstreckungsakt führenden Verfahrens, unmöglich, das Prozeßgericht, das z. B. den Vollstreckungsgläubiger bereits nach § 887 ZPO ermächtigt hat, um Aufhebung des von ihm erlassenen Ermächtigungsakts zu bitten. Denn diese Bitte könnte ihm das Gericht nach § 577 III ZPO nicht erfüllen. Der Vollstreckungsschuldner ist darauf angewiesen, sein Begehren durch Fortsetzung des Verfahrens in zweiter Instanz mittels sofortiger Beschwerde zu verfolgen, da die erste Instanz bereits verbraucht ist. Ebenso ist es, wenn der Schuldner sofortige Beschwerde einlegt und somit das ursprüngliche Verfahren in die zweite Instanz „transportiert", dort aber ebenfalls keinen Erfolg hat. Jetzt bleibt es ihm nur, die sofortige weitere Beschwerde nach § 568 II ZPO zu versuchen und damit das Verfahren in die noch mögliche dritte Instanz zu bringen. Versagt ist es ihm hingegen, seine sofortige Beschwerde zu erneuern und damit in der bereits beschrittenen Instanz um die Aufhebung des ihn beschwerenden Akts zu bitten. Denn diese Instanz ist bereits *verbraucht;* die prozessuale Uhr kann nicht mehr zurückgestellt werden.

Man sieht, daß der Erneuerung eines *Rechtsmittels* überall — sei es im Urteils- oder vollstreckungsrechtlichen Beschlußverfahren — die Innenbindung in ihrer Spielart des Instanzenverbrauchs entgegensteht[25]. Die Rechtsmittelbefugnis, die sich aus der Parteistellung in der vorgelagerten Instanz herleitet, wird bereits dadurch verbraucht[26],

---

[24] Ebenso Jauernig Zivilurteil S. 104 (§ 577 III ZPO bewirkt Beendigung der Instanz).

[25] Siehe auch Bettermann ZZP 77, 46 (47), der dasselbe sagt, wenn er bei durchlaufendem Instanzenzug immer nur die letztergangene Entscheidung als anfechtbar bezeichnet.

[26] Das hebt deutlich Hein Identität I S. 273 hervor; ebenso schon im Grund Koch Lb preuss. CP § 325 2 I, wenn er sagt, daß von einem ordentlichen Rechtsmittel nur einmal Gebrauch gemacht werden kann.

daß in der Instanz, die mit dem Rechtsmittel erreicht werden soll, über den Gegenstand des Ursprungsverfahrens und damit zugleich sachlich über das Rechtsmittel entschieden wird. Da die Erneuerung des Rechtsmittels ohne Rücksicht darauf, ob ihm stattgegeben oder es als unbegründet zurückgewiesen wurde, und ferner unabhängig davon, ob es nach seiner Zurückweisung doch plötzlich begründet geworden ist, schlechthin untersagt ist, läßt sich der Instanzenverbrauch als ein echtes Ne-bis-in-idem-Verbot bezeichnen und so deutlich von der materiellen Rechtskraft abheben, welche diese Bezeichnung nicht verdient, da sie — nach richtiger Ansicht[27] — einer Klageerneuerung selbst überhaupt nicht und einer erfolgreichen Klageerneuerung bei nachträglich begründet gewordener Klage nicht entgegensteht[28].

Von einem echten Instanzenverbrauch läßt sich freilich nur dann sprechen, wenn auf das eingelegte Rechtsmittel in der Hauptsache entschieden, das Rechtsmittel also nicht bereits als *unzulässig* zurückgewiesen wird. Denn nur in diesem Fall ist das Grundverfahren in die höhere Instanz gelangt und mit der Entscheidung in dieser Instanz beendet, die Instanz wirklich verbraucht[29]. Solange es lediglich darum geht, ob die Voraussetzungen für eine Fortsetzung des Prozesses in der nächsten Instanz vorliegen, wird diese Instanz — genau betrachtet — noch nicht beschritten. Insoweit ist das Rechtsmittelverfahren dem innerprozessualen Raum entzogen; es ist — obschon im übrigen unlösbar mit dem Grundverfahren verknüpft, von akzessorischer Natur — insoweit prozessual selbständig. Daraus folgt zugleich, daß die Entscheidung, welche das Rechtsmittel als unzulässig verwirft, außerhalb des eigentlichen Prozesses steht, und die erfolgreiche Erneuerung des als unzulässig zurückgewiesenen Rechtsmittels dementsprechend nur durch eine von der Rechtsmittelentscheidung ausgehende *Außen*bindungswirkung verhindert werden kann, nicht jedoch schon durch die Wirkung des Instanzenverbrauchs, die sonst einer Wiederholung des Rechtsmittels entgegensteht[30].

---

[27] Diese richtige Ansicht sieht in der materiellen Rechtskraft nur ein inhaltliches Abweichungsverbot (Vertreter u. a.: Stein AllgÖstGerZ 1897, 65 ff., 77 ff., Hellwig Anspruch S. 164 ff., Stein-Jonas § 322 II 2, Pohle ÖJBl 57, 113 (116), Bruns AcP 151, 191). — Schildträger der entgegengesetzten „Ne-bis-in-idem"-Lehre ist Bötticher (Krit. Beiträge S. 139 ff., FS Juristentag S. 511 [527 ff.]).

[28] Siehe § 767 ZPO, auch bereits Savigny System VI S. 377 ff. und Digesten 44. 2. 11. 4. („Si petiero fundum, mox alia causa *nova* post petitionem mihi accesserit: non me repellet ista exceptio [sc rei iudicatae]".).

[29] Siehe Baumgärtel JZ 59, 437 (438): Die das Rechtsmittel als unzulässig verwerfende Entscheidung verbraucht das Anfechtungsrecht nicht.

[30] Ebenso wohl Baumgärtel a.a.O., der die materielle Rechtskraft von Entscheidungen, die Klagen und Rechtsmittel als unzulässig zurückweisen, gleichstellt. Anderer Ansicht ist wohl Blomeyer Lb § 101 I 2, der die Wirkung, daß ein als unzulässig zurückgewiesenes Rechtsmittel nicht mehr ohne Ände-

Sieht man von diesem Sonderfall ab, kann man sagen, daß der Erneuerung eines nach dem *Rechtsmittelprinzip* gebauten Rechtsbehelfs die Innenbindung in ihrer Ausformung als *Instanzenverbrauch* entgegensteht.

Anders ist es bei Rechtsbehelfen, die wie die *Erinnerung* dem Klageprinzip zugehören. Hier kann man sich nicht bereits unter Berufung auf das „Ne-bis-in-idem" des Instanzenverbrauchs aus der Schlinge ziehen, den Erinnerungsführer, der zum zweiten Mal mit seiner Erinnerung kommt, aus einer „zweiten Instanz" ohne Anhörung seines Vorbringens vertreiben.

Mit der Erinnerung wird kein Prozeß fortgeführt, sondern vom vorprozessualen, dem Bereich der Materie angehörenden Vollstreckungsakt zum Prozeß übergeleitet. Was vor ihr liegt, ist keine erste, was mit ihr beginnt, ist keine zweite, sondern erste Instanz des zwischen Erinnerungsführer und Vollstreckungsgläubiger als formellen Parteien ablaufenden Erkenntnisverfahrens.

Ebensowenig wie die innerprozessuale Bindungswirkung dem Kläger des Leistungsprozesses eine zweite Klage nach erfolgloser erster verbietet, kann dieses Institut einen zweiten Erinnerungsprozeß nach erfolglosem ersten verhindern. Zwar kann der Erinnerungsführer ebensowenig wie der Kläger des Leistungsprozesses dann, wenn in erster Instanz gegen ihn entschieden wurde, diese Instanz dadurch „zurückspulen", daß er seinen Antrag in der bereits beendeten Instanz ein zweites Mal stellt. Denn auch die erste Instanz des Prozesses wird durch die erstinstantielle Entscheidung verbraucht.

Kläger und Erinnerungsführer brauchen jedoch lediglich einen kleinen „Trick" anzuwenden, um ihr Begehren weiterhin in erster Instanz zu verfolgen.

Der Kläger muß sagen: „Ich stelle weiterhin meinen Antrag, den Beklagten zur Zahlung von DM 100,— zu verurteilen. Dieser Antrag soll aber Gegenstand einer neuen Klage sein." Der Erinnerungsführer muß sagen: „Ich beantrage weiterhin, die Pfändung meines Klaviers aufzuheben, da ich es zur Ausübung meines Pianistenberufs brauche. Diesen Antrag mache ich aber zum Gegenstand einer neuen Erinnerung." Mit diesen geschickten Formulierungen wird die territoriale Grenze[31] zwischen Innen- und Außenbereich des Prozesses überschritten, den Fangarmen des Instanzenverbrauchs entgangen. Solche Kunst-

---

rung der zulässigkeitsrelevanten Rechtslage erneuert werden kann, mit § 318 ZPO erklärt (s. auch a.a.O. § 88 IV 3).

[31] Siehe Pieper Diss. S. 92 f.

griffe können jedoch immer unmittelbar nur zu einer erneuten ersten, nicht aber zweiten Instanz führen, da sich ein Prozeß nicht in zweiter Instanz beginnen läßt.

Es mag mißlich sein, daß der Initiator eines Prozesses bereits durch die technische Abweichung, daß er seinen alten, in erster Instanz zurückgewiesenen Antrag formell als Antrag einer neuen Klage bezeichnet, den Rubikon zwischen Innen- und Außenbereich überschreitet, vom Bereich der Innenbindung in denjenigen der Außenbindung überwechselt. Das ist jedoch in Kauf zu nehmen, wenn das Verhältnis zwischen Materie und Prozeß und zwischen prozessualer Erst- und Zweitinstanz sauber bestimmt, innerprozessuale Bindungswirkung von materieller Rechtskraft abgegrenzt werden soll[32].

Es hat sich nun gezeigt, daß wegen der Zugehörigkeit der Erinnerung zum Klageprinzip die Innenbindung in ihrer Spielart des Instanzenverbrauchs (§ 577 III ZPO) den Erinnerungsführer nicht daran hindern kann, seine erfolglose Erinnerung zu wiederholen.

Damit steht noch nicht fest, daß der Ruf nach der materiellen Rechtskraft begründet ist. Denn schon die formelle Rechtskraft könnte einer erneuten Erinnerung entgegenstehen.

II. Materielle Rechtskraft und formelle Rechtskraft

Gerade diejenigen Autoren, die sich eingehend mit der materiellen Rechtskraft in der Zwangsvollstreckung befaßt haben, sind sich darüber uneinig, ob der Ausschluß wiederholter Erinnerung in den Bereich der formellen oder materiellen Rechtskraft des Erinnerungsbeschlusses gehört[33].

Ein derartiger Streit scheint angesichts der heute üblichen deutlichen Abgrenzung beider Arten der Rechtskraft nicht ganz veranlaßt.

---

[32] Der für die Abgrenzung von Innen- und Außenbindung wichtige Unterschied zwischen altem Antrag in altem und altem Antrag in neuem Prozeß wird von Pieper Diss. S. 101 ff. übersehen, wenn er bei der Kostenfestsetzung einen neuen Festsetzungsantrag nach Mißerfolg eines alten als automatisch innerhalb des alten Kostenfestsetzungsverfahrens gestellt betrachtet und deshalb den neuen Antrag bereits an der Innenbindung scheitern läßt. — Leider läßt die h. M., die die materielle Rechtskraft des Kostenfestsetzungsbeschlusses bejaht (Stein-Jonas § 104 VI 1, Rosenberg Lb § 149 I 1, Nikisch Lb § 105 I 4, Baumbach § 329 3), nicht klar erkennen, ob es Wirkung materieller Rechtskraft sein soll, daß der zurückgewiesene Kostenfestsetzungsantrag nicht mehr von Neuem gestellt werden kann.

[33] Schäfer Diss. S. 39 ff., der die materielle Rechtskraft bejaht, sieht das Problem der Erinnerungswiederholung als Frage der formellen Rechtskraft, Bruns Lb § 13 VI und Pieper Diss. S. 197 sehen es als Frage der materiellen Rechtskraft an.

Zwar läßt sich mit der Formel[34], daß materielle Rechtskraft Wirkung, formelle Rechtskraft hingegen Eigenschaft einer Entscheidung sei, praktisch nicht viel anfangen. Eine klare Grenze scheint jedoch mit folgender Definition gezogen[35]:

1. Formelle Rechtskraft besagt, daß eine Entscheidung *in dem Verfahren, in dem sie erlassen wurde,* nicht mehr angefochten werden kann[36].
2. Materielle Rechtskraft bedeutet, daß die in einem bestimmten Verfahren ergangene Entscheidung *auch in jedem anderen Verfahren* verbindlich ist[37].

Das zweite kann hier nicht näher erörtert werden, es entspricht allgemeiner Meinung; uneinig ist man sich nur über die Natur dieser Verbindlichkeit und ihre technische Wirkweise.

Das erste ergibt sich konkludent aus § 705 ZPO, der den Eintritt der Rechtskraft an den Ablauf der Rechtsmittelfrist[38] knüpft. Damit ist gesagt, daß formelle Rechtskraft Unanfechtbarkeit im *Rechtsmittelweg*[39], d. h. *unter Fortsetzung des bisherigen Verfahrens,* bedeutet.

Formelle Rechtskraft und Innenbindung (Instanzenverbrauch) beziehen sich beide auf die Anfechtung einer Entscheidung im ursprünglichen Verfahren. Der Unterschied beider Institute liegt darin, daß die formelle Rechtskraft einer rechtsmittelförmigen Fortsetzung des ursprünglichen Verfahrens in einer *neuen Instanz,* die Innenbindung hingegen einer Anfechtung in der bereits *durchschrittenen Instanz* entgegensteht. Während die Innenbindung einem Beschwerdeführer, der mit einer ergangenen Entscheidung nicht einverstanden ist, verbietet, die bereits beendete Instanz des ursprünglichen Verfahrens zurückzurollen, hindert ihn die formelle Rechtskraft daran, das ursprüngliche Verfahren in eine neue Instanz weiterzurollen[40].

---

34 Diese Formel kehrt immer wieder; s. Hellwig Rechtskraft S. 20 (1901), Heim Feststellungswirkung S. 68 (1912), Bettermann Zivilurteil S. 34 (1949); vgl. auch Nikisch Lb § 103 I 2.

35 Der Sache nach zieht bereits Planck Rechtsstreitigkeiten S. 538 diese Grenze.

36 Siehe für alle Stein-Jonas § 322 I.

37 Ausführlich Bötticher Krit. Beiträge S. 76 ff,. FS Juristentag S. 531.

38 Von der Besonderheit des Einspruchs kann hier abgesehen werden. Hier handelt es sich um ein prozessual unorganisches „Pflästerchen“ für die säumige Partei. Diese hatte Gelegenheit zur Stellungnahme, war also im prozessualen Sinn bereits gehört, d. h. formelle Partei. Organisch müßte sie deshalb mit etwaigen Einwendungen auf die zweite Instanz, auf ein Rechtsmittel angewiesen sein.

39 Rosenberg Lb § 146 I 1, Blomeyer Lb § 88 I.

40 So zieht wohl auch OLG Düsseldorf MDR 50, 491 die Grenze zwischen Innenbindung und formeller Rechtskraft.

Aus dieser Gegenüberstellung erhellt zugleich, daß ebensowenig wie die Innenbindung (Instanzenverbrauch) auch die formelle Rechtskraft dem Erinnerungsführer die Wiederholung seiner Erinnerung untersagen kann. Denn der Erinnerungsführer begibt sich dadurch, daß er erneut die dem Klageprinzip zugehörige Erinnerung eingelegt, in einen neuen Erinnerungsprozeß.

Freilich läßt eine solche Argumentation auf den ersten Blick am Sinn der formellen Rechtskraft und damit an der Unterscheidung von formeller und materieller Rechtskraft zweifeln. Der Erinnerungsführer, der die Frist zur Einlegung der sofortigen Beschwerde versäumte und dem deshalb die rechtsmittelförmige Fortsetzung des Erinnerungsverfahrens in neuer Instanz verschlossen ist, könnte das von ihm erstrebte Ziel, die Beseitigung des belastenden Vollstreckungsakts, dadurch erreichen, daß er beim Vollstreckungsgericht erneut Erinnerung einlegt. So wäre die Unanfechtbarkeit der ihm ungünstigen Entscheidung im ursprünglichen Verfahren in Wahrheit kein Nachteil für ihn.

Der Gedanke an diese Konsequenz mag im Hintergrund gestanden haben, als das Kammergericht[41] und das Landgericht Berlin[42] und im Anschluß an beide Schäfer[43] dem Erinnerungsführer die weitere Verfolgung seines Begehrens — gleich in welcher Form, d. h. durch sofortige Beschwerde oder *erneute Erinnerung* — unter Berufung auf die *formelle Rechtskraft* der zu seinen Ungunsten ergangenen Erinnerungsentscheidung verwehrten.

Die hier anklingenden Zweifel an dem selbständigen Sinn formeller Rechtskraft sind auch im Bereich des Urteilsverfahrens veranlaßt. Auch hier ist der Kläger, der sein Begehren in zwei Instanzen erfolglos geltend gemacht und die dritte Instanz versäumt hat, im Ergebnis durch die formelle Rechtskraft der zweitinstantiellen Entscheidung allein nicht beeinträchtigt; könnte er doch jederzeit auf ein idem klagen und damit den Inhalt der Entscheidung des ersten Prozesses in einem zweiten Prozeß angreifen.

Auch wenn wirklich formelle Rechtskraft nicht nur begriffliche Voraussetzung materieller Rechtskraft[44], sondern auch formelle Rechtskraft

---

[41] OLG 1, 168 ff. Das Kammergericht sagt zwar nicht ausdrücklich *formelle* Rechtskraft. Daß es diese aber meint, folgert Schäfer Diss. S. 39 ff. mit Recht aus dem Zusammenhang dieser Entscheidung. Im Jahr 1900, als die Entscheidung erging — das sind 57 Jahre nach der „Entdeckung" des Begriffs der formellen Rechtskraft durch Heffter System S. 339 —, mag man auf scharfe terminologische Abgrenzungen noch nicht viel Wert gelegt haben.

[42] JW 35, 149. Ob Stein-Jonas' (§ 766 III 7) Bezugnahme auf diese Entscheidung als Zustimmung zu diesem Punkt der Entscheidung zu werten ist, läßt sich nicht einwandfrei sagen.

[43] Diss. S. 39 ff.

[44] Rosenberg Lb § 146 I 2, Jesch Bindung S. 29, auch schon Dernburg Pandekten I S. 374, Hellwig Rechtskraft S. 20, Sauer Grundlagen S. 240.

unlösbar mit materieller Rechtskraft verbunden wäre[45], blieb die Frage nach dem Sinn eines solchen Januskopfes und seiner beiden Bestandteile offen.

Wahrhaft nachteilig wäre einem Antragsteller die formelle Rechtskraft der ihm ungünstigen Entscheidung, wenn ihn diese Rechtskraft bereits — wie Schäfer[46] will — an der Weiterverfolgung seines Begehrens in jeder Form hinderte. Auch dann wäre noch Anwendungsbereich für die materielle Rechtskraft vorhanden; sie stünde zwar nicht der Geltendmachung alten Begehrens in neuem Verfahren entgegen, würde aber dafür sorgen, daß die zunächst gefällte Entscheidung verbindlich ist, wenn die zunächst entschiedene Frage als *Vorfrage* in neuem Verfahren auftaucht. Nur die Identitätswirkung, nicht die Vorfragenwirkung materieller Rechtskraft wäre in den Bereich der formellen Rechtskraft gezogen. „Dinglich" käme der Antragsteller bereits durch die formelle Rechtskraft nicht mehr zu seinem Ziel, nur „schuldrechtlich", d. h. durch Geltendmachung deliktischer oder bereicherungsrechtlicher Ausgleichsansprüche, könnte er es erreichen. Für eine solche Grenzziehung zwischen formeller und materieller Rechtskraft spricht die Verwandtschaft der Situation während eines Prozesses und derjenigen nach seinem Abschluß. Was während eines Prozesses § 263 II Ziff. 1 ZPO verhindert, wird nachher durch die formelle Rechtskraft ausgeschlossen. Was während des Prozesses die „Einrede" der Rechtshängigkeit nicht verhindert, wird nach dem Prozeß durch die materielle Rechtskraft unterbunden.

Eine derartige Bestimmung beider Arten der Rechtskraft klingt bei Jesch an, der durch die formelle Rechtskraft jede Anfechtung schlechthin ausgeschlossen, durch die materielle Rechtskraft eine etwaige Rechtswidrigkeit eines Hoheitsakts „geheilt" sieht[47]. Das bedeutete, daß ein nur formellrechtskräftiger Akt in keiner Weise angefochten und nur noch mittelbar dadurch angegriffen werden kann, daß man seine

---

Zweifel an diesem Dogma ergeben sich bei der § 812 BGB-Klage des mit vorläufiger Vollstreckung überzogenen Beklagten. Rechtshängigkeit und § 717 II ZPO stehen dieser Klage nicht entgegen. Warum sollte man hier nicht von einer vorläufigen inhaltlichen Maßgeblichkeit des vorläufig vollstreckbaren Instanzurteils sprechen? (In diese Richtung geht wohl Hein Identität I S. 126 N 11).

[45] Bötticher krit. Beiträge S. 93 f., Nußbaum Prozeßhandlungen S. 60, Kralik Vorfrage S. 147. Anderer Ansicht ist Nikisch Lb § 103 II 1 und müssen all die sein, die — wie Rosenberg Lb § 183 II 4 bis zur 7. Auflage — die Erinnerungsentscheidung zwar für formeller, nicht aber materieller Rechtskraft fähig halten! Schon die Frage, ob der Erinnerungsbeschluß *auch* materieller Rechtskraft fähig sei (Lent-J Lb § 11 IV), ist mit bedingungsloser Konnexität unvereinbar.

[46] a.a.O.

[47] Bindung S. 21.

Rechtswidrigkeit zu anderen Zwecken als zur Anfechtung, z. B. zur Herleitung eines Schadensersatzanspruchs, in anderem Verfahren geltendmacht[48].

An dem althergebrachten Grundsatz, daß die materielle Rechtskraft in zweierlei Gestalt — als Vorfragen- und Hauptfragenbindung — erscheint[49], läßt sich nicht rütteln. Das schließt jedoch nicht aus, daß in gewissen Fällen — so wie Jesch es meint — nicht erst die materielle Rechtskraft einem Rechtsschutzsuchenden die weitere Verfolgung seines Begehrs in jedweder Form unmöglich macht. Die von der materiellen Rechtskraft ausstrahlende *Hauptfragen*bindungswirkung kann nämlich von einer besonderen Wirkung überholt werden, von der *Gestaltungswirkung* eines Hoheitsakts.

Diese „Überholung" läßt sich nur dann recht verstehen, wenn man sich das Verhältnis von materieller Rechtskraft und Gestaltung klar macht.

Alle Hoheitsakte lassen sich in feststellende und gestaltende Akte aufteilen, die materielle Rechtskraft bezieht sich nur auf die ersteren[50]. Der Gestaltungsakt erlangt bereits auf Grund seiner überprozessualen Faktizität in jedem anderen Verfahren, also außerhalb seines Ursprungsverfahrens, Geltung.

Der nur feststellende Akt ist als solcher in jedem anderen Verfahren, in dem der Inhalt der Feststellung von Bedeutung ist, ohne Wirkung. Denn ohne an den Bestand der zunächst getroffenen Feststellung zu rühren, kann man sich über ihre Aussage hinwegsetzen, indem man einfach eine neue, entgegengesetzte Feststellung in einem anderen Verfahren trifft oder erwirkt. Erst die besondere „Weihe" materieller Rechtskraft verleiht einer bloßen Feststellung Verbindlichkeit und damit Geltung auch in anderen Verfahren[51].

Da die Gestaltungswirkung ein zweites Mittel zur Erreichung von Verbindlichkeit neben der materiellen Rechtskraft darstellt, kann es

---

[48] Am Rand sei die besondere Unterscheidungsmethode Sauers (Grundlagen S. 240 ff.) erwähnt (dagegen Spinellis Diss. S. 17 f.). Nach dieser gehört das "ne-bis-in-idem" weder zur formellen noch zur materiellen Rechtskraft, sondern ist eine dritte, selbständige Urteilswirkung. Auch durch eine solche Dreiteilung gewinnt jedenfalls das Institut der formellen Rechtskraft nicht an Gewicht.

[49] Wenn das auch selten ausdrücklich gesagt wird, liegt es den Erörterungen über Wesen (s. Pohle ÖJBl 57, 113 [117]) oder Grenzen (s. Bettermann Zivilurteil S. 185) der materiellen Rechtskraft regelmäßig zugrunde; eingehend Kralik Vorfrage S. 9 ff.

[50] Siehe die inhaltlich insoweit übereinstimmenden Definitionen bei Stein-Jonas § 322 II 3, Rosenberg Lb § 148 I 1, Blomeyer Lb § 88 II; vgl. auch Bettermann FS Lent S. 17 (41), Jesch Bindung S. 24 ff.

[51] Siehe Zitate der vorigen Note.

dazu kommen, daß der durch einen Gestaltungsakt beeinträchtigte Staatsbürger nicht erst durch die materielle Rechtskraft an der Wiederholung seines einmal erhobenen Rechtsschutzbegehrens gehindert wird.

So ist es immer dann, wenn ein Gestaltungsakt in einem echten, zwischen Antragsteller (Gestaltungsbegehrer) und Antragsgegner (Gestaltungsbetroffener) spielenden formellen Zweiparteienverfahren erlassen wird. Wie im ersten Teil der Arbeit ausgeführt, wird in einem solchen Verfahren ja nicht nur der Gestaltungsakt erlassen, sondern gleichzeitig zwischen den entgegengesetzt interessierten Personen über seine Berechtigung entschieden.

Wie das Beispiel der Scheidungsklage zeigt, besteht hier für den Gestaltungsbetroffenen die einzige Möglichkeit, sich der Gestaltung zu erwehren, darin, daß er sein Recht auf Verschontbleiben von der Gestaltung im ursprünglichen Gestaltungsprozeß als Passivpartei geltendmacht. Ist dieser Prozeß formellrechtskräftig beendet, kann der Betroffene auch in einem neuen Prozeß nicht mehr zu seinem Ziel gelangen. Die Ehe, deren vom Kläger begehrte Auflösung der Scheidungsbeklagte bekämpfte, wird durch das unanfechtbare Scheidungsurteil wirksam beseitigt und kann in einem neuen, vom Beklagten einzuleitenden Prozeß nicht mehr zum Leben erweckt werden[52]. Das Gesetz kennt nur einen auf Eheauflösung gerichteten Scheidungsprozeß, nicht einen auf Wiederherstellung der Ehe zielenden „Antischeidungsprozeß“. Es kennt kein Recht des Ehegatten auf Scheidungsbeseitigung, das der Geltendmachung in einem selbständigen zweiten Prozeß fähig wäre. Auf diese Weise wird der materiellen Rechtskraft ihre sonstige Funktion, dem Beteiligten eines ersten Prozesses die unmittelbare Erreichung seines Ziels in einem zweiten Prozeß zu versagen, genommen. Diese Aufgabe wird stellvertretend von der mit formeller Rechtskraft ausgestatteten Gestaltungswirkung erfüllt[53]. Die materielle Rechtskraft ist hier auf Vorfragenwirkung beschränkt, sie nimmt der Passivpartei die Möglichkeit, in einem neuen Prozeß einen schuldrechtlichen Ausgleich, gestützt auf einen Schadensersatzanspruch wegen rechtswidrig erwirkter Gestaltung, zu erwirken.

Zu beachten ist, daß eine derartige Verdrängung materieller Rechtskraft aus dem Hauptfragenbereich durch das Zusammenwirken von

---

52 Außer Betracht bleibt hier das Wiederaufnahmeverfahren.

53 So sehr man auch über die materielle Rechtskraft von Gestaltungsurteilen streitet — die Waagschale senkt sich hier zu Gunsten einer Rechtskraftwirkung; s. „Überläufer“ Lent ZZP 66, 270 und Bötticher FS Dölle S. 41 ff., 50 —, einig ist man sich wohl darüber, daß die Gestaltungswirkung bei Gestaltungsurteilen die materielle Rechtskraft im entscheidenden Bereich der Hauptfragenwirkung verdrängt.

formeller Rechtskraft und Gestaltung nur dort denkbar ist, wo der Gestaltungsbetroffene bereits an dem zum Gestaltungsakt führenden Verfahren als formelle Passivpartei beteiligt war. Denn nur hier kann von formeller Rechtskraft, d. h. Unanfechtbarkeit im *ursprünglichen Verfahren,* überhaupt die Rede sein. Wo hingegen der Betroffene nicht vor Erlaß des Gestaltungsakts als Passivpartei beteiligt und deshalb auf eine Anfechtung in neuem, selbständigem Verfahren angewiesen ist, besteht — wie im ersten Teil ausgeführt — zwischen dem Gestaltungsakt und dem späteren Anfechtungsverfahren das Verhältnis Materie-Prozeß. Die Frage, ob der Betroffene die Aufhebung des ihn belastenden Gestaltungsakts in alle Ewigkeit verfolgen kann, ist nicht mehr eine Frage der formellrechtskräftigen Gestaltung des Gestaltungsakts, sondern eine Frage der materiellen Rechtskraft der Entscheidung, die in dem selbständigen, über das Recht des Betroffenen zur Aufhebung des Gestaltungsakts geführten Prozeß ergeht.

Daraus ergibt sich für den Bereich der Zwangsvollstreckung, daß das Problem, ob ein Vollstreckungsakt immer wieder mit der Erinnerung angefochten werden kann, keine Frage einer formellen Rechtskraft des Vollstreckungsgestaltungsakts, sondern eine Frage der materiellen Rechtskraft derjenigen Entscheidung ist, die über das Recht des Schuldners zur Aufhebung des Vollstreckungsakts ergeht. Denn mit der Erinnerung wird ja gerade durch den vor Erlaß des Vollstreckungakts formell nicht beteiligten Schuldner ein selbständiges Anfechtungsverfahren ausgelöst.

Damit zeigt sich, daß die materielle Rechtskraft in der Frage, ob die zurückgewiesene Erinnerung erfolgreich wiederholt werden kann, nicht von dem Wirkungspaar formelle Rechtskraft/Gestaltungswirkung verdrängt wird. Dem angefochtenen Vollstreckungsakt kommt zwar Gestaltungswirkung, aber keine formelle Rechtskraft, der die Erinnerung zurückweisenden Entscheidung kommt zwar formelle Rechtskraft, aber keine Gestaltungswirkung zu.

Die Entscheidung, die die Erinnerung des Schuldners zurückweist, „gestaltet“ zwar auch in gewisser Weise — wie jede Feststellung[54] — dadurch, daß sie die Feststellung, daß ein Anfechtungsrecht nicht gegeben ist, begründet. Diese „Gestaltung“ weist aber erst dann die überprozessuale Faktizität echter Gestaltung auf, die Beachtung in jedem weiteren Verfahren fordert, wenn sie in den Rang der Verbindlichkeit, materieller Rechtskraft, gehoben wird. Erst dann kann eine zweite, von der ersten abweichende Feststellung in einem neuen Ver-

---

[54] Siehe Heim Feststellungswirkung S. 110: „Konstitution in der Form der Deklaration“.

fahren nicht mehr mit Verbindlichkeitsausspruch getroffen werden, ohne daß an den *Bestand* des ersten Feststellungsakts gerührt würde[55].

Als Ergebnis ist festzuhalten, daß auch die Einbeziehung der Gestaltungswirkung als dritte Komponente in die Abgrenzung von materieller und formeller Rechtskraft jedenfalls für den Bereich der Erinnerungsentscheidung das anfangs dargelegte Verhältnis beider Rechtskraftarten zueinander nicht verschiebt. Die formelle Rechtskraft der Erinnerungsentscheidung hindert den Schuldner an der rechtsmittelförmigen *Fortsetzung* seines Begehrens im ersten Erinnerungsverfahren, die materielle Rechtskraft der Erinnerungsentscheidung steht der erfolgreichen Durchführung eines zweiten Erinnerungsverfahrens entgegen[56].

So muß man sich damit abfinden, daß die formelle Rechtskraft ein stumpfes Schwert ist, mit dem man den Angriff eines durch Feststellung Betroffenen nicht abwehren, sondern nur auf einen anderen Weg ablenken kann. Auch dies ist nicht ganz sinnlos[57]; denn auch Mühe und Kosten eines neuen Prozesses können sich hemmend auf die Prozessierfreudigkeit auswirken.

Da die Frage, ob der Schuldner seine zurückgewiesene Erinnerung erfolgreich wiederholen kann, keine Frage der Innenbindung oder der formellen Rechtskraft, sondern ein Problem der materiellen Rechtskraft der Erinnerungsentscheidung ist, liegt die weitere Richtung der Arbeit fest: Es ist zu untersuchen, ob die Erinnerungsentscheidung materieller Rechtskraft fähig ist.

B. Die Fähigkeit der die Erinnerung des Schuldners zurückweisenden Entscheidung zur materiellen Rechtskraft

I. Überblick über die Literatur

Über die Fähigkeit der Erinnerungsentscheidung zur materiellen Rechtskraft herrscht Streit. Intensiv ist dieser Streit jedoch nicht; man begnügt sich meist mit einem kurzen „Ja“ oder „Nein“ zu dieser Frage.

---

55 Da zwei sich widersprechende Feststellungen mit Verbindlichkeitsanspruch nicht gleichzeitig nebeneinander existieren können, muß nach dem Prinzip "lex posterior derogat legi priori“ die frühere weichen. Die Geltung dieses Satzes für die hier zu beurteilende Frage leugnen Bötticher Krit. Beiträge S. 45 ff. (64) und Jesch Bindung S. 74 zu Unrecht. Denn auch hier handelt es sich um hoheitliche, keine Widersprüchlichkeit duldende, verbindliche Anordnung (siehe Merkl Rechtskraft S. 233, Verwaltungsrecht S. 211 und Stein-Jonas § 322 V 7).

56 So Bruns Lb § 13 VI, Pieper Diss. S. 197, KG JW 30, 3862 und der Sache nach auch Falkmann-Hubernagel § 766 10 a, c, d; a. A. Schäfer Diss. S. 39 ff., LG Berlin JW 35, 149.

57 a. A. LG Berlin JW 35, 149.

Im ganzen läßt sich sagen, daß im Augenblick das Pendel zugunsten der materiellen Rechtskraftfähigkeit ausgeschlagen ist[1].

Lediglich von Hubernagel und Schäfer einerseits und Bruns und Pieper andererseits liegen ausführliche Stellungnahmen vor[2]; dabei gelangen die beiden erstgenannten Verfasser zur Bejahung[3], die beiden letztgenannten Autoren zur Verneinung der materiellen Rechtskraftfähigkeit.

Aus diesen eingehenden Stellungnahmen sei nun diejenige von Bruns herausgegriffen, da sie nicht nur eine gute Übersicht über die sachlichen Streitpunkte gibt, sondern auch den Standpunkt unserer Frage innerhalb des umfassenden Problems der materiellen Rechtskraft der Erinnerungsentscheidung überhaupt kennzeichnet.

Bruns[4] versagt allen Erinnerungsentscheidungen die Fähigkeit zur materiellen Rechtskraft[5]. Doch gibt er keine Einheitsbegründung. Er prüft und verneint vielmehr gesondert die materielle Rechtskraft der Entscheidung, welche eine Erinnerung des Schuldners zurückweist, welche ihr stattgibt, welche eine Erinnerung des Gläubigers zurückweist

---

1 *Materielle Rechtskraft bejahen:* Stein-Jonas § 766 III 7, Baumbach § 766 4 B, Sydow-Busch § 766 1, Hubernagel § 766 N 10 (darüber hinaus „Präklusion" analog § 767 III ZPO befürwortend), Rosenberg Lb § 183 II 4 (seit 8. Auflage), Schönke-Baur Lb § 38 I 4, Goldschmidt Lb § 93 2 b, Bettermann Rechtshängigkeit S. 100, Lange DGVZ 1933, 238 (239), Nessel GruchBeitr 28, 83 (133), RG 143, 241 (243), KG JW 30, 3862, OLG Kassel HRR 36, 629 = ZZP 60, 137, KG OLG 37, 140, OLG Colmar OLG 15, 271, OLG München NJW 56, 187, OLG Schleswig Rpfl. 52, 138, LG Altona JW 34, 2502, LG Berlin JW 35, 149, LG Stuttgart ZZP 69, 452, LG Bochum DGVZ 64, 10, Hauck Diss. S. 62, Schäfer Diss. S. 19—91 (allerdings unter den Begriff der materiellen Rechtskraft nicht die uns beschäftigende Frage bringend).

Materielle Rechtskraft verneinen: Bruns Lb § 13 VI, Pieper Diss. S. 165 ff. heute; früher Förster-Kann § 766 4 g, Seuffert-Walsmann § 766 Anm. 6, Struckmann-Koch § 318 1, Schmidt Lb § 121, Sauer Grundlagen S. 258 (arg.: keine Sach- oder Sondergestaltung), Oertmann System II § 303 3 a, Schultz Vollstreckungsbeschwerde S. 501 ff. (generell gegen materielle Rechtskraft von Zwangsvollstreckungsbeschlüssen S. 479 ff.), Hellwig Recht 1910, 723, Kuttner Urteilswirkungen S. 3, OLG Jena JW 30, 568, OLG Kassel OLG 18, 412, KG OLG 22, 361, OLG Karlsruhe OLG 37, 180, Hirsch Diss. S. 27 ff.

Keine oder keine eindeutige Stellungnahme: RG 123, 69 (72) und OLG 25, 157 ff. (letztere Entscheidung hält lediglich die versehentlich in Urteils- anstatt Beschlußform ergangene Erinnerungsentscheidung für mat. Rechtskraft fähig), Lent-Jauernig Lb § 11 IV, K. Blomeyer Lb § 10 III.

2 Jeweils a.a.O.

3 Bei Falkmann-Hubernagel § 766 N 10 c und d ist diese Bejahung nicht auf den ersten Blick erkennbar. Dem Wortlaut nach lehnt dieser Kommentar nämlich die mat. Rechtskraft ab; da er sie aber als durch die *weitergehende* Präklusionswirkung analog § 767 III ZPO „überholt" ansieht, kann man ihn *sachlich* zu den Befürwortern mat. Rechtskraft zählen.

4 Lb § 13 VI.

5 Gnädiger ist Bruns bei den Beschlüssen nach §§ 887 ff. ZPO. Hier erkennt er materielle Rechtskraft mit der Begründung an, daß über Ansprüche entschieden werde oder Strafen festgesetzt würden.

und welche der letzteren stattgibt. Obwohl in dieser Arbeit nur einer der vier Entscheidungstypen und zwar der erste interessiert, ist es aufschlußreich, sich mit Bruns die Erinnerungsentscheidung als solche in all ihren Ausformungen vor Augen zu führen:

Von vornherein verneint Bruns die materielle Rechtskraft der Entscheidungen, die eine Erinnerung des Gläubigers gegen die Ablehnung seines Vollstreckungsantrags zurückweisen, da sich hier die Sachlage fast immer ändere; ebenso lehnt er die materielle Rechtskraft der Entscheidungen, die einer Erinnerung des Schuldners gegen eine ergangene Vollstreckungsmaßnahme stattgeben, kategorisch ab mit der Begründung, daß hier die Gestaltungswirkung die materielle Rechtskraft verdränge[6].

Für diskutabel hält Bruns die materielle Rechtskraft nur bei denjenigen Entscheidungen, die einer Erinnerung des Gläubigers gegen die Ablehnung eines Vollstreckungsakts stattgeben und bei denen, die eine Erinnerung des Vollstreckungsschuldners (oder eines Dritten) gegen einen Vollstreckungsakt zurückweisen.

Freilich scheidet Bruns aus den Entscheidungen, die jetzt noch verbleiben, diejenigen aus, die sich mit Rügen wegen Verstoßes gegen unverzichtbare Normen befassen[7].

Den Entscheidungen, die auch diese Hürde genommen haben, versagt nun Bruns aus zwei Gründen die materielle Rechskraft:

1. Der allzu geringe sachliche Entscheidungsgehalt und der allzu geringe zeitliche Entfaltungsraum materieller Rechtskraft bei einer einzigen Erinnerungsentscheidung lohnen die subtile Unterscheidung — hier materielle Rechtskraft, dort keine materielle Rechtskraft — nicht. Sachlich ist das Entscheidungssubstrat deshalb gering, weil sich die einzelne Erinnerungsentscheidung nur auf den vom Gericht zur Verneinung des Mangels einer Vollstreckungsvoraussetzung herangezogenen Grund beziehen kann[8]. Zeitlich kann die materielle

---

6 Ebenso wohl auch Francke ZZP 36, 308, welcher der Entscheidung zu Gunsten des erinnernden Schuldners ausschließlichen Verfügungscharakter zu- und Erkenntnischarakter aberkennt; a. A. Schäfer Diss. S. 79. Unklar sind die Ausführungen Wessels (ZZP 61, 62 [108]) zu dieser Frage.

7 Ebenso Pieper Diss. S. 184 ff. Gegen eine derartige Ausklammerung zwingender Normen aus dem Bereich der materiellen Rechtskraftfähigkeit wenden sich Schäfer Diss. S. 85 f. und konkludent schon Müller Pfändungspfandrecht S. 66, gegen ihre Sonderbehandlung in der verwandten Frage der Anfechtbarkeit/Nichtigkeit spricht sich Schwinge Staatsakt S. 56 ff. aus (a. A. Schultz Vollstreckungsbeschwerde S. 257 ff.).

8 Hinweis auf OLG Jena JW 30, 568. — Eine derartige, von Bruns als Argument zur Verneinung materieller Rechtskraft verwandte, sachliche Beschränktheit der Erinnerungsentscheidung leugnet Schäfer (Diss. S. 81), der die materielle Rechtskraft bejaht.

Rechtskraft nur bis zur Beendigung des einzelnen Vollstreckungsverfahrens wirken[9].

Diesen Grund sieht wohl Bruns selbst nicht als allein tragend an, gesteht er doch ein gewisses Bedürfnis für die materielle Rechtskraft zwecks Verhinderung dauernder schuldnerischer Pfändungsschutzeinwände zu.

2. Die Nachprüfung der mit der Erinnerung erhobenen Rügen ist nach der Natur des Erinnerungsverfahrens allzu summarisch[10].

In dieser Stellungnahme sind die für die materielle Rechtskraft wesentlichsten Gesichtspunkte — das zu der Entscheidung führende Verfahren, der Entscheidungsinhalt — enthalten oder wenigstens vorgeformt.

In dieser Arbeit geht es nicht um eine erschöpfende Behandlung des umfassenden Problemkreises, in dem die Frage nach der materiellen Rechtskraftfähigkeit von Hoheitsakten steht[11]. Das ist einmal vom Gesamtthema der Arbeit deshalb nicht veranlaßt, weil es sich hier um eine „Zwischenstation" auf dem Weg der Arbeit handelt, der von der Erinnerungsbefugnis Dritter schlechthin zur Erinnerungsbefugnis Dritter nach Mißerfolg einer schuldnerischen Erinnerung führt. Zum anderen ist die Frage nach der materiellen Rechtskraft der Erinnerungsentscheidung bereits so intensiv behandelt, daß es hier genügen kann, nur die wesentlichsten Gesichtspunkte herauszugreifen.

II. Formelle Rechtskraft, richterliche Urheberschaft einer Entscheidung, ausdrückliche Anordnung als Voraussetzungen materieller Rechtskraft?

Keiner weiteren Erörterung bedarf in dieser Arbeit die Frage, ob materielle Rechtskraft nur einer solchen Entscheidung zukommt, die formeller Rechtskraft fähig, von einem richterlichen Organ erlassen und deren Rechtskraft ausdrücklich normiert ist.

1. Wie man auch über die materielle Rechtskraft von Beschlüssen im einzelnen streitet[12], darüber ist man sich einig, daß es Beschlüsse

---

9 Diese zeitliche Grenze der materiellen Rechtskraft bei § 766 ZPO wird auch von denen anerkannt (und in Kauf genommen), welche die Erinnerungsentscheidung als der materiellen Rechtskraft fähig ansehen (siehe Falkmann-Hubernagel § 766 N 10 c, RG Recht 1916, 285); vgl. auch Schäfer Diss. S. 60.

10 Ebenso Pieper Diss. S. 195 ff.

11 Der Theorienstreit um das „Wesen" der materiellen Rechtskraft kann schon deshalb außer Betracht bleiben, weil er für die Frage nach der Rechtskraftfähigkeit von Hoheitsakten praktisch ohne Bedeutung ist (s. Pohle FS Hueck S. 189 N 80, Blomeyer Lb § 88 III 3, Schmidt Klageänderung S. 183 N 1) und auch die weiter unten zu behandelnde Frage der subjektiven Grenzen der Rechtskraft nicht beeinflußt (Bettermann Zivilurteil S. 93, Schmidt Lb S. 749 N 1).

12 Siehe u. a. die Untersuchungen von Hirsch (Diss. 1935) und Hauck (Diss. 1949).

gibt, die materieller Rechtskraft fähig sind[13]. Damit ist anerkannt, daß die fehlende Verweisung auf die §§ 322 ff. ZPO in § 329 ZPO nicht dazu zwingt, Beschlüssen schlechthin die materielle Rechtskraft zu versagen[14].

Auf diesen Verweisungsmangel läßt sich die Ablehnung materieller Rechtskraft von Beschlüssen deshalb nicht stützen, weil einmal § 329 ZPO überhaupt nur eine Teilfrage, die Verkündung und den Erlaß von Beschlüssen regelt, und weil zum anderen §§ 322 ff. ZPO, deren Erwähnung man in § 329 ZPO vermißt, nicht einmal die Rechtskraftfähigkeit von Urteilen anordnen, sondern diese Fähigkeit voraussetzen[15].

Aber auch wenn man in den §§ 322 ff. ZPO die Rechtskraftfähigkeit von *Urteilen* schlüssig normiert sieht, ist man bei Beschlüssen nicht zum Umkehrschluß gezwungen[16].

Die Beschlußform der Erinnerungsentscheidung steht also ihrer materiellen Rechtskraft grundsätzlich nicht entgegen[17].

2. Das allgemein aufgestellte einseitige Junktim zwischen formeller und materieller Rechtskraft — „materielle Rechtskraft setzt formelle Rechtskraft voraus“[18] — bedarf bei der Erinnerung keiner

---

13 So Pohle FS Hueck S. 190. — Die heute h. M. hat sich von dem einen Extrem, daß *alle* unanfechtbaren Beschlüsse materieller Rechtskraft fähig seien (so noch Nussbaum Prozeßhandlungen S. 60), ebenso wie von dem anderen Extrem, daß Beschlüssen schlechthin materielle Rechtskraft abginge (so noch Kleinfeller FS Wach S. 373 ff., Hellwig Recht 1910 Sp. 723, Schmidt Lb S. 749, Schultz Vollstreckungsbeschwerde S. 479, Struckmann-Koch § 318 1 und 329 3), abgewandt. Sie hält — sachlich übereinstimmend — eine bestimmte Art von Beschlüssen für materieller Rechtskraft fähig: Stein-Jonas § 329 II 3 („zu mat. Rechtskraft geeignete Entscheidung“), Baumbach § 322 1 A („formeller Rechtskraft fähige Entscheidung“), Rosenberg Lb § 149 I 1 („endgültiger Ausspruch über beanspruchte Rechtsfolge“), Nikisch Lb § 105 I 5 („über schwebendes Verfahren hinausreichende Wirkung“), Blomeyer Lb § 88 IV 3 („über den Prozeß hinaus bestimmte Feststellung“).

14 a. A. KG OLG 22, 361 (362), OLG Jena JW 30, 568 (dagegen Schäfer Diss. S. 4).

15 Blomeyer Lb § 88 II. — §§ 322 ff. ZPO bestimmen die obj., §§ 325 ff. ZPO die subjektiven Rechtskraftgrenzen.

16 So auch Pieper Diss. S. 57 f. gegen Schultz a.a.O. S. 479. — Auch im Prozeßrecht ist grundsätzlich Analogie in gleicher Weise wie Umkehrschluß zulässig: Gaul Wiederaufnahme S. 37 ff. (betr. Wiederaufnahmegründe), Fenn Anschlußbeschwerde S. 153 ff. (betr. Rechtsmittelanschließung), Lüderitz ZZP 78, 131 (153) (betr. Unterbrechung).

17 Sauer Grundlagen S. 257 ff. spricht vom Zufall, mit dem das Gesetz Urteil oder Beschluß vorschreibe (ähnlich Krusch Vergleich S. 63; a. A. Hellwig a.a.O., Struckmann-Koch § 318 1, Kries Rechtsmittel S. 389).

18 Rosenberg Lb § 146 I 2, Baumbach § 322 1 A, Krusch Vergleich S. 63, Jesch Bindung S. 29 und viele andere; früher bereits Hellwig Rechtskraft S. 20, Dernburg Pandekten I S. 374, Sauer Grundlagen S. 240.

Erörterung, da es unbestritten[19] und angesichts der Instanzenstruktur des Erinnerungsverfahrens auch unbestreitbar ist, daß die Erinnerungsentscheidung formeller Rechtskraft fähig ist, d. h. formellrechtskräftig wird, wenn die nächsthöhere Instanz versäumt wird (§ 793 ZPO i. V. mit § 577 II ZPO).

3. Ebenfalls ohne Bedeutung bei der Erinnerung ist die Frage, ob materielle Rechtskraft nur einem solchen Hoheitsakt zukommt, der von einem richterlichen Organ, einem Richter im formellen Sinn, stammt.

In dieser Frage scheiden sich die Geister im Verwaltungsrecht: Die einen verweigern den Akten der Verwaltungsbehörden grundsätzlich die materielle Rechtskraft, weil sie in der materiellen Rechtskraft eine Gerichtskraft, d. h. eine Wirkung sehen, die ausschließlich den Akten der formellen Rechtsprechungsorgane, den Gerichten vorbehalten ist[20]; die anderen stellen zwar besondere Anforderungen an die materielle Rechtskraftfähigkeit von Verwaltungsakten, sehen jedoch in der nichtrichterlichen Qualität der Verwaltungsbehörden keinen prinzipiellen Hinderungsgrund, ihren Akten materielle Rechtskraft zu verleihen[21].

Dieses besondere Problem der an den Entscheidungsautor zu stellenden Anforderungen spielt jedoch keine Rolle bei der Frage nach der Rechtskraftfähigkeit der Erinnerungsentscheidung. Denn diese Entscheidung ist dem *Vollstreckungsgericht* — nach § 766 ZPO — und sogar dem Richter — nach § 19 Ziff. 14 a RPflG — vorbehalten.

Damit bleibt hier die Auseinandersetzung mit einer Frage erspart, die auf dem Gebiet des Verwaltungsakts Kopfzerbrechen bereitet und auch in der Zwangsvollstreckung bereiten würde, wenn hier die Akte des Gerichtsvollziehers[22] oder des Rechtspflegers[23] auf ihre materielle Rechtskraftfähigkeit zu prüfen wären.

---

19 Auch die Gegner materieller Rechtskraft des Erinnerungsbeschlusses bejahen die formelle Rechtskraft.

20 Bötticher FS Juristentag S. 511 (533), Baring NJW 52, 1037, Bettermann MDR 49, 396, MDR 54, 7 ff., Haueisen NJW 63, 1333 ff., Mainka Vertrauensschutz S. 47.

21 Jesch Bindung S. 87 ff., Forsthoff Lb § 13 1, Wolff Lb § 52 III u. a.

22 Der Gerichtsvollzieher ist zwar ein unabhängiges Organ (siehe Mager DRiZ 60, 53 [54]), dennoch nicht von richterlicher Qualität. Aus letzterem Grund hält Schäfer Diss. S. 164 seine Akte niemals für mat. Rechtskraft fähig.

23 Auch der Rechtspfleger wird trotz seiner persönlichen Beamtenstellung als unabhängiges Organ betrachtet (Schlegelberger Rechtspfleger-FS S. 135 ff.; a. A. Strauss RPfl 57, 33 f.). Bei ihm ist Schäfer (Diss. S. 171 N 2) gnädiger, hält er doch die materielle Rechtskraft der Rechtspflegerakte für diskutabel.

III. Rechtskraftfähigkeit und Rechtskraftbedürfnis

1. Methode

Nachdem nun die Fragen, deren Erörterung jedenfalls bei der Erinnerung keine Schwierigkeiten bereitet, bereinigt sind, ist es erforderlich, sich auf die Methode zu besinnen, mit der man an die Lösung der Frage gehen muß, ob irgendeinem Staatsakt materielle Rechtskraft zukommt. Im allgemeinen prüft man, ob das zu einem bestimmten Hoheitsakt führende Verfahren die materielle Rechtskraft rechtfertigt[24].

Gegen diese Methode erhebt sich das Bedenken, ob nicht in erster Linie zu fragen ist, ob ein *Bedürfnis*[25] danach besteht, eine bestimmte Entscheidung mit der „unwiderleglichen Vermutung der Rechtsgemäßheit“[26] auszustatten. Stünde dies Bedürfnis fest — so ließe sich weiter folgern —, müßte man der Entscheidung in teleologischer Auslegung das für die materielle Rechtskraft erforderliche Verfahrensgewand schneidern.

Dieser Gedanke ist besonders im Bereich des zivilprozessualen Beschlusses und hier wieder gerade beim Erinnerungsbeschluß veranlaßt, da das Gesetz hier keine besonderen Verfahrensregeln aufgestellt und einer prozeßadäquaten Phantasie kaum Schranken gesetzt hat. So ist es denkbar, das Verfahren so zu gestalten, wie man es der materiellen Rechtskraft angemessen erachtet.

In der Tat muß bei der Prüfung, ob einem bestimmten Hoheitsakt materielle Rechtskraft zukommt, von der Funktion dieses Akts innerhalb des Gesamtgefüges staatlicher Tätigkeit ausgegangen werden. Es ist zu fragen, ob die Funktion des Hoheitsaktes fordert, die in ihm enthaltene Feststellung mit verbindlicher Wirkung auszustatten. Danach ist zu untersuchen, ob irgendwelche Gesichtspunkte entgegenstehen, das dem Hoheitsakt vorangehende Verfahren so zu gestalten, wie es für die materielle Rechtskraft erforderlich ist.

Eine derartige Prüfungsmethode liegt den Untersuchungen, die der materiellen Rechtskraft der Erinnerungsentscheidung gewidmet sind, nicht zugrunde.

---

24 Siehe Jesch Bindung S. 84 ff. betr. Verwaltungsakte, Pieper Diss. S. 195 ff. betr. Erinnerungsbeschluß.

25 Nach dem Rechtskraftbedürfnis fragt auch Schäfer Diss. S. 36 ff. gesondert.

26 So lautet die von Pohle gegebene Definition der materiellen Rechtskraft (FS Calamandrei S. 377, 392 ff., ÖJBl 57, 113 (118), AP § 322 ZPO Nr. 1; ebenso jetzt Althammer NJW 59, 2046 (2048) und bereits früher Krückmann JJb 57, 1 ff. [169], Schmidt Klageänderung S. 181 N 4).

So ist es eines der Hauptargumente Piepers und Bruns' gegen die materielle Rechtskraft des Erinnerungsbeschlusses, daß die summarische Natur des Erinnerungsverfahrens die materielle Rechtskraft nicht gestatte[27]. Diese Verfasser haben eine feste Vorstellung von der Ausgestaltung des gesetzlich nicht geregelten Erinnerungsverfahrens und messen daran die Rechtskraftfähigkeit der Erinnerungsentscheidung. Mit der gleichen Methode geht Schäfer, der die materielle Rechtskraft bejaht, vor; nur hält er die Ausgestaltung des Verfahrens für den Anforderungen materieller Rechtskraft entsprechend[28].

Demgegenüber klingt wenigstens etwas von der hier befürworteten Methode in den Äußerungen Wessels und Peters zum Erinnerungs- und Beschwerdeverfahren an. Wessel[29] schreibt der Entscheidung, mit der die Erinnerung gegen einen Überweisungsakt zurückgewiesen wird, die Kraft zu, eventuelle, dem Überweisungsakt dennoch anhaftende Fehler unangreifbar zu überbrücken. Er rechtfertigt diese besondere Kraft der Erinnerungsentscheidung, welcher er allerdings den sachlich zutreffenden Namen „materielle Rechtskraft" versagt, damit, daß das zur Erinnerungsentscheidung führende Verfahren den für eine derart weitgehende Wirkung zu fordernden Voraussetzungen entspräche. Im Erinnerungsverfahren sei eine Sachaufklärung möglich, die derjenigen des normalen Erkenntnisverfahrens durchaus entspräche[30]. In Wahrheit gestaltet Wessel das Erinnerungsverfahren so, wie er es für nötig hält, damit die Erinnerungsentscheidung die von Wessel gewünschte materielle Rechtskraft ausstrahlen kann. Das kommt klar in seinem Appell zum Ausdruck, den er an die gerichtliche Praxis richtet und in dem er dazu auffordert, das Erinnerungsverfahren eben wie ein normales Klageverfahren zu gestalten, damit es zu dem von ihm gewünschten Ziel, einer Entscheidung mit Richtigkeitsgewähr, gelangen kann[31]. So kommt Wessel über den Standpunkt hinaus, das Erinnerungsverfahren in seiner praktischen, von den Gerichten geprägten Ausformung als ein Faktum hinzunehmen und resignierend festzustellen, daß es unter diesen Voraussetzungen nicht angängig sei, der Erinnerungsentscheidung Verbindlichkeit beizulegen. Ebenso wie Wessel hat Peters eine feste Vorstellung von der Wirkung einer Entscheidung — diese bezieht sich jedoch nicht nur auf die Erinnerungsentscheidung sondern auf den zivilprozessualen Beschwerdebeschluß schlechthin — und orientiert an dieser gewünschten Wirkung die prozessuale Ausgestaltung des zur Entscheidung führenden Verfahrens, wenn er mit dem Hinweis

---

27 Pieper Diss. S. 195 ff., Bruns Lb § 13 VI.

28 Diss. S. 60 f.

29 ZZP 61, 62 ff. (83 ff.).

30 a.aO. S. 99.

31 a.a.O. S. 100.

darauf, daß auch mit Beschwerdebeschlüssen, insbesondere in der Zwangsvollstreckung, regelmäßig erhebliche Werte auf dem Spiel stünden, Strengbeweis statt Freibeweis im Beschwerdeverfahren fordert[32]. Da erhebliche Werte mit Beschwerdebeschlüssen nur dann wirklich auf dem Spiel stehen können, wenn den Beschwerdebeschlüssen verbindliche Wirkung zukommt, läßt sich Peters auch zu denjenigen zählen, die in ihre prozessuale Rechnung zunächst die Tendenzen einer Entscheidung zur Endgültigkeit als feste Größe einsetzen und an ihr die nähere Ausgestaltung des Verfahrens messen.

Letztlich wird auch bei Pohle etwas von der Methode, zunächst nach Sinn und Zweck einer bestimmten Entscheidung zu fragen und daran das zur Entscheidung führende Verfahren auszurichten, deutlich, wenn er die Möglichkeit, Normen des Klageverfahrens in ein nicht näher ausgestaltetes Beschlußverfahren zu übernehmen, aus der Funktion des Beschlußverfahrens bejaht[33].

Nach der hier für richtig gehaltenen Methode kommt es nun auch bei der Erinnerung in erster Linie darauf an, ob hier ein Bedürfnis nach materieller Rechtskraft besteht. Ein solches Bedürfnis ergibt sich aus der systematischen Stellung der Erinnerung innerhalb der Zwangsvollstreckung.

2. Das Bedürfnis der Erinnerungsentscheidung nach materieller Rechtskraft

Aus der Klagefunktion der Erinnerung, Verwaltung — im materiellen Sinn — in Rechtsprechung — im materiellen Sinn — zu überführen[34], ergibt sich das Bedürfnis der Erinnerungsentscheidung nach materieller Rechtskraft[35]. Soll nämlich mit der Erinnerung eine echte Entscheidung über Recht- oder Unrechtmäßigkeit des angefochtenen Vollstreckungsakts herbeigeführt werden, ist es auch erforderlich, daß diese Entscheidung *verbindlich* zwischen Vollstreckungsgläubiger und -schuldner wirkt. Denn nur so kann verhindert werden, daß ein „ewiges Katz- und Maus-Spiel" zwischen diesen beiden Personen stattfindet, der Gläubiger seinen zunächst gestellten Vollstreckungsantrag erfolgreich wiederholt und der Schuldner seine erfolglose Erinnerung erfolgreich erneuert.

---

32 Freibeweis S. 170 ff.

33 FS Hueck S. 184 ff. betr. arbeitsgerichtliches Beschlußverfahren.

34 Siehe oben S. 31, 35 ff.

35 Auch LG Stuttgart ZZP 69, 451 (453) leitet das Bedürfnis nach mat. Rechtskraft aus dem Zweck der Erinnerung her.

Auch in der Literatur ist man sich grundsätzlich darin einig, daß der Prozeß als Rechtsschutzeinrichtung zu einer *verbindlichen* Entscheidung führen müsse. Allerdings herrscht über die Begründung dieses Postulats Streit:

Die einen sagen, daß es dem Prozeß wesensimmanent sei, *endgültige* Feststellung zu schaffen; der Prozeß müsse als Rechtsschutzeinrichtung versagen[36], wenn er nicht in einer der materiellen Rechtskraft fähigen Entscheidung gipfeln könnte[37]; dem Prozeß sei die materielle Rechtskraft *begriffsnotwendig* zu eigen[38].

Demgegenüber meinen die anderen, daß der Prozeß als solcher begrifflich nicht auf materielle Rechtskraft angelegt sei; es sei vielmehr nur ein Gebot der *Zweckmäßigkeit,* die dem Prozeß immanente Feststellung von Rechtsfolgen mit einer über den Prozeß hinausreichenden Verbindlichkeit auszustatten[39].

In dieser Gegenüberstellung erscheinen die Berufung auf den Begriff des Prozesses und die Betonung prozessualer Zweckmäßigkeit jedoch zu Unrecht als Antithesen.

Ebenso wie sich innerhalb des Vollstreckungsbereichs das Bedürfnis nach materieller Rechtskraft aus dem Zweck der Erinnerung, zwischen Vollstreckungsgläubiger und -schuldner Rechtsfrieden zu schaffen, ergibt, folgt das Bedürfnis zur materiellen Rechtskraft außerhalb dieses Bereichs aus dem Zweck des Prozesses, für Rechtsfrieden zwischen entgegengesetzt interessierten Personen überhaupt zu sorgen.

Ergibt sich aber das Bedürfnis nach irgendeiner Wirkung aus dem Zweck eines Instituts, ist es zumindest vertretbar, diese Wirkung abkürzend in den Begriff des Instituts hineinzuziehen.

Anders als im Gebiet des gewöhnlichen Prozesses könnten sich jedoch nun im vollstreckungsinternen Bereich Zweifel daran ergeben, daß das bisher aufgezeigte Bedürfnis nach materieller Rechtskraft *unabweisbar* ist.

Diese Zweifel gründen in der Natur der Vollstreckungsmaßnahmen und -normen, deren Verletzung mit der Erinnerung zu rügen ist.

---

[36] So Gaul Wiederaufnahme S. 92 bzgl. des in einer richtigen Entscheidung gipfelnden Prozesses.

[37] Siehe Jauering ZZP 66, 415 ff.

[38] Gaul a.a.O., so wohl auch Sauer Grundlagen S. 235 ff., Prozeßrechtslehre S. 232 ff., Kamm ZZP 44, 93 ff. („Axiom"), Bernatzik Rechtsprechung S. 36 ff., 65 ff.

[39] Stein-Jonas § 322 II 4, Rosenberg Lb § 148 I 2, Jesch Bindung S. 72 f., 76, Niese Prozeßhandlungen S. 114, 124 f., Heim Feststellungswirkung S. 78 f., Schäfer Diss. S. 18.

Allgemein ist man sich darüber einig, daß Erinnerung nicht mehr eingelegt werden kann, wenn die einzelne anzufechtende Vollstreckungsmaßnahme beendet ist[40]. Das Recht des Vollstreckungsschuldners auf Beseitigung der fehlerhaften Sachpfändung endet, wenn die Wirkungen der Pfändung dadurch erlöschen, daß die gepfändete Sache im Weg der Versteigerung in das Eigentum eines Dritten übergeht; das Recht des Schuldners auf Aufhebung der fehlerhaften Forderungspfändung und -überweisung endet, wenn die Pfändung und Überweisung dadurch gegenstandslos werden, daß der Gläubiger die Forderung einzieht und hiermit zum Erlöschen bringt. Nun ist es zwar auch außerhalb des Zwangsvollstreckungsbereichs nichts Außergewöhnliches, daß jemand zunächst das Recht auf Beseitigung eines rechtswidrigen Verhaltens eines anderen hat und es auch gerichtlich geltendmachen und durchsetzen kann, daß aber dieses Recht in seiner ursprünglichen Gestalt dadurch erlischt, daß der andere die Erfüllung des Rechts unmöglich macht. So kann der Schuldner, der sich vertragswidrig weigert, dem Gläubiger eine geschuldete Speziessache zu übereignen, das Recht des Gläubigers auf Übereignung dadurch vereiteln, daß er die geschuldete Sache anderweit veräußert. Daß das Verhalten des Schuldners Schadensersatzansprüche des Gläubigers auslöst, steht auf einem anderen Blatt. Der Unterschied dieses Falls zu der Situation in der Zwangsvollstreckung besteht jedoch darin, daß im zivilrechtlichen Fall die geschilderte Rechtsvereitelung nicht typisch ist, in der Zwangsvollstreckung hingegen der einzelne Vollstreckungsakt und damit auch das Erinnerungsrecht des Schuldners *bestimmungsgemäß* auf Erlöschen *angelegt* ist. Die Zwangsvollstreckung ist ihrer Natur nach ein Durchgangszustand, der bestimmungsgemäß endet, wenn die Zwangsvollstreckung wieder ins gewöhnliche zivilmaterielle Recht einmündet. Damit sind auch das innerhalb der Zwangsvollstreckung entfaltete Leben, die in ihr begründeten Rechte und Gegenrechte, Maßnahmen und Gegenmaßnahmen von vorübergehender Natur.

Dies alles gibt Anlaß zu der, wegen des geschilderten Unterschieds im außervollstreckungsrechtlichen Bereich gar nicht auftauchenden Frage, ob man dem Schuldner sein bereits so kurzlebiges Recht auf Beseitigung des mangelhaften Vollstreckungsakts — im Ergebnis! — wirklich dadurch noch mehr beschneiden soll, daß man seiner zweiten Erinnerung nach mißglückter erster den Einwand der materiellen Rechtskraft entgegensetzt. Ist es wirklich erforderlich und angemessen, die materielle Rechtskraft zur Erreichung von Rechtsfrieden und -gewißheit für eine bestimmte Zeitspanne zu bemühen, mit deren Ende ohne-

---

[40] Stein-Jonas § 766 III 2, Baumbach § 766 4, Rosenberg Lb § 183 II 3, Bötticher AP § 850 d ZPO A Nr. 8; siehe auch schon Hein Identität I S. 218/219 N 12.

hin endgültiger Frieden einkehrt, da der Anlaß des Streits mit diesem Zeitpunkt fortfällt?

Diese Frage wird von Bruns[41] verneint, von Schäfer[42] mit dem Hinweis darauf bejaht, daß die Zwangsvollstreckung und damit der Zeitraum, während dessen die Gefahr erneuter Erinnerung besteht, lange dauern können.

Bruns schränkt seine Antwort auf die gestellte Frage selbst ein, wenn er wenigstens für den Bereich des Pfändungsschutzes ein gewisses Bedürfnis dafür, dem Schuldner die dauernde Wiederholung desselben Einwands zu verwehren, anerkennt[43]. Damit ist der negativen Antwort von Bruns bereits viel von ihrem Gewicht genommen. Überdies ist es sehr problematisch, mit Bruns in der Frage des Rechtskraftbedürfnisses zwischen Entscheidungen, die sich mit Pfändungsschutzrügen, und solchen, die sich mit anderen vollstreckungsrechtlichen Rügen, befassen, zu unterscheiden. Zwar werden mit der Erinnerung am häufigsten Verstöße gegen Pfändungsschutznormen gerügt. Dies beruht darauf, daß das Vollstreckungsorgan bei Erlaß der Vollstreckungsmaßnahmen schwer und selten die für die Unpfändbarkeit entscheidenden Tatsachen selbständig ohne Mitwirkung des Schuldners beschaffen kann.

Daraus folgt jedoch lediglich, daß auf diesem Gebiet die größte Fehlerquelle und folglich die breiteste Angriffsfläche für den Betroffenen liegt. Ungerechtfertigt ist es jedoch, aus diesem Grund auch das Rechtskraftbedürfnis als auf diesen Bereich beschränkt zu betrachten. Denn auch in dem weniger häufigen Fall, daß ein Schuldner das Vorliegen oder den Fortbestand eines gültigen Vollstreckungstitels und damit des Vollstreckungsanspruchs als solchen bestreitet, wird sich der Erinnerungsführer ebensowenig oder ebensoviel wie derjenige, der nur einen Verstoß gegen die Pfändbarkeitsbestimmungen rügt, mit dem zurückweisenden Spruch des Erinnerungsgerichts zufrieden geben; mit gleicher Intensität wird er sein Begehren, solange es geht, weiterverfolgen, Rechtsunfrieden bereiten.

Leicht wäre es, das aufgezeigte Bedenken gegen das Bedürfnis der erinnerungszurückweisenden Entscheidung nach materieller Rechtskraft beiseite zu schieben, wenn sich Raum für irgendeine außervollstreckungsmäßige Nachwirkung dieser Entscheidung finden ließe.

Eine derartige Fernwirkung ist jedoch hier anders als bei den über zivilrechtliche Einwendungen befindenden Entscheidungen nach §§ 767,

---

[41] Lb § 13 VI.

[42] Diss. S. 60.

[43] a.a.O.

771 ZPO[44] kaum denkbar. Eine bereicherungsrechtliche Nachwirkung scheitert daran, daß die formellen Zwangsvollstreckungsnormen, deren Einhaltung mit der Erinnerung überwacht wird, lediglich die Frage des zwangsweisen *Erlangens*, nicht jedoch diejenige des *Behaltens* des zwangsweise Erlangten regeln, jene Frage vielmehr der Regelung durch das gewöhnliche Zivilrecht überlassen und deshalb mit dem Ende der Vollstreckung bedeutungslos wird[45]. Eine deliktische Nachwirkung formell unzulässiger Vollstreckung wäre zwar über § 839 BGB denkbar, könnte jedoch den Wirkungsbereich der Erinnerungsentscheidung nicht erweitern[46], da diese nicht im Verhältnis zwischen dem sie erlassenden Vollstreckungsgericht und dem Vollstreckungsschuldner, den präsumtiven Parteien des Amtshaftungsprozesses, Rechtskraft wirken könnte. Das Bedürfnis der Erinnerungsentscheidung nach materieller Rechtskraft ist jedoch auch dann als unabweislich anzusehen, wenn ihr Wirkungsbereich auf den vollstreckungsinternen Zeitraum vom Erlaß bis zur Beendigung einer einzelnen Vollstreckungsmaßnahme beschränkt ist.

Denn einmal kann, wie Schäfer zu Recht betont[47], die einzelne Vollstreckungsmaßnahme, deren Anfechtung in Frage steht, lange Zeit Bestand haben, und zum anderen wäre auch bei kürzester Dauer desjenigen Zeitraums, während dessen die Gefahr divergierender Ent-

---

[44] Zwar erlischt auch hier mit dem Ende der Vollstreckung das Recht des Schuldners, daß die formell zulässige, im Ergebnis aber unzulässige Vollstreckung für unzulässig erklärt werde, so daß auch diese Klagen von diesem Zeitpunkt an nicht mehr erhoben werden können (s. Rosenberg Lb § 183 III 4 für § 767 ZPO, Stein-Jonas § 771 I 2 b für § 771 ZPO). Doch besagen die in den Urteilen nach §§ 767, 771 ZPO enthaltenen Feststellungen *nach dem Ende der Zwangsvollstreckung*, ob die durch den Vollstreckungsakt bewirkten „quasidinglichen" Änderungen der Zivilrechtslage schuldrechtlich (§ 812 BGB) gerechtfertigt sind (Stein-Jonas § 771 VII 4, Bötticher FS Dölle S. 41, 60 ff.), da die mit diesen Klagen geltendzumachenden Einwendungen wegen ihrer zivilrechtlichen Natur unbekümmert des Endes der Vollstreckung in Form von Bereicherungsansprüchen nachwirken (Rosenberg Lb § 183 III 4, Stein-Jonas § 767 VI und § 771 VII 4).

[45] Heute h. M., für alle Stein-Jonas IV 4 vor § 704 ZPO, so schon früher Stein Grundfragen S. 92 ff.; a. A. bei bestimmten Verstößen früher RG 25, 369, Petschek ZZP 42, 381 395 (§ 865 ZPO), Schulz AcP 105, 419 (§ 811 ZPO), Kuntze Vollstreckung S. 56 ff., 73 ff. [§§ 811, 850 ZPO], heute noch Baumbach § 811 1 A (§ 811 ZPO).

[46] Eine derartige Erweiterung verneinen ausdrücklich Stein-Jonas § 766 IV 1; die dort angezogene Entscheidung RG JW 99, 304 betrifft jedoch nicht diese Frage. Anders ist die Situation bei der verwaltungsgerichtlichen Anfechtungsklage, da hier die Parteien des Anfechtungsprozesses mit denen eines nachfolgenden Amtshaftungsprozesses identisch sind. Hier wirken klagstattgebendes (BGH 9, 329 f., Eyermann § 82 VwGO 2 c, Bachof JZ 53, 411; a. A. Bettermann MDR 54, 7, 9) und klageabweisendes (siehe BGH MDR 62, 986) Urteil des erstgenannten Prozesses im zweitgenannten präjudiziell Rechtskraft.

[47] Diss. S. 60.

scheidungen bestünde, es im allgemeinen und besonderen Interesse der Beteiligten notwendig, diese Gefahr zu bannen. Letztlich müßte dem Gläubiger recht sein, was dem Schuldner billig ist. Auch der Gläubiger müßte immer wieder sein Vollstreckungsbegehren auf einen bestimmten Gegenstand des schuldnerischen Vermögens richten dürfen, obwohl in einem Erinnerungsbeschluß die Unpfändbarkeit dieses Gegenstandes bereits festgestellt worden ist.

Das Argument, daß man den Schuldner deshalb besser als den Gläubiger behandeln müsse, weil nur seine Einwendungsmöglichkeit wegen der zeitlichen Beschränkung der Erinnerung besonders knapp bemessen sei, verfängt nicht. Denn die ungünstige Lage des Schuldners, die Unmöglichkeit, erinnerungsrelevante Mängel post festum wenigstens durch die „Hintertür“ des § 812 BGB geltend machen zu können, ist bereits im Wesen seines subjektiven Rechts auf Anfechtung der ergangenen Vollstreckungsmaßnahme, also gerade desjenigen Rechts, das er mit der Erinnerung geltend macht, begründet. Es ist nicht veranlaßt, die mindere Qualität seiner Rechtsstellung auf prozessualem Weg durch Befreiung von materieller Rechtskraft aufzubessern.

Nach alldem ist das unabweisliche Bedürfnis der Entscheidung, mit der die Erinnerung des Schuldners zurückgewiesen wird, nach materieller Rechtskraft zu bejahen.

Nun ist zu untersuchen, ob irgendwelche Gesichtspunkte entgegenstehen, das Erinnerungs*verfahren* als derart gestaltet zu betrachten, wie es die materielle Rechtskraft fordert.

IV. Materielle Rechtskraft und Verfahrensausgestaltung

Soll einer Entscheidung die unwiderlegliche Vermutung der Rechtsgemäßheit zukommen, müssen an das zu ihr führende Verfahren bestimmte Anforderungen gestellt werden.

1. Keiner weiteren Erörterung bedarf bei der Erinnerung das subjektive Erfordernis, daß diejenigen Personen, zwischen denen die Entscheidung verbindlich wirken soll, an dem zur Entscheidung führenden Verfahren in formeller, entgegengesetzter Parteistellung beteiligt gewesen sein müssen. Denn das Erinnerungsverfahren wurde in dieser Arbeit[48] als ein formelles Zweiparteienverfahren angesehen, in dem der anfechtende Schuldner — oder, wie zu ergänzen ist, erinnernde Dritte — dem an der Aufrechterhaltung des angefochtenen Vollstreckungsakts interessierten Vollstreckungsgläubiger gegenüber-

[48] Siehe oben S. 34, N 71.

stehen. Damit wurde bereits eine gewisse Verzögerung des Erinnerungsverfahrens stillschweigend in Kauf genommen.

2. In objektiver Hinsicht ist zu fragen, ob das Verfahren, das zu einer materiell rechtskräftigen Entscheidung führen soll, besonderen Prinzipien folgen muß.

   Auf breiter Front wird in erster Linie gefordert, daß das Verfahren mit allen Garantien des gerichtlichen Rechtszugs ausgestattet sein müsse[49].

Diese fast zur Formel erstarrte Forderung ist zu unbestimmt und allgemein gehalten, als daß man viel mit ihr anfangen könnte. Soweit darin der Gedanke enthalten ist, daß materielle Rechtskraft eine Entscheidung zwischen zwei formellen Parteien durch einen unabhängigen Dritten voraussetzt, ist damit etwas gemeint, was bereits erörtert wurde. Soweit damit die Forderung erhoben wird, daß eine Entscheidung der „Läuterung" durch eine zweite Instanz zugänglich sein muß, wenn sie materieller Rechtskraft fähig sein soll, ist diese Forderung unberechtigt, — wenn sie auch bei § 766 ZPO erfüllt ist. Die Anfechtung eines Rechtsprechungsakts ist zwar regelmäßig gestattet, das „Wesen" des Rechtsprechungsakts macht diese Möglichkeit jedoch nicht aus. Jedermann hat nur den garantierten Anspruch auf Durchsetzung des materiellen Rechts im Prozeß, d. h. auf *Überführung* des materiellen Rechts in den Prozeß, jedoch nicht auf Anfechtung der einmal ergangenen prozessualen Entscheidung, d. h. die *Fortführung* des Prozesses in zweiter Instanz[50].

Soweit mit der zunächst erwähnten Forderung nach den „Garantien des gerichtlichen Rechtszugs" gemeint sein sollte, daß nur das *Klage*verfahren mit seinem Prinzip der Mündlichkeit, der im einzelnen geregelten Beweisaufnahme und sonstigen Förmlichkeiten der materiellen Rechtskraft würdig sei, nicht hingegen ein summarisches Verfahren, ist eine nähere Erörterung erforderlich. Wie bereits § 128 II ZPO zeigt[51],

---

49 Jesch Bindung S. 88, Wolff Lb Verwaltungsrecht § 32 III, Forsthoff Lb § 131, Kamm ZZP 42, 96, Krusch Vergleich S. 47 f., BGH 9, 129 (133), BVwG DVBl 58, 56 ff., OVG Hamburg VerwRSpr 11, 265 (270 f.), Hirsch Diss. S. 27, Pieper Diss. S. 195 ff. und viele andere. — Eine von Beseler Diss. S. 133 ff. (bzgl. Verwaltungsrecht), Hümmer Diss. S. 84 (bzgl. Freiw. Gerichtsbarkeit), aber auch schon von Coester Rechtskraft S. 93 ff. vertretene Ansicht fordert nicht, daß das zum rechtskraftfähigen Akt führende Verfahren bereits mit den gerichtl. Garantien ausgestattet ist, sondern begnügt sich mit der Möglichkeit, daß dem Akt ein derart gesichertes Verfahren *folgt*.

50 Siehe Stein-Jonas-Pohle II C 2 vor § 1, BVfGE 11, 233. — Daß die ZPO selbst keine zwei Tatsacheninstanzen garantiert, wird von Bettermann ZZP 77. 40 ff. hervorgehoben.

51 Dieser Hinweis wird durch das in § 128 II ZPO geforderte Einverständnis nicht entkräftet.

ist eine mündliche Verhandlung nicht Voraussetzung materieller Rechtskraft[52]; die äußere Form des Gehörs entscheidet nicht[53]. Dies enthebt der Prüfung, ob irgendwelche Zwecke entgegenstehen, das Erinnerungsverfahren um der materiellen Rechtskraft willen als mit mündlicher Verhandlung — in teleologischer Auslegung — ausgestattet zu betrachten[54].

Das für die Frage der Mündlichkeit Gesagte gilt auch für das Problem, ob materielle Rechtskraft Strengbeweis voraussetzt oder sich mit Freibeweis begnügt. Zwar will Peters[55] zeigen, daß der Freibeweis schlechter als der Strengbeweis sei; doch ist der herrschenden Meinung Recht zu geben, wenn sie die unbeschränkte Tauglichkeit auch des Freibeweises zur Wahrheitsfindung mittelbar dadurch anerkennt, daß sie das im Weg des Freibeweises gewonnene Prozeßurteil in gleicher Weise für der materiellen Rechtskraft fähig hält wie das im Weg des Strengbeweises erzeugte Sachurteil[56].

Damit entfällt die Frage, ob es um der materiellen Rechtskraft willen geboten ist, auch im Erinnerungsverfahren Strengbeweis zu fordern[57].

Was schließlich die Frage des summarischen Verfahrens angeht, gilt hinsichtlich der materiellen Rechtskraft folgendes:

Es mag sein, daß ein summarisches Verfahren, also ein Verfahren, in dem nicht alle Förmlichkeiten des Klageverfahrens zu beachten sind, nicht die Möglichkeit erschöpfender Erörterung des Streitstoffs bietet[58], obwohl auch dies sicher nicht zweifelsfrei ist. Liegt nicht im Summarischen auch die Freiheit, das Verfahren den unterschiedlichen Erfordernissen jedes einzelnen Falls jeweils anzupassen, und damit die Tendenz zur Einzelfallgerechtigkeit?

Eines muß jedoch entschieden verneint werden, nämlich, daß ein summarisches Verfahren derart der Wahrheitsfindung entgegensteht,

---

52 Peters Freibeweis S. 167, Krusch Vergleich S. 63, Kamm ZZP 44, 98, Sauer Grundlagen S. 258, Schäfer Diss. S. 60; — a. A. Renaud Lb § 158 f. gemeinen Prozeß, heute Pieper Diss. S. 153, Hirsch Diss. S. 27 ff.

53 Peters Freibeweis S. 167.

54 Hein Duldung S. 330 hält mündliche Verhandlung im Erinnerungsverfahren in allen zweifelhaften Fällen für geboten.

55 Freibeweis S. 96 ff., 167.

56 Für alle Stein-Jonas § 322 IV 1.

57 Für Freibeweis im Erinnerungsverfahren: Bruns Lb § 13 III, Hein Duldung S. 329 f., KG 13, 93, Holthöfer ZAkDR 40, 224 f.
Für Strengbeweis: Baumbach § 766 4 A i. V. mit § 128 3 C, Stein-Jonas § 766 III 3 i. V. mit § 128 V 1, Wieczorek § 766 6 III, Schönke-Baur Lb § 41 I 4 d, Wessel ZZP 61, 62 (99; aber dennoch eidesstattl. Versicherung!), Peters Freibeweis S. 173 ff.

58 Siehe KG OLG 22, 360 (362).

daß es aus dem Paradies materieller Rechtskraft vertrieben werden müßte — so wie es Bruns[59] und Pieper[60] wollen.

Das Argument Pagenstechers[61], mit dem dieser die Rechtskraft im summarischen Verfahren verteidigt, hat auch heute noch nichts von seiner Schlagkraft verloren:

Das summarische Verfahren steht der ratio materieller Rechtskraft, der Wahrheitsfindung, deshalb nicht entgegen, weil das eventuelle Minus an Wahrheit durch den Zeitgewinn, der den Beteiligten schneller und damit oft wirksamer zu ihrem Recht verhilft, voll aufgewogen wird.

Daraus ergibt sich für die Erinnerung folgendes:

Die Schleunigkeit als Wesenszug der Zwangsvollstreckung mag, wenn sich auch mit ihr die Anhörung des Gegners vor Erlaß der Erinnerungsentscheidung verträgt, doch entgegenstehen, das Erinnerungsverfahren im Weg der Auslegung zu einem förmlichen Klageverfahren in all seiner Umständlichkeit aufzublähen[62]. Eine Kollision mit dem Streben der Erinnerungsentscheidung nach Verbindlichkeit, ihrem Bedürfnis nach materieller Rechtskraft, tritt dadurch jedoch nicht ein. Denn auch in schlichterer, summarischer Gestalt ist das Erinnerungsverfahren den Anforderungen an die Wahrheitsfindung, welche die materielle Rechtskraft stellt, gewachsen.

Dieser Gedankengang wird durch eine weitere Erwägung gestützt:

Oft wird der Umstand, daß es in der ZPO überhaupt noch etwas „Geringeres" als das streng formalisierte Klageverfahren gibt, damit erklärt, daß es eben Dinge gäbe, die ihrer *Bedeutung* nach der Entscheidung im Klageverfahren nicht bedürften[63].

Die geringere Bedeutung von bestimmten Dingen liegt nun aber nicht etwa darin, daß diese Dinge keiner rechtskräftigen Entscheidung bedürften, sondern in ihrer Geringfügigkeit schlechthin, gemessen an den üblichen Gegenständen von Klageverfahren. Dies demonstriert das Verhältnis von Abs. 1 zu Abs. 4 des § 510 c ZPO eindrucksvoll.

Der damit angesprochene Gedanke der Relativität ist auch bei § 766 ZPO anwendbar: Die durch Erinnerung geltend zu machenden Normverstöße haben eben weniger weitreichende Bedeutung — sie wirken

---

59 Lb § 13 VI.

60 Diss. S. 163, 195 ff.

61 Rechtskraft S. 192.

62 Pieper a.a.O. unter Hinweis auf Entwurf 1931 S. 448, 449.

63 Zuletzt Stein-Jonas-Pohle VI 2 vor § 1.

nicht ins Zivilrecht hinüber! — als die mittels §§ 767, 771 ZPO zu erhebenden Rügen. Deshalb reichen für sie ein summarisches, „weniger gründliches“[64] Verfahren aus — und eine in derartigem Verfahren gewonnene materielle Rechtskraft.

Überdies ließe sich der summarischen Natur des Erinnerungsverfahrens dadurch Rechnung tragen, daß man die objektiven Grenzen der materiellen Rechtskraft dort enger steckt als beim Klageverfahren nach § 767 ZPO[65]. Niemand zwingt dazu, mit Falkmann-Hubernagel[66] § 767 III ZPO bei § 766 ZPO entsprechend anzuwenden und damit im Ergebnis den Vollstreckungsakt, bei dem *ein* Verstoß gerügt wurde, ebenso makellos aus dem ersten Erinnerungsverfahren zu entlassen, wie der durch das Leistungsurteil begründete Vollstreckungsanspruch kraft § 767 III ZPO das erste Vollstreckungsgegenklageverfahren verläßt.

Das Vorbild für eine derartige Differenzierung zwischen summarischem und nicht summarischem Verfahren in der Frage des Rechtskraftumfangs liefert die Lehre von der beschränkten Rechtskraft des Strafbefehls. Diese, neuerdings angegriffene[67] Lehre besagt, daß sich die summarische Natur des Strafbefehl-verfahrens in einer beschränkten Rechtskraft des Strafbefehls niederschlagen müsse[68]. Anders als im gewöhnlichen Strafverfahren werde die Strafklage nicht völlig verbraucht; eine neue, auf bisher nicht berücksichtigte neue Tatsachen und rechtliche Gesichtspunkte gestützte Strafverfolgung sei möglich[69].

Eine umfangsmäßige Beschränkung der Erinnerungsentscheidung ist einmal *möglich*, da sie mit allgemeinen Verfahrensgrundsätzen nicht im Widerspruch steht. Zum anderen *lohnt* aber *auch* eine im Umfang beschränkte Erinnerungsentscheidung immer noch die *materielle Rechtskraft*. Letzteres bestreitet allerdings Bruns[70], wenn er den Gehalt einer

---

[64] So u. a. Pohle JZ 54, 341 (343) zum Verhältnis von 766 u. 767 ZPO.

[65] Hierbei wird vorausgesetzt, daß § 767 III ZPO die Grenzen der Rechtskraft erweitert, nicht jedoch eine besondere Präklusionswirkung neben die Rechtskraftwirkung setzt. Über diese Frage herrscht bekanntlich ein (ziemlich unfruchtbarer) Streit.

[66] § 766 N 10, siehe auch schon Mittermaier Lb III S. 196; — a. A. Schäfer Diss. S. 48 ff.

[67] Siehe Vogler Diss. 1959, Stielow DAR 62, 13 ff., Maunz-Dürig Anm. 127 und 133 zu Art. 103 GG, H. J. Bruns JZ 60, 585 (589).

[68] BVfG NJW 54, 69, KG JR 61, 486, BGH NJW 63, 260 ff., OLG Stuttgart JZ 60, 608. — Entsprechendes wird für den dem Strafbefehl entfernt verwandten Vollstreckungsbefehl des Zivilprozesses nicht vertreten. Hier geht man davon aus, daß der Umfang der materiellen Rechtskraft derselbe wie beim gewöhnlichen Urteil ist (siehe z. B. Gaul JuS 62, 1 (10) und Stein-Jonas § 700 I).

[69] Im Einzelnen ist vieles streitig.

[70] Lb § 13 VI, ebenso Pieper Diss. S. 184 ff.

einzigen Erinnerungsentscheidung für zu gering ansieht, als daß man ihn mit materieller Rechtskraft ausstatten könne. Jede Entscheidung ist nach Bruns auf denjenigen Grund beschränkt, den das Gericht zur Verneinung des Mangels einer Vollstreckungsvoraussetzung herangezogen hat.

Gegen den Ausgangspunkt, daß die Erinnerungsentscheidung nicht global über die Zulässigkeit des angefochtenen Vollstreckungsakts schlechthin, sondern nur über bestimmte Vollstreckungsvoraussetzungen — solche, deren Mangel gerügt wird — befindet, ist nichts einzuwenden.

Wie man auch im einzelnen[71] „Streitgegenstand“[72] und objektive Grenzen der Erinnerungsentscheidung abgrenzen[73], insbesondere eine *derart enge* Begrenzung des Entscheidungsgegenstandes bei § 766 ZPO, wie sie Bruns vornimmt, in Zweifel ziehen mag[74], jedenfalls darf auch hier der Beschluß keine Folgen erzeugen, deren sich die Parteien im Lauf des Verfahrens regelmäßig nicht bewußt geworden sind[75]. Die Entscheidung, welche z. B. die Rüge des Schuldners, daß ein gültiger Vollstreckungstitel fehle, zurückweist, darf einer späteren Rüge, daß die angefochtene Pfändung gegen die §§ 811 ff. ZPO verstoße, nicht entgegenstehen[76]. Berücksichtigt man die Zuordnung der Erinnerung zum Klageprinzip, mag in einer derartigen Rechtskraftbeschränkung auf den ersten Blick ein Widerspruch zur Meinung all derer liegen, die bei der Gestaltungsklage in Verallgemeinerung eines in §§ 616, 767 ZPO, 17 MSchG enthaltenen Prinzips[77] Rechtskraft oder Rechtskraft im Verein mit Präklusion auf sämtliche mögliche Gestaltungsgründe beziehen[78]; betrachtet man die Verwandtschaft von Erinnerung und

---

71 Sache des Einzelfalls ist die Abgrenzung ebenso wie im gewöhnlichen Prozeß (s. Schmidt Klageänderung S. 221, Blomeyer FS Lent S. 78) auch hier. Das erkannte schon O. Fischer 1889 (Recht S. 138), als er dem Streit um die Streitgegenstandsidentität Fortdauer mit Sicherheit verhieß.

72 Zu diesem siehe Hein ZZP 69, 231 ff. („Anfechtungsgegenstand“).

73 Ausführlich Schäfer Diss. S. 22 ff. (grundlegend), S. 28 ff. (Einzelfälle).

74 Vieles spricht dafür, mit Schäfer Diss. S. 81 ff. gegen Bruns von einer abweisenden Entscheidung nicht nur den einzelnen Abweisungsgrund hinsichtlich einer gerügten Normverletzung, sondern diese selbst als verneint zu betrachten.

75 Wetzell System S. 422, Henckel Parteilehre S. 300, Zeuner Obj. Grenzen S. 90 u. a.

76 Einem derart punktuellen Rechtskraftumfang führt die — allerdings karge — Rechtsprechung das Wort (s. KG 1, 168, OLG Karlsruhe OLGE 37, 180 (181), Stuttgart ZZP 69, 451 [454]); vgl. auch Petschek Zwangsvollstreckung S. 36 N 59.

77 Siehe Bötticher MDR 63, 933 ff. und oft; vgl. zur analogen Anwendung der §§ 616, 767 III ZPO etc. auch Blomeyer Lb § 90 V.

78 Insofern entspräche Falkmann-Hubernagels analoge Anwendung des § 767 III ZPO bei § 766 (§ 766 N 10) modernster Anschauung.

VwGO-Anfechtungklage, erscheint eine derartige Rechtskraftbeschränkung bei § 766 ZPO noch bedenklicher. Denn durch abweisendes Anfechtungsurteil soll verbindlich — mit Wirkung in einem nachfolgenden Amtshaftungsprozeß — über die Rechtmäßigkeit des angefochtenen Verwaltungsakts *als solche* entschieden werden[79]. Ein Widerspruch liegt aber in Wahrheit nicht vor, da es sich hier um Einzelheiten handelt, in denen auch strukturell verwandte prozessuale Rechtsbehelfe voneinander abweichen können.

Wenn damit auch dem Ausgangspunkt des Bruns'schen Arguments zuzustimmen ist, muß seiner Folgerung, daß der punktuelle Entscheidungsgegenstand Rechtskraft nicht lohne, widersprochen werden. Es ist hier nicht veranlaßt deshalb, weil man nicht alles haben kann, auch das wenige, das man haben kann, preiszugeben. Auch in ihrer objektiven Beschränkung kann und muß die Erinnerungsentscheidung Rechtskraft wirken, dem Erinnerungsführer wenigstens insoweit die Wiederbelebung seines erfolglos vorgebrachten Einwands unmöglich machen.

Gegen eine im Umfang beschränkte Entscheidung bestehen also vom Gesichtspunkt materieller Rechtskraft her keine Bedenken.

Ist aber dies der Fall, ist es auch unbedenklich, dem Summarischen des Erinnerungsverfahrens durch eine derart punktuelle Entscheidung Rechnung zu tragen. Daraus folgt wiederum, daß es vom Gesichtspunkt rechtskraftadäquater Verfahrensausgestaltung aus zulässig ist, die Erinnerungsentscheidung mit materieller Rechtskraft auszustatten[80].

Das Ergebnis ist also, daß die summarische Ausgestaltung des Erinnerungsverfahrens, wie sie der Stellung der Erinnerung innerhalb der Zwangsvollstreckung und der Natur der mit der Erinnerung zu rügenden Normverstöße angemessen ist, der Erfüllung des Bedürfnisses der Erinnerungsentscheidung nach materieller Rechtskraft nicht entgegensteht.

Damit hat die Frage nach dem Verhältnis von materieller Rechtskraft und Verfahrensausgestaltung ihre Lösung gefunden. Die Frage nach der materiellen Rechtskraftfähigkeit der Entscheidung, mit der die Erinnerung des Schuldners abgewiesen wird, ist zu bejahen.

Daraus folgt wiederum, daß der Schuldner, dessen Erinnerung zurückgewiesen wird, nach Versäumung der Beschwerdefrist oder Erschöpfung des Instanzenzugs sein Begehren nicht mit einer zweiten Erinnerung erneut erfolgreich geltend machen kann.

---

79 BGH MDR 62, 986; so auch u. a. Warncke FS Lehmann II S. 869 (892).

80 Übertrieben ist allerdings, wenn Lange DGVZ 33, 238 ff. die Richtigkeitsgewähr des Erinnerungsverfahrens für stärker als im gewöhnlichen Klageverfahren hält.

Nun stellt sich die Frage, ob diese ungünstige Wirkung einer Erinnerungsabweisung gegenüber dem Vollstreckungsschuldner auf die neben ihm anfechtungsbefugten Dritten „abfärbt", d. h., ob es auch diesen Personen unmöglich ist, mit Aussicht auf Erfolg zu erinnern, wenn und soweit die Erinnerung des Schuldners rechtskräftig zurückgewiesen wurde.

Zweiter Abschnitt

Können Dritte auch dann noch erinnern, wenn die Erinnerung des Schuldners rechtskräftig zurückgewiesen wurde?

A. Einordnung der Frage als Problem der subjektiven Grenzen materieller Rechtskraft

Kaum behandelt ist die Frage, ob sich die Zurückweisung der Erinnerung des Schuldners ungünstig gegenüber anfechtungsbefugten Dritten auswirkt. Soweit man zu dieser Frage Stellung nimmt, qualifiziert man sie bereits unterschiedlich. Heintz hält sie für ein Problem der subjektiven Grenzen der Innenbindung[1], Wessel sieht mit ihr nicht nur dieses Problem sondern auch die Frage nach den subjektiven Grenzen der Gestaltungswirkung angesprochen[2], Pieper[3] und Schultz[4] qualifizieren sie als ein Problem der Erstreckung materieller Rechtskraft auf Dritte[5]. Offen bleibt bei LG Wiesbaden[6] und Pohle[7], in welches Fach die Frage gehört, ob Dritte durch die gegen den Schuldner ergangene Erinnerungsentscheidung berührt werden[8].

Im Ergebnis wird es überwiegend abgelehnt, daß die gegen den Vollstreckungsschuldner ergangene Entscheidung auch den neben dem Schuldner anfechtungsbefugten Dritten die Erinnerung abschneidet[9].

---

1 Diss. S. 115 ff. Diese Stellungnahme ist wie die Untersuchung von Heintz insgesamt auf den Bereich des Offenbarungseidverfahrens und das Verhältnis der Erinnerungsbefugnisse von Schuldner und gesetzlichem Vertreter beschränkt. Sie muß hier außer Acht gelassen werden, da es den Rahmen der Arbeit überschritte, wenn geprüft würde, ob die Eigenheiten des Offenbarungseidverfahrens eine besondere prozessuale Qualifizierung der angeschnittenen Frage forderten.

2 Wessels Ausführungen in ZZP 61, 62 (101 ff.) lassen dies schlüssig erkennen.

3 Diss. S. 193.

4 Vollstreckungsbeschwerde S. 480; ebenso KGBl 8, 72.

5 Ebenso wohl im Kern die sehr gründliche, von Lange DGVZ 33, 238 ausführlich berichtete Entscheidung des OLG Celle vom 27. 4. 33 (5 W 217/33).

6 JW 36, 1395.

7 Anm. JW 36, 1395.

8 Auch Volkmar ARsp. 31, 256 ordnet das Problem nicht ein.

9 So generell, wenn auch nur zur Stütze ihrer die materielle Rechtskraft ablehnenden Meinung: Pieper und Schultz a.a.O.; ebenso, jedoch in concreto nur den Drittschuldner betreffend: KGBl 8, 72, OLG Celle, LG Wiesbaden, Lange (alle a.a.O.). — A. A. Pohle, Wessel (beide a.a.O., Drittschuldner betr.), Heintz (a.a.O., betr. gesetzl. Vertreter), mit Einschränkung Volkmar a.a.O.

Ebenso, wie die Frage, ob der Vollstreckungsschuldner die zurückgewiesene Erinnerung erneuern kann oder nicht, ein Problem der materiellen Rechtskraftfähigkeit der Erinnerungsentscheidung ist, muß die Frage, ob diese Entscheidung Dritten nachteilig ist, als Problem der materiellen Rechtskrafterstreckung betrachtet werden.

Dies ergibt sich aus der folgerichtigen Fortführung des im ersten Teil der Arbeit entwickelten und bereits im ersten Abschnitt des zweiten Teils verwerteten Gedankens, daß die Erinnerung dem Klageprinzip, dem Anfechtungsgrundsatz des Verfahrensneubeginns angehört. Daraus folgte, daß die Befugnis Dritter ebenso wie diejenige des Schuldners als ein materielles Recht auf Beseitigung des ergangenen Vollstreckungsakts gedacht werden muß, das mit Einlegung der Erinnerung die Schwelle zum Prozeß überschreitet.

Dies bedeutet gleichzeitig, daß das Recht jedes einzelnen Dritten ebenso wie jedes andere materielle Recht, insbesondere dasjenige des Schuldners, seiner Natur nach auf einen *eigenen selbständigen Prozeß* angelegt ist. Ist aber dies der Fall, kann es erst die materielle Rechtskraft bewirken, daß das materielle Recht des Dritten in dem selbständigen Prozeß, auf den es angelegt ist, ausnahmsweise deshalb nicht mehr zur Geltung und Durchsetzung gelangt, weil das materielle Recht des Schuldners bereits im Prozeß des Schuldners verneint wurde.

Ganz anders wäre die Situation, wenn die Erinnerung nicht dem Klageprinzip, sondern dem Rechtsmittelprinzip, dem Grundsatz der Verfahrenskontinuität angehörte. Dies hätte nach dem im ersten Teil der Arbeit Ausgeführten die Bedeutung, daß das vom Vollstreckungsgläubiger in Gang gebrachte Verfahren, das zum Erlaß des angefochtenen Vollstreckungsakts führte, bereits den Hauptbetroffenen des Vollstreckungsakts, den Vollstreckungsschuldner, zur formellen Passivpartei hätte, ein echtes zwischen Gläubiger und Schuldner spielendes Zweiparteienverfahren wäre. In diesem Fall wären die durch den Vollstreckungsakt in sonstiger Weise betroffenen Dritten ebenso wie die durch sonstige Wirkungen eines Urteils betroffenen Dritten[10] darauf angewiesen, rückwirkend mittels Nebenintervention in das laufende Grundverfahren einzusteigen und unter Fortführung dieses Verfahrens in Rechtsmittelform das ergangene Urteil anzufechten. In dieser ihrer Position wären die Dritten bereits prozessual an die jeweilige Prozeß-

---

10 Die Gemeinsamkeit der „Urteils-dritten“, die von den Nebenwirkungen des Urteils betroffen werden, und der „Vollstreckungsakts-dritten“, die in sonstiger Weise vom Vollstreckungsakt betroffen werden, liegt darin, daß ihre Rechtsposition nicht ausreicht, auch sie in die Passivparteistellung des Prozesses zu bringen, wie es üblich ist, wenn mehrere Personen in gleicher Weise durch die Wirkungen eines von anderer Seite begehrten Gestaltungsakts betroffen werden (siehe zum letzteren Lux Streitgenossenschaft S. 72 f.).

lage des Schuldners, der von ihnen unterstützten Partei, gebunden. Es wäre auch ihnen die Anfechtung versagt, wenn des Schuldners Anfechtungsbefugnis durch Versäumung der sofortigen Beschwerde oder Erschöpfung des Instanzenzugs erloschen wäre.

Diese besondere Situation[11], die sich bei einer Anfechtung ergibt, die dem Rechtsmittelprinzip, dem Grundsatz der Verfahrenskontinuität, folgt, läßt sich als Erstreckung *formeller* Rechtskraft auf Dritte kennzeichnen und auf diese Weise von der Erstreckung *materieller* Rechtskraft auf Dritte abheben, die immer dann als technisches Mittel in Betracht kommt, wenn es darum geht, auch einem im Weg der Klage anfechtungsbefugten Dritten die abweisende Entscheidung in einem anderen Anfechtungsverfahren entgegenzuhalten.

Um das letztere geht es in der Frage, ob Dritte nicht mehr erfolgreich erinnern können, wenn es der Schuldner nicht mehr kann.

Demgegenüber leugnet allerdings Wessel[12] jeglichen Zusammenhang zwischen der Frage, ob sich die gegen den Schuldner ergangene Entscheidung auch gegen erinnerungsbefugte Dritte ungünstig auswirkt, und dem Problem der subjektiven Grenzen der materiellen Rechtskraft. Er glaubt auf einem ganz anderen Weg zu dem Ergebnis gelangen zu können, daß die dem Schuldner ungünstige Entscheidung auch dem Dritten — und zwar dem Drittschuldner — zum Nachteil gereicht. Sei die Erinnerung des Schuldners vom Vollstreckungsgericht zurückgewiesen, stehe es dem Drittschuldner nur noch zu, das vom Schuldner eingeleitete Erinnerungsverfahren in die Beschwerdeinstanz fortzuziehen; eine selbständige Erinnerung des Dritten sei nunmehr ausgeschlossen, und zwar durch die von der ergangenen Erinnerungsentscheidung ausgehende Innenbindungswirkung nach § 577 III ZPO. Innerlich sei diese Wirkung gegenüber dem Dritten dadurch gerechtfertigt, daß der vom Vollstreckungsgericht in Form der Erinnerungsentscheidung bestätigte Vollstreckungsakt mit der Vermutung der Richtigkeit ausgestattet sei und in dieser Eigenschaft begrifflich gegenüber jedermann wirke[13].

Im Ergebnis scheint die Ansicht Wessels auf eine Erstreckung formeller Rechtskraft auf Dritte hinauszulaufen, die — wie dargelegt — mit der Zugehörigkeit der Erinnerung zum Klageprinzip unvereinbar ist. In einem wesentlichen Punkt ist das Resultat Wessels jedoch anders: Für den Dritten soll eine eigene Beschwerdefrist, gerechnet von Zustellung an ihn selbst, laufen, d. h., die Versäumung der Beschwerde

---

[11] Anschaulich wird sie bereits von Linde (Rechtsmittel II S. 9) geschildert.

[12] a.a.O.

[13] a.a.O. S. 102.

gegen den Erinnerungsbeschluß seitens des Schuldners soll der Beschwerde des Dritten nicht entgegenstehen[14].

Mit dieser Einschränkung nimmt Wessel den Dritten in Wahrheit nicht die Möglichkeit erfolgreicher Anfechtung schlechthin, sondern nur eine Instanz innerhalb eines Anfechtungsverfahrens. Der Gefahr immer wieder neuen Streitens, die mit der Gewährung der Erinnerungsbefugnis an eine Vielzahl von Personen heraufbeschworen wird, kann in all den Fällen nicht wirksam begegnet werden, in denen es sich um unbekannte, mit alsbaldiger Zustellung nicht erreichbare Dritte handelt.

Schon darin liegt eine Schwäche der Lehre Wessels. Unhaltbar ist ihre Begründung. Die Behauptung, daß der Vollstreckungsakt als Gestaltungsakt begrifflich gegenüber allen wirksam sei, weil für ihn die Vermutung der Richtigkeit streite, kann die Beschränkung einer einem Dritten zustehenden Anfechtungsbefugnis nicht stützen.

Erst wenn die der materiellen Rechtskraft eigene unwiderlegliche Vermutung[15] für die Rechtsgemäßheit des Vollstreckungsakts auch gegenüber dem Dritten wirkt, ist die Kraft des dem Dritten zustehenden Rechts auf Anfechtung des belastenden Vollstreckungsakts gebrochen. Das bedeutet wiederum nichts anderes, als daß die materielle Rechtskraft einer gegenüber dem Schuldner ergangenen, die Rechtmäßigkeit ihm gegenüber feststellenden Entscheidung auf den Dritten erstreckt werden muß, wenn auch seine Anfechtung keinen Erfolg mehr soll haben dürfen.

Auch die Berufung Wessels auf § 577 III ZPO geht fehl. Da jeder Dritte ein eigenes materielles Recht auf Beseitigung des erlassenen Vollstreckungsakts und folglich jeder seinen eigenen selbständigen Prozeß hat, ist der Prozeß des einen im Verhältnis zu dem des anderen nicht Innenbereich, sondern Außenbereich, nicht Wirkungskreis der Innenbindung, sondern Anwendungsgebiet der materiellen Rechtskraft.

B. Die Erstreckung der materiellen Rechtskraft einer Entscheidung, welche die Erinnerung des Schuldners abweist, auf erinnerungsbefugte Dritte

I. Problem

Zu Beginn der Arbeit hieß es, daß ein Kompromiß gefunden werden müsse zwischen dem Interesse der durch einen Staatsakt belasteten Privatpersonen, einunddenselben Staatsakt so oft wie möglich auf seine Rechtmäßigkeit prüfen zu lassen, und dem entgegengesetzten Interesse

---

14 a.a.O. S. 106.

15 Siehe Pohle FS Calamandrei S. 377 ff.

des Staates und der durch einen Staatsakt begünstigten Privatpersonen, einunddenselben Staatsakt möglichst nur einmal überprüfen zu lassen.

Diesem Kompromiß scheint die Arbeit nach ihrem bisherigen Verlauf unerreichbar fern. Denn einmal wurde einem großen Kreis von Dritten neben dem Vollstreckungsschuldner das eigene, selbständige Recht auf Anfechtung einunddesselben Vollstreckungsakts gewährt und damit die Gefahr heraufbeschworen, daß es über einen einzigen Vollstreckungsakt zu einer Vielzahl von Prozessen kommt. Zum anderen wurde die Frage, ob Dritte wenigstens dann nicht mehr erfolgreich erinnern können, wenn der Schuldner bereits erfolglos erinnert hat, als ein Problem der Erstreckung materieller Rechtskraft auf Dritte qualifiziert und damit auf ein starres, jeglichem Kompromiß von Natur aus abholdes Gleis geschoben.

Letzteres ergibt sich daraus, daß die materielle Rechtskraft einer Entscheidung nach allgemeinem, überprozessualem Prinzip grundsätzlich nur zwischen den Personen, die an dem Verfahren, das zur Entscheidung führte, in entgegengesetzter Parteistellung beteiligt waren, wirkt. Dies Prinzip gilt unabhängig davon, ob den Parteien nach der Verhandlungsmaxime ein relativ großer Anteil am Zustandekommen der Entscheidung zukommt oder ob dieser Anteil unter der Herrschaft der Untersuchungsmaxime ein quantitativ geringerer ist[16]. Das zeigt der Vergleich zwischen § 325 ZPO und § 121 VwGO[17]. Im Einflußbereich dieser beiden Bestimmungen steht auch der Erinnerungsprozeß nach seinem systematischen Standort zwischen Zivil- und Verwaltungsprozeß.

Gleichgültig, ob man im Erinnerungsverfahren die Untersuchungsmaxime herrschen sieht oder wie Wessel die Verhandlungsmaxime[18] oder, ob man gar den Erinnerungsprozeß irgendwo auf dem stufenweisen Übergang[19] zwischen beiden Maximen ansiedelt, immer ist die materielle Rechtskraft der Erinnerungsentscheidung auf die Parteien des Erinnerungsverfahrens, den erinnerungsführenden Schuldner oder Dritten einerseits und den typischen Gegner, den Vollstreckungsgläubiger, andererseits grundsätzlich beschränkt, eine Rechtskrafterstrekkung auf formell nicht Beteiligte ausgeschlossen[20].

---

16 Anders Blomeyer Lb § 91 II 2 a.

17 Die "Inter-omnes"-Wirkung der §§ 638 Satz 2 und 643 ZPO ist eine auf das Wesen der familienrechtlichen Verhältnisse zugeschnittene Ausnahme.

18 ZZP 61, 62 (99).

19 So Dräger Rechtsbeschwerde S. 63 ff. betr. Mieteinigungsverfahren; zu Übergangsformen zwischen den unterschiedlichen Maximen siehe auch schon Bruns FS Lent S. 145.

20 So KGBl 8, 72, OGL Celle a.a.O., Pieper Diss. S. 193 f. (Rechtskraft zwischen den Personen, zwischen denen die Entscheidung *erging*).

Außerhalb des Bereichs der Erinnerung sind nun verschiedene Erwägungen angestellt worden, die Starrheit der subjektiven Rechtskraftgrenzen in besonderen Fällen zu lösen, die Rechtskraft über die im Gesetz erwähnten Ausnahmen hinaus auf Dritte zu erstrecken. Diese Versuche stehen unter einem gemeinsamen Gesichtspunkt, dem Bestreben, Staat und Rechtskraftbegünstigten vor der Vervielfältigung von Prozessen zu schützen[21].

Dieser Gesichtspunkt steht auch im Bereich der Erinnerung im Vordergrund. Daher liegt es nahe, die zur Rechtskrafterstreckung allgemein entwickelten Gedanken auf die Situation bei der Erinnerung zu übertragen, sie hier auf ihre Tauglichkeit zu prüfen.

Im Folgenden sollen daher die verschiedenen Theorien zur Rechtskrafterstreckung vorgeführt und auf die typisch vollstreckungsrechtliche Situation projiziert werden. Anschließend soll aus dieser Situation ein vollstreckungsautonomer Gedanke zur Rechtskrafterstreckung entwickelt werden.

II. Gedanken zur Rechtskrafterstreckung im Urteilsverfahren des Zivilprozesses

1. Allgemeine Gedanken

a) Die Parabel vom „guten und bösen Tropfen"

Vorangestellt sei ein Gedanke, der sich zwar nirgends zu einer selbständigen Theorie ausgeprägt findet, auf den man sich aber dennoch hier und dort beruft[22] oder den man bekämpft[23], wenn es um die Frage der Rechtskrafterstreckung auf Dritte geht.

In der Situation bei der Erinnerung hat dieser Gedanke zunächst etwas Bestechendes[24].

Gelingt es dem Schuldner mit seiner Erinnerung einen Vollstreckungsakt zu beseitigen, kommt dies allen Dritten, die neben dem Schuldner durch den angefochtenen Vollstreckungsakt beeinträchtigt

---

[21] Siehe zu diesem Zweck schon Hein Identität I S. 388 ff.; zum Problem der Verdoppelung von Rechtsbehelfen bei bedingter Übereignung vgl. Pohle FS Lehmann S. 738 (740 ff.).

[22] Siehe Hellwig Rechtskraft S. 23 und Binder Rechtskraft S. 71, die beide das Urteil im Erbprätendentenstreit zu Ungunsten des Siegers im Verhältnis zu Nachlaßgläubigern wirken lassen mit der Begründung, daß der Sieger ja faktisch auf Grund des Urteils den Nachlaß erhalten habe.

[23] Bettermann Zivilurteil S. 211.

[24] Heintz Diss. S. 116 ff. zieht diesen Gedanken bei der Erörterung der subjektiven Grenzen der Innenbindungswirkung heran.

werden, zugute. Die von dem Beschluß, durch den einer Erinnerung stattgegeben wird, ausgehende Gestaltungswirkung beseitigt unmittelbar[25] oder mittelbar[26] den angefochtenen Vollstreckungsakt mit Wirkung gegenüber allen und enthebt daher alle selbst anfechtungsbefugten Dritten der Notwendigkeit, von ihrem Anfechtungsrecht Gebrauch zu machen. Bildlich gesprochen genießen alle potentiellen Erinnerungsführer den guten Tropfen, den der aktuelle Erinnerungsführer gewann. Sollten sie deshalb nicht auch den bösen Tropfen schlucken müssen, der den aktuellen Erinnerungsführer trifft, wenn er sein Erinnerungsverfahren verliert? Ebenso wie die potentiellen Erinnerungsführer der *Notwendigkeit* eines *eigenen* Prozesses enthoben sind, wenn im *fremden* Prozeß der ergangene Vollstreckungsakt aufgehoben wird, weil er unzulässig ist, müßten sie der *Möglichkeit* eines erfolgreichen *eigenen* Prozesses beraubt sein, wenn im *fremden* Prozeß die Unzulässigkeit des Vollstreckungsakts verneint wird.

Gegen den Ausgangspunkt dieses Gedankens, die „Inter omnes"-Wirkung der Aufhebung des mit der Erinnerung erfolgreich angefochtenen Vollstreckungsakts, läßt sich nichts einwenden. Freilich kann der Hinweis auf das Dogma[27] der Allwirksamkeit von Gestaltungswirkung nicht genügen. Denn im Begriff der Gestaltung liegt die Allwirksamkeit noch nicht. Es ist vielmehr in jedem einzelnen Fall, in dem es sich um Gestaltung handelt, unter Beachtung der jeweils mit der Gestaltung zu verfolgenden Zwecke, festzustellen, ob die Gestaltung inter omnes oder inter partes wirken soll. Dabei wird sich allerdings ergeben, daß die festgestellten Zwecke, soweit es sich um staatliche Gestaltung handelt, *regelmäßig* „Inter omnes"-Wirkung fordern[28], was gerade bei der Betrachtung der vollstreckungsrechtlichen Situation deutlich wird. Hier kann der einzelne Vollstreckungsakt nur dann sein Ziel, den Vollstreckungsgläubiger der Befriedigung seines zivilrechtlichen Anspruchs ein Stück näher zu bringen, erreichen, wenn er nicht nur gegenüber dem Vollstreckungsschuldner, dem Hauptbetroffenen, sondern auch gleichzeitig gegenüber bestimmten Dritten, den Nebenbetroffenen,

---

[25] Bei Vollstreckungsakten des Vollstreckungsgerichts.

[26] Bei Vollstreckungsakten des Gerichtsvollziehers.

[27] Dieses Dogma liegt der allgemein verbreiteten Ansicht von der "Inter omnes"-Wirkung des Gestaltungsurteils zugrunde; siehe Rosenberg Lb § 87 I 3, Baumbach § 322 4, Bötticher FS Juristentag S. 511 (515 f.), Dölle ZZP 62, 287 ff., Henckel Parteilehre S. 208 ff., Nikisch Lb § 40 II 1; früher schon Hellwig Rechtskraft S. 3 ff., Recht 1910, 713 (722), Walsmann Nebenintervention S. 140, Hein Duldung S. 163, Lux Streitgenossenschaft S. 73, Wessel ZZP 61, 61 (102).

[28] Darauf weisen Stein-Jonas-Pohle § 62 II 1 b hin, während dies bei den zunehmenden Angriffen auf das Allseitigkeitsdogma weniger deutlich wird (siehe Blomeyer Lb § 94 II, Bettermann Zivilurteil S. 93 ff., Brox FamRZ 63, 392 ff., Jesch Bindung S. 93 ff., aber auch schon Goldschmidt AcP 117, 1 [14 ff., 20 ff.], Lb § 63 6 B).

wirksam wird. Das wurde bereits oben am Beispiel des Drittschuldners gezeigt[29].

Ebensowenig wie es sinnvoll wäre, einen Vollstreckungsakt mit relativer, auf den Vollstreckungsschuldner beschränkter Wirkung, zur Entstehung zu bringen, hat es nun aber auch Sinn, einen Vollstreckungsakt mit derart relativer Wirkung zu vernichten. Würde man dies tun, hätte man im Ergebnis wiederum ein solches funktionsunfähiges Gebilde, dessen Entstehung von Anfang an vermieden werden sollte. Daraus folgt, daß die erfolgreiche Erinnerung *eines* Betroffenen zur Vernichtung des angefochtenen Vollstreckungsakts gegenüber allen führen muß[30]. Festzuhalten ist, daß es sich hierbei um einen teleologischen Zwang, nicht um ein Erfordernis der Logik handelt, jenes Hilfsmittels, das hier genausowenig wie bei der Frage der subjektiven Grenzen der *Rechtskraft*[31] allein etwas ausrichten kann.

Aus dem bisher Gesagten folgt, daß der Ausgangspunkt des Gedankens vom „guten und bösen Tropfen" bei der Erinnerung gegeben ist; die Erinnerungsbefugten nehmen ipso jure[32] am positiven Ergebnis des vom Schuldner geführten Erinnerungsprozesses teil. Nicht nur dies legt es nun nahe, ihnen auch einen vom Schuldner verlorenen Prozeß „anzurechnen"; es kommt vielmehr eine weitere Erwägung hinzu. Könnte die Erinnerung Dritter zum Erfolg führen, obwohl die Erinnerung des Schuldners abgewiesen wurde, würde in Ansehung des Schuldners ein unliebsames Ergebnis erreicht. Sein Begehren würde durch einen nachfolgenden erfolgreichen Prozeß eines Dritten *mittelbar* erfüllt, da auch ihm die spätere Aufhebung des Vollstreckungsakts zugute käme. Damit erhielte der Schuldner etwas, auf dessen Erreichung er nach der Rechtskraft der ihm gegenüber ergangenen Entscheidung keinen Anspruch hat. Die materielle Rechtskraft der ihm ungünstigen Entscheidung bliebe zwar bestehen, stellte aber keinen Nachteil mehr für ihn dar.

Dennoch kann dies alles nicht dazu führen, Dritten nach negativem Ausgang des schuldnerischen Erinnerungsverfahrens eine erfolgreiche

---

[29] S. 83 f.

[30] In der Parallelfrage bei der verwaltungsgerichtlichen Anfechtungsklage kommt Warncke FS Lehmann II S. 891 zu demselben Ergebnis (abweichend dort Jesch Bindung S. 93 ff.).

[31] Darüber, daß die Logik allein nicht zur Erweiterung der subjektiven Grenzen der Rechtskraft führen kann, ist man sich einig (Rosenberg Lb § 157 II 3 d, Stein-Jonas § 325 VI 4, Bettermann Zivilurteil S. 100). Wäre es anders, führte das Bedürfnis einheitlicher Beurteilung vollstreckungsrechtlicher Fragen (zu diesem Pohle JW 36, 1395, Mager DRiZ 60, 53 f.) „automatisch" zur Rechtskrafterstreckung bei der Erinnerungsentscheidung.

[32] Ihering JJB 10, 245 (264) spricht in derartigen Fällen von einem Reflex.

Erinnerung von vornherein zu versagen, ihnen die Rechtskraft der gegen den Schuldner ergangenen Entscheidung entgegenzuhalten.

Auch außerhalb des Bereichs der Erinnerung ist eine der geschilderten Situation verwandte Lage anzutreffen, und zwar u. a. bei den zivilrechtlichen Gestaltungsklagen[33]. Auch dort wären die angestellten Erwägungen veranlaßt. Dennoch hat man dort aus dem Gedanken vom „guten und bösen Tropfen" keine Rechtskrafterstreckung zuungunsten potentieller Gestaltungskläger herzuleiten versucht. Man bannt zwar hier die Gefahr widersprechender Entscheidungen *während* des Laufs der von mehreren Gestaltungsklägern angestrengten Prozesse unter fragwürdiger[34] Anwendung des § 62 1. Alt. ZPO[35]; zu einem wirksamen Mittel, mit dem sich das *Nacheinander* von gleichgerichteten Prozessen mehrerer Gestaltungskläger unterbinden ließe, ist man hier jedoch nicht gelangt.

Der Grund, aus dem sich auch bei der Erinnerung aus der Gestaltungswirkung zugunsten Dritter keine Rechtskraftwirkung zu ihren Ungunsten herleiten läßt, liegt in dem Verhältnis zwischen Vor- und Nachteil. Der Vorteil für den Dritten liegt darin, daß er einer Belastung ledig ist, der er sich sonst erst in einem Prozeß, dessen Ausgang unsicher ist, entledigen müßte. Der Nachteil einer Rechtskrafterstreckung zu seinen Ungunsten läge darin, daß er der Möglichkeit, sich seiner Belastung zu entledigen, faktisch beraubt wäre. Ein derartiger Nachteil ist bereits seiner Natur nach keine bloße geringfügige Einschränkung des geschilderten Vorteils, die man dem Dritten adäquat um des Vorteils willen aufbürden könnte. Um einen solchen Nachteil zu rechtfertigen, muß man andere, bessere Argumente bringen. Ein derartiges Argument könnte die Lehre von der Rechtskrafterstreckung kraft Abhängigkeit bereithalten.

---

[33] z. B. Erbunwürdigkeitsklage nach § 2342 BGB.

[34] Fragwürdig ist dies deshalb, weil die in § 62 1. Alt ZPO vorausgesetzte „Einheitlichkeit" nur für den Fall eines positiven Ausgangs des Prozesses geboten ist. Hier ergibt sich also dasselbe Bedenken, das gegen die Anwendung dieser Norm im Fall lediglich positiver Rechtskrafterstreckung von der h. M. erhoben wird (s. Stein-Jonas-Pohle § 62 II 1; a. A. Henckel Parteilehre S. 214, Wieczorek § 62 A III d 1, Baur FamRZ 62, 508 [510]).

[35] „Gestaltungserstreckung": Stein-Jonas § 62 II 1 b, Schönke-Schröder § 26 VI, Nikisch Lb § 110 II 2 a, b, Rosenberg Lb § 95 II 1 b, Lent JJb 90, 47 ff.; — dagegen Hellwig Lb III § 159 II 4.

b) Die Lehre von der Rechtskrafterstreckung kraft zivilrechtlicher Abhängigkeit

Schon im ersten Teil der Arbeit, als es darum ging, aus den objektiven Zulässigkeitsnormen der Zwangsvollstreckung subjektive Rechte Dritter auf ihre Einhaltung herzuleiten, wurde die Lehre von der Rechtskrafterstreckung kraft zivilrechtlicher Abhängigkeit in die Erörterung einbezogen[36].

Es wurde gezeigt, daß die Anwendung des in dieser Lehre enthaltenen Kerngedankens auf zwei verschiedenen Stufen in Frage steht; einmal, wenn es sich um die Befugnis zur Anfechtung von Hoheitsakten handelt, und zum anderen, wenn es um die subjektiven Grenzen der Rechtskraft geht.

Die erste „Stufe“ war Gegenstand des ersten Teils der Arbeit, mit der zweiten „Stufe“ befaßt sich ihr zweiter Teil. Im ersten Teil wurde im Ergebnis verneint, daß der Kerngedanke der „Abhängigkeitstheorie“ einer Anfechtungsbefugnis „abhängiger Dritter“ entgegensteht. Offen gelassen wurde, ob die Abhängigkeit Dritten nicht wenigstens eine Rechtskrafterstreckung zu ihren Ungunsten zu rechtfertigen vermag. Diese Frage steht jetzt zur Entscheidung.

Der Kern der „Abhängigkeitstheorie“ klingt zunächst einleuchtend:

Der Eintritt einer zwischen zwei Personen *festgestellten* Rechtsfolge kann von einem Dritten, gegen dessen Willen die zwei Personen die Rechtsfolge einverständlich *herbeiführen* könnten, nicht bestritten werden[37].

Der Untermieter kann die Beendigung des Hauptmietverhältnisses, die auch seine Herausgabepflicht nach § 556 III BGB begründet, dann, wenn sie zwischen Mieter und Vermieter rechtskräftig festgestellt ist, nicht mehr bestreiten. Denn er könnte nicht verhindern, daß Mieter und Vermieter, anstatt einen Prozeß darum zu führen, ob das Hauptmietverhältnis aufgelöst ist, einverständlich das Mietverhältnis beenden und damit auch seine Herausgabepflicht nach § 556 III BGB begründen[38].

Es ist nicht erstaunlich, daß der zunächst so für sich einnehmende Gedanke, aus der Abhängigkeit von fremdem rechtsgeschäftlichen Willen Bindung an ein fremdes Urteil abzuleiten, bereits in der älteren Litera-

---

36 Siehe oben S. 101.

37 Siehe Pagenstecher RheinZ 6, 489 ff. (494) einerseits und Blomeyer Lb § 93 III 2 anderseits.

38 Dies ist eines der Standardbeispiele der „Abhängigkeitstheorie“ (siehe Bettermann Zivilurteil S. 217 ff., Blomeyer Lb § 93 III 2 b).

tur anzutreffen ist[39] und sich seit seiner Neuentdeckung durch Bettermann, der daraus unter Durchforstung des gesamten BGB ein geschlossenes System entwickelte[40], zunehmender Beliebtheit erfreut[41].

Auch bei der Erinnerung könnte man sich auf diesen Gedanken — in vollstreckungsadäquater Modifizierung — stützen und argumentieren:

In § 811 ZPO sind viele Sachen mit Rücksicht auf den Lebensbedarf des Schuldners und ihm nahestehender Dritter für unpfändbar erklärt. Auch den Dritten steht das Recht zur selbständigen Geltendmachung eines Verstoßes gegen diese Norm zu. Der Schuldner kann den Erfolg der Erinnerung dieser Dritten, wenn schon nicht unmittelbar dadurch, daß er auf die Einhaltung des Pfändungsschutzes nachträglich verzichtet[42], so doch mittelbar dadurch vereiteln, daß er die geschützte Sache dem Gläubiger freiwillig gibt. Wenn auch diese Unterwerfung Dritter unter den Willen des Schuldners nicht ausreicht, den Dritten die Erinnerungsbefugnis von vornherein zu versagen, so sollte sie doch immerhin dahin führen, daß sich die betr. Dritten den Verlust eines vom Schuldner gegen den Gläubiger geführten Erinnerungsverfahrens, die dort gegen den Schuldner ergangene Feststellung, daß kein Verstoß gegen § 811 ZPO vorliegt, entgegenhalten lassen müssen.

Diese Argumentation überzeugt jedoch nicht. Es kann dahin stehen, ob und wieweit in der Zwangsvollstreckung andere Maximen als im Erkenntnisverfahren herrschen und schon aus diesem Grund einer Übertragung der auf dem Boden der Verhandlungsmaxime des Erkenntnisverfahrens entstandenen „Abhängigkeitstheorie“ Bedenken entgegenstehen. Denn dieser Theorie als solcher fehlt die erforderliche Überzeugungskraft.

Mag man zwar die unmittelbare Gleichsetzung[43] von Prozeßführung und Verfügung vermeiden, die Prozeßführung als Quasirechtsgeschäft[44] bezeichnen oder als Zwischenglied in die Argumentationskette den Gesichtspunkt der Zumutbarkeit einschalten[45] und dadurch dem Vorwurf entgehen, Ungleiches unverdeckt gleichzustellen. Das alles ändert

---

39 Hellwig Rechtskraft S. 57 und oft (auf Hellwig baut Bettermann auf), Pagenstecher RheinZ 6, 489 ff. (494).

40 Zivilurteil S. 79 ff.

41 Schnorr v. Carolsfeld FS Lent S. 245 (268 f.), Henckel Parteilehre S. 156, 234, ZZP 70, 448 (462), Blomeyer Lb § 93, Takane FS Laun S. 422 (438).

42 Die Verzichtbarkeit ist umstritten; nachträglicher Verzicht wird u. a. von Baumbach § 811 1 B für zulässig gehalten.

43 So u. a. noch Neuner Prozeß S. 174.

44 Bettermann Zivilurteil S. 87 ff.

45 So besonders Blomeyer Lb § 91 II; die „Zumutbarkeit“ soll der übergeordnete Gesichtspunkt sein; so soll dem zivilrechtlich abhängigen Dritten die Rechtskrafterstreckung zuzumuten sein.

jedoch nichts daran, daß die „Abhängigkeitstheorie“ bereits in ihrem Ansatz von einer Gleichwertigkeit zweier zu einem wirtschaftlich einheitlichen Ergebnis[46] führenden Wege ausgeht und dabei nicht genügend berücksichtigt, daß beide Wege deshalb ungleichwertig sind, weil das eine Mal das konkrete Ergebnis auf rein privater Willensbetätigung beruht und das andere Mal auch auf staatlicher.

Das Urteil gründet zwar auch auf der Prozeßführung der Parteien[47], nicht aber — wenigstens im hier entscheidenden *typischen* Fall — auf irgendeinem Einigsein der Parteien; im Regelfall fehlt der auf die Herbeiführung des Rechtsergebnisses gerichtete einverständliche Handlungswille völlig[48]. An seine Stelle tritt der staatliche Erkenntniswille, dessen Betätigung eigenen Regeln folgt. So steht der Lehre von der Rechtskrafterstreckung kraft zivilrechtlicher Abhängigkeit[49] und damit auch einer Rechtskrafterstreckung bei der Erinnerung unter Berufung auf die Abhängigkeit Dritter im Grund das gleiche Bedenken entgegen, das dem Gedanken entgegenstand, daß Abhängigkeit Anfechtungsbefugnis ausschließe.

Die Rechtsmacht, die es dem einen ermöglicht, im Zusammenwirken mit einem anderen die Rechtsposition eines Dritten zu verschlechtern, wird vom *Staat* nicht ausgeschöpft, wenn er *gegen den einen* eine ungünstige Entscheidung erläßt[50]. Diese Selbstbeschränkung kommt in § 325 ZPO unmißverständlich zum Ausdruck. — Einen zur Rechtskrafterstreckung der Erinnerungsentscheidung und damit zur Verringerung gleichgerichteter Erinnerungsverfahren tauglichen Gedanken könnte die von Schwab entwickelte Drittwirkungstheorie enthalten.

c) Die Lehre von der Drittwirkung der Rechtskraft

Nach Schwab[51] soll es bereits im Wesen der materiellen Rechtskraft liegen, daß die Richtigkeit einer zwischen den Parteien erfolgten rechts-

---

46 Vgl. Kohler JJb 24, 319 ff.

47 Insofern läßt sich das Urteil als Produkt von parteilicher und richterlicher Tätigkeit bezeichnen (siehe Wetzell System S. 422, Krückmann JJb 56, 147).

48 So bereits Mendelssohn Rechtskraft S. 310 ff., Bülow AcP 62, 1 (79 N 63); teilweise wohl anders Bethmann-Hollweg Lb I S. 102 f.

49 Gegen diese früher schon Heim Feststellungswirkung S. 217 ff., Mendelssohn Rechtskraft S. 312 ff. Letzterer kommt allerdings im Ergebnis auf Grund seiner absoluten Rechtskrafttheorie zu sehr viel weiterer Rechtskrafterstreckung.

50 Es hat den Anschein, als ob die hiervon abweichende Abhängigkeitstheorie an die Stelle des auch von ihr abgelehnten Spruchs vom „guten und bösen Tropen“ (siehe Bettermann Zivilurteil S. 211) das Sprichwort „Mitgefangen, mitgehangen“ setzt.

51 ZZP 77, 125 (129 ff.) auch schon NJW 60, 2169 (2171).

kräftigen Feststellung auch von einem Dritten nicht mehr bestritten werden kann. Von der Maßgeblichkeit des Urteils zwischen den Parteien könne nur dann die Rede sein, wenn sie auch im Verhältnis zu Dritten gelte[52]. Eine derartige „Drittwirkung" habe mit den subjektiven Grenzen der Rechtskraft, wie sie § 325 ZPO zwingend ziehe, nichts zu tun.

Schwab verschafft mit seiner Theorie der in einer Entscheidung enthaltenen Feststellung eine Geltung, die noch weit über die Grenzen hinausgeht, welche die Lehre von der zivilrechtlichen Abhängigkeit steckt. Im Ergebnis läßt er die Einschränkung, welche die zuletztgenannte Lehre macht, nämlich, daß nur solche Dritte die Feststellung eines „fremden" Urteils hinzunehmen hätten, die einer rechtsgeschäftlichen Einigung der Prozeßparteien unterworfen wären, fallen.

Diese Lehre hat zweifellos den Vorzug, daß sie die Gefahr, daß über einunddieselbe Frage unterschiedliche Entscheidungen ergehen, bannt, eine „Vervielfältigung" von Prozessen ausschließt. Ist einmal entschieden, daß der Beklagte dem Kläger schuldet, kann dies auch der Bürge, der für die festgestellte Schuld haften soll, nicht mehr bestreiten und dies in neuem Prozeß (mit dem Gläubiger) erneut zur Entscheidung stellen[53]. Entsprechendes gilt für den Regreßschuldner. Auch ihm ist es verwehrt, in einem zweiten Prozeß — dem Prozeß mit dem Regreßgläubiger — die den Regreß auslösende Ersatzpflicht des Regreßgläubigers gegenüber dem Geschädigten zu bestreiten, wenn diese Verpflichtung zwischen Regreßgläubiger und Geschädigtem bereits rechtskräftig festgestellt ist[54].

Auch bei der Erinnerung könnte das von Schwab gegebene Rezept einer unüberschaubaren Vervielfältigung von Verfahren vorbeugen:

Steht zwischen erinnerungsführendem Schuldner und dem „erinnerungsbeklagten" Gläubiger auf Grund einer zurückweisenden Erinnerungsentscheidung fest, daß der angefochtene Vollstreckungsakt nicht gegen die Norm verstößt, deren Verletzung gerügt wurde, kann auch ein Dritter dies nicht mehr bestreiten, d. h. seine später erhobene Erinnerung ist ebenfalls als unbegründet zurückzuweisen.

So wünschenswert vom Standpunkt der Prozeßökonomie dieses Ergebnis auch ist, die Schwab'sche Lehre vermag es nicht zu rechtfertigen.

Schwab nimmt in der Sache die materiellrechtliche Rechtskrafttheorie in ihrer ältesten, heute sonst nicht mehr vertretenen *absoluten*

---

52 ZZP 77, 138.

53 So gelangt Schwab (a.a.O. S. 147 ff.) zu der von der neueren Literatur einhellig abgelehnten Rechtskrafterstreckung gegen den Bürgen (s. Blomeyer Lb § 93 III 1, Bettermann Zivilurteil S. 137 ff.).

54 Siehe Schwab a.a.O.; ebenso bereits Wetzell System § 712 a; a. A. schon Maxen ZCuP 21, 365 (387).

Ausprägung[55] auf; er vertritt die absolute Wirkung der relativen Feststellung. Gegen seine Lehre ist einzuwenden, daß sie sich über die in § 325 ZPO bestimmten subjektiven Grenzen der materiellen Rechtskraft hinwegsetzt, indem sie aus der Rechtskrafterstreckung, wie sie in § 325 ZPO als solche untersagt ist, ohne sachliche Rechtfertigung einen wesentlichen Teil unter der Deklarierung „Drittwirkung" abspaltet[56] und ihn auf diese Weise den Fangarmen des § 325 ZPO entzieht.

Da der Ansatzpunkt dieser Lehre nicht überzeugt, kann und muß sie aus der Betrachtung ausscheiden, ohne daß es erforderlich wäre, nun im einzelnen zu prüfen, *wie* Schwab die Grenze zwischen Rechtskrafterstreckung und Drittwirkung zieht, d. h., welche einzelnen Fälle er aus dem einheitlichen Begriff der Rechtskrafterstreckung unter der Bezeichnung Drittwirkung ausklammert.

Damit ist die Suche nach *allgemeinen* Gedanken zur Rechtfertigung einer Rechtskrafterstreckung des Erinnerungsbeschlusses auf Dritte beendet, ohne daß es gelungen wäre, einen tauglichen Gedanken und damit ein Mittel zur Verringerung gleichgerichteter Erinnerungsverfahren zu finden.

Es bleibt nun noch zu untersuchen, ob nicht außerhalb des Bereichs der Erinnerung *besondere* Gedanken entwickelt worden sind, die eine Rechtskrafterstreckung in den typischsten Drittfällen — beim Drittschuldner und beim nachpfändenden Gläubiger — rechtfertigen könnten.

2. Auf Drittschuldner und nachpfändenden Gläubiger zugeschnittene Gedanken

a) Rechtskrafterstreckung gegen den Drittschuldner?

Bei der Zwangsvollstreckung in Forderungen ergibt sich nicht nur das — hier zu behandelnde — Problem der Rechtskrafterstreckung von *Erinnerungsbeschlüssen*, d. h. solchen Entscheidungen, die sich über die *Art und Weise der Zwangsvollstreckung* verhalten, sondern es stellt sich ebenfalls die Frage nach der Rechtskrafterstreckung von gewöhnlichen *zivilgerichtlichen Urteilen*, und zwar solchen, die sich mit dem

[55] Verfechter dieser Ausprägung der materiellrechtlichen Rechtskrafttheorie waren u. a. Mendelssohn (Rechtskraft S. 424, 440: „Rechtskraftwirkung zwischen den Parteien existiert absolut für jeden" und S. 509: „Kraft Urteils *ist* das Entschiedene Recht zwischen den Parteien und jeder kann und muß davon ausgehen") und Heim Feststellungswirkung S. 213 f.

[56] Ebenso in der Methode Meister Veräußerung S. 102; ähnlich Schmidt Klagänderung S. 211, der ebenfalls den einheitlichen Begriff der Rechtskrafterstreckung aufspaltet, u. z. in eine echte und eine unechte Erstreckung.

Gegenstand der Zwangsvollstreckung — der Forderung, in die die Vollstreckung erfolgt, — befassen.

Wird in eine Forderung vollstreckt, spaltet sich deren Aktivseite in eigentümlicher Weise in zwei verschiedene Subjekte auf[57]. Dem Schuldner der Forderung stehen Vollstreckungsgläubiger und Vollstreckungsschuldner mit konkurrierenden Befugnissen gegenüber[58]. Pfändung und Überweisung führen dazu — gleichgültig, wie man die Befugnisse beider Personen dogmatisch erklärt[59] —, daß zwei Personen unabhängig voneinander einunddieselbe Leistung gegen den Drittschuldner erfolgreich einklagen können[60]. Damit droht hier ebenso wie bei der Erinnerung die Gefahr einer Vervielfältigung von Prozessen.

Während sich nun die Literatur mit der Frage, ob sich die Gefahr einer Erinnerungsverdoppelung, die sich aus der Zulassung von Schuldner und Drittschuldner zur Erinnerung ergibt, mit dem Mittel der Rechtskrafterstreckung auf Dritte eindämmen läßt, kaum befaßt hat, hat sie der Frage, ob sich die Gefahr der Prozeßverdoppelung, die mit der Zulassung von Schuldner und Gläubiger zur selbständigen Zahlungsklage gegen den Drittschuldner droht, auf dem Weg der Rechtskrafterstreckung verringern läßt, ihr volles Augenmerk zugewandt.

Obwohl sich beide Probleme darin unterscheiden, daß bei der Erinnerung eine Rechtskrafterstreckung *gegen* den Drittschuldner erforderlich wäre, bei der Zahlungsklage aber eine Rechtskrafterstreckung zu seinen Gunsten in Frage steht, weisen die Grundsituationen beider Probleme doch so viel Zusammenhang auf, daß es veranlaßt ist, in der Behandlung jenes Problems nach Anregungen der hier zu erörternden Frage zu suchen.

Einig ist man sich darüber, daß der Vollstreckungsgläubiger eine gepfändete und ihm überwiesene Forderung jedenfalls dann nicht

---

[57] Siehe zum Folgenden auch oben S. 73.

[58] RG 83, 116 (119), Erkel Diss. S. 9.

[59] Erkel Diss. S. 99 ff. Bettermann Zivilurteil S. 145, Lüke ZZP 76, 24 sehen die Verdoppelung auf rein prozessualer Ebene sich vollziehen; § 836 ZPO soll für den Gläubiger ein bloßes Prozeßführungsrecht begründen. Leugnet man die Existenzberechtigung einer besonderen Prozeßführungsbefugniskategorie, kann und muß man dem Gläubiger mit Oertmann System II S. 346, RG 83, 119 einen eigenen materiellen Anspruch zubilligen.

[60] Ist nur gepfändet worden, ergeben sich die Befugnisse von Vollstreckungsgläubiger und -schuldner aus § 1281 ZPO (so ganz h. M., siehe Baumbach § 829 5 A); ist auch überwiesen worden, folgt des Gläubigers Befugnis aus § 836 I ZPO; dem Schuldner gibt die h. M. das Recht, wenn auch nicht auf Leistung an sich, so doch auf Leistung an den Vollstreckungsgläubiger zu klagen (Baumbach § 835 5, Rosenberg Lb § 193 III 1 b, Erkel Diss. S. 36, Lüke ZZP 76, 24, einschränkend Stein-Jonas § 835 VI, a. A. Oertmann System II § 323 1 d S. 347 mit Nachweisen in N 20).

mehr mit Erfolg gegen den Drittschuldner einklagen kann, wenn Pfändung und Überweisung erst nach Beginn eines Prozesses zwischen Vollstreckungsschuldner und Drittschuldner erfolgt sind, der mit der rechtskräftigen Feststellung des Nichtbestehens der Forderung abschloß. Man leitet dies aus § 325 ZPO ab, indem man Pfändung und Überweisung als Rechtsnachfolge ansieht[61].

Zur Begründung einer derart sich aus dem Gesetz ergebenden Rechtskrafterstreckung bedarf es naturgemäß keines besonderen Gedankens, der sich für die Frage nach der Rechtskrafterstreckung der Erinnerungsentscheidung als fruchtbar erweisen könnte.

Anders könnte jedoch die Sache aussehen, wenn man an die Behandlung denkt, die eine Mindermeinung demjenigen Vollstreckungsgläubiger zuteil werden läßt, der eine noch *nicht rechthängige* Forderung pfänden und sich überweisen ließ und sich im Anschluß daran plötzlich einem vom Vollstreckungsschuldner gegen den Drittschuldner geführten und verlorenen Prozeß gegenübergestellt sieht. Auch in diesem Fall soll der Vollstreckungsgläubiger, dem gegenüber § 325 ZPO hier nicht anwendbar ist, die gegen den Vollstreckungsschuldner ergangene Feststellung des Nichtbestehens der gepfändeten Forderung gegen sich gelten lassen müssen[62].

Erkel, der diese Auffassung in seiner Dissertation eingehend darlegt, leitet die Rechtskrafterstreckung gegen den Vollstreckungsgläubiger in diesem Fall — ebenso wie übrigens die Erstreckung gegen den Schuldner im umgekehrten Fall — daraus her, daß hier zwei verschiedene Personen im Stande seien, über ein einzige materielle Forderung Prozeß zu führen. Mit einer derartigen Situation müsse Rechtskrafterstreckung Hand in Hand gehen, da abweichende Entscheidungen dem Ansehen der Gerichte schaden würden[63]. Vor diesen Gesichtspunkt des öffentlichen Interesses rückt Erkel jedoch noch einen anderen Zweck. In *erster Linie* sei die Rechtskrafterstreckung hier um des Drittschuld-

[61] Stein-Jonas § 325 III 1, § 829 VI 5, Baumbach § 325 2 B i. V. mit § 265 2 E b, Förster-Kann § 829 9 a, Bettermann Zivilurteil S. 144; ausführlich mit weiteren Literaturangaben Erkel Diss. S. 118 ff.

[62] Erkel Diss. S. 109 ff., Bettermann Zivilurteil S. 145, Stöcker Diss. S. 66 im Anschluß an Bettermann. — Die h. M. lehnt jede Rechtskrafterstreckung von Urteilen ab, die aus Prozessen stammen, die erst nach Pfändung und Überweisung begonnen wurden; es soll weder das gegen den Vollstreckungsschuldner ergangene Urteil gegen den Gläubiger wirken, noch das gegen den Vollstreckungsgläubiger ergangene Urteil gegen den Schuldner: Stein-Jonas § 829 VI 5, Baumbach § 829 6 B, Förster-Kann § 829 9 a, 835 3 b, Goldschmidt Lb § 96 1 c, Sydow-Busch § 835 1, Hellwig Forderungspfändung S. 150, Rechtskraft S. 44, 81, RG 83, 116 (118 ff.); — zweifelnd und der Ansicht Bettermanns im Ergebnis zuneigend neuerdings Schönke-Baur Lb § 25 VII 1 c.

[63] Diss. S. 75 ff.

ners willen geboten, von dem man jeglichen Nachteil möglichst fernhalten müsse. Diesem „unschuldig" Betroffenen könne eine doppelte Prozeßführung nicht zugemutet werden.

Ob dieser Zweck wirklich die von Erkel vertretene Ansicht im Ergebnis zu stützen vermag, ist fraglich. Jedenfalls ist hier ein Gedanke angesprochen, der aus der besonderen vollstreckungsrechtlichen Situation ermittelt, vieles für sich hat.

Ob er wirklich durchschlägt, kann jedoch dahingestellt bleiben, weil seine entsprechende Anwendung in der hier zu beurteilenden Frage der Rechtskrafterstreckung bei der Erinnerung leider nicht in Betracht kommt. Man kann nicht, wie es zunächst naheliegend scheint, folgendermaßen argumentieren:

Der Gläubiger muß sich einen vom Schuldner gegen den Drittschuldner verlorenen Prozeß um des Schutzes des Drittschuldners willen anrechnen lassen. Also muß sich der Drittschuldner auch um des Gläubigers willen ein vom Schuldner gegen den Gläubiger verlorenes Erinnerungsverfahren entgegenhalten lassen.

Eine derartige Argumentation scheitert daran, daß die besonders schutzwürdige Situation, die dem in die Zwangsvollstreckung hineingezogenen Drittschuldner zukommt, beim Vollstreckungsgläubiger nicht vorliegt. Der zum Schutz des Drittschuldners entwickelte Gedanke verträgt es nicht, nun in einer Parallelfrage gegen den Drittschuldner gekehrt zu werden. Damit läßt sich also auch ein lediglich auf den Drittschuldner zugeschnittener Grund zur Rechtskrafterstreckung der Erinnerungsentscheidung aus den Ideen, die im Urteilsverfahren Rechtskrafterstreckung rechtfertigen sollen, nicht herleiten.

Was hinsichtlich des Drittschuldners mißlang, könnte nun im Hinblick auf den nachpfändenden Gläubiger gelingen.

b) Rechtskrafterstreckung gegen den nachpfändenden Gläubiger?

Der nachpfändende Gläubiger gehört zum Kreis derjenigen Personen, bei denen die verschiedenen Ansichten zur Urteilswirkung gegenüber Dritten aufeinanderprallen. Man streitet darum, ob der Nachpfänder mit der Widerspruchsklage nach § 878 ZPO ein „besseres Recht" gegenüber dem vorpfändenden Gläubiger geltend machen kann mit der Behauptung, daß das vom Vorpfänder gegen den Schuldner erwirkte Urteil, auf Grund dessen der Vorpfänder die Vollstreckung betreibt, unrichtig sei.

Aus der Art, wie man die Frage, ob eine das *materielle* Recht betreffende, gegen den Vollstreckungsschuldner ergangene Entscheidung zuungunsten des nachpfändenden Gläubigers wirkt, behandelt, ließen sich Anhaltspunkte für die Lösung der Frage gewinnen, ob eine gegen den Vollstreckungsschuldner ergangene Entscheidung, die sich über das *formelle* Vollstreckungsrecht verhält, gegen den Nachpfänder wirkt.

Der Streit über die Wirkung des zugunsten des Vorpfänders erlassenen Urteils gegenüber dem Nachpfänder ist dadurch belastet, daß man sich nicht einmal darin einig ist, daß es sich hier um ein Problem der *Rechtskraft*erstreckung auf Dritte handelt. Diejenigen, die dem Nachpfänder die Berufung auf die Unrichtigkeit gestatten, begründen diese ihre Ansicht zwar mit der mangelnden Rechtskrafterstreckung des Urteil gegenüber Dritten[64].

Die Gegenmeinung aber versagt dem Nachpfänder Einwände gegen das Urteil des Vorpfänders teils mit dem Hinweis auf die vom Urteil ausstrahlende Reflexwirkung[65], teils unter Berufung auf eine dem Urteil immanente Beweiswirkung[66] oder Tatbestandswirkung[67], teils mit der Begründung, daß es sich um unzulässige Einwendungen „ex jure tertii" handele[68], teils auch ohne nähere Begründung[69]. Es gibt allerdings auch hier Verfasser, die eine echte Rechtskrafterstreckung gegenüber dem nachpfändenden Gläubiger annehmen und aus ihr den Einwendungsausschluß zuungunsten dieses Dritten herleiten[70].

Dieser Qualifikationsstreit beruht zu einem guten Teil auf der unterschiedlichen Wertung, die man dem in § 878 ZPO erwähnten, aber nicht dort näher bestimmten „besseren Recht" zuteil werden läßt. Letztlich hängen diese Differenzen wiederum mit der verschiedenen Auffassung vom Wesen des Pfändungsrechts zusammen. Die damit angesprochenen Probleme brauchen an dieser Stelle nicht wieder aufgerollt zu werden. Denn in der hier interessierenden Frage, ob sich die Rechtskraft der Erinnerungsentscheidung auf den nachpfändenden Gläubiger erstreckt, interessiert naturgemäß allein diejenige Ansicht, die das Problem der Urteilswirkung gegenüber dem Nachpfänder als ein solches der Rechtskrafterstreckung ansieht und zu ihm bejahend oder verneinend Stellung nimmt. Aus den Argumenten der Verfasser, die sich hierzu äußern,

---

[64] Stein-Jonas § 878 II 2, Baumbach § 878 2, Falkmann-Hubernagel § 878 3 c und f, Goldschmidt Lb § 97 3, Oertmann System II § 269 4, Hein Identität II S. 96 f., neuerdings Martin Verteilungsverfahren S. 232—246.

[65] Pagenstecher Prozeßprobleme S. 27 ff., RheinZ 6, 489 (514).

[66] RG 153, 200 (204), OGL Celle 33, 124.

[67] Seuffert-Walsmann § 878 1 c.

[68] Stein Grundlagen S. 106; im Ergebnis ebenso Hellwig Anspruch S. 504, Schönke-Baur § 28 IV 1 a.

[69] Wieczorek § 878 B I b 2.

[70] Bettermann Zivilurteil S. 178—182, Blomeyer Lb § 93 I 2, wohl auch Bruns Lb § 25 IV 3 a bb.

sind Gedanken zu erwarten, die wohl auch zur Lösung der Parallelfrage bei der Erinnerung beitragen können.

Die Gegner einer Rechtskrafterstreckung[71] im Fall des Nachpfänders erachten eine der vom Gesetz ausdrücklich angeordneten Rechtskrafterstreckungen nicht als gegeben. Bettermann sieht die Rechtskraft auf den Nachpfänder kraft zivilrechtlicher Abhängigkeit des Nachpfänders vom Vollstreckungsschuldner als erstreckt an[72]. Auf diese Theorie braucht hier nicht noch einmal eingegangen werden, da sie bereits oben abgelehnt wurde.

Auch Blomeyer[73] stellt die von ihm befürwortete Rechtskrafterstrekkung auf den Nachpfänder unter den übergeordneten Gesichtspunkt zivilrechtlicher Abhängigkeit. Seine Argumentation enthält jedoch einen besonderen Gedanken, der sich auch für die Parallelfrage bei der Erinnerungsentscheidung als fruchtbar erweisen könnte. Blomeyer sieht den Nachpfänder als beschränkten Rechtsnachfolger des Vollstreckungsschuldners an und scheint aus diesem Grund bereits unter unmittelbarer Anwendung des § 325 ZPO Rechtskrafterstreckung gegen den Nachpfänder anzunehmen[74], vorausgesetzt, daß die Zweitpfändung nach Rechtskraft des zugunsten des Erstpfänders ergangenen Urteils eintritt. Damit spricht Blomeyer einen Gedanken aus, aus dem bereits das Hanseatische OLG Rechtskrafterstreckung auf den Zweitpfänder herleitete[75].

Dieser Gedanke nimmt auf den ersten Blick für sich ein und ließe sich auch auf die Situation bei der Erinnerung übertragen:
Wenigstens derjenige Nachpfänder, der seine Pfändung nach Rechtskraft einer gegen den Schuldner ergangenen, formelle Mängel der Erstpfändung verneinenden Erinnerungsentscheidung erwirkte, ist an diese Entscheidung gebunden. Denn er ist auf Grund seines Pfandrechtserwerbs an einem zum Schuldnervermögen gehörenden Gegenstand beschränkter Rechtsnachfolger des Schuldners und damit der Rechtskraft der gegen den Schuldner ergangenen Entscheidung ausgesetzt.

Dieser Gedanke bringt einen neuen Aspekt in das Problem der Rechtskrafterstreckung bei der Erinnerung, der sich allerdings nur auf einen Teilbereich bezieht.

---

[71] Siehe oben S. 166 N. 64.

[72] a.a.O.; vorausgesetzt sei allerdings, daß das Urteil vor der Zweitpfändung Rechtskraft erlange (S. 180).

[73] Lb § 93 I.

[74] Ganz deutlich wird dies freilich nicht!

[75] Hans OLG 5. 7. 29 Bf IV 311/29, berichtet von Pagenstecher Prozeßprobleme S. 36 N 9.

Auch dieser Gedanke kann jedoch im Ergebnis eine Rechtskrafterstreckung nicht rechtfertigen. Die in § 325 ZPO gemeinte Rechtsnachfolge liegt nämlich nicht vor[76].

Das *Leistungsurteil,* das gegen den Vollstreckungsschuldner zugunsten des Erstpfänders ergeht, bezieht sich auf das Vermögen des Schuldners als solches, nicht auf einen bestimmten Gegenstand desselben. Nur hinsichtlich eines derart bestimmten Gegenstands — desjenigen, in den die Vollstreckung erfolgt, — läßt sich der Nachpfänder jedoch als beschränkter Rechtsnachfolger ansehen. Damit fehlt es an der „Stoffgleichheit" des Gegenstands der Rechtskraft und desjenigen Gegenstands, in den die Rechtsnachfolge stattfindet. Aus diesem Grund kann die hier vorliegende Rechtsnachfolge keine — in § 325 ZPO angeordnete — „Rechtskraftnachfolge" auslösen.

Der *Erinnerungsbeschluß,* der gegen den Vollstreckungsschuldner zugunsten des Erstpfänders ergeht, bezieht sich auf das Recht des Schuldners zur Anfechtung des Vollstreckungsakts; in *dieses* Recht folgt der Zweitpfänder nicht nach, ihm steht vielmehr auf Grund seiner Betroffenheit ein eigenes Anfechtungsrecht zu. Aus diesem Grund kann der Zweitpfänder nicht als Rechtsnachfolger des Schuldners in demjenigen Sinn, den § 325 ZPO meint, angesehen werden.

Das Ergebnis der Spezialuntersuchung des Nachpfänders, eines der typischen erinnerungsbefugten Dritten, ist also, daß auch hier die zur Rechtskrafterstreckung im Urteilsverfahren vertretenen Ansichten keine Rechtskrafterstreckung auf Dritte rechtfertigen.

Es hat sich nun gezeigt, daß die für den Bereich des Urteilsverfahrens entwickelten Gedanken eine Erweiterung der subjektiven Grenzen der Rechtskraft, wie sie in § 325 ZPO festgelegt sind, nicht zu begründen vermögen.

Jetzt erhebt sich die Frage, ob es sich nicht aus der besonderen vollstreckungsrechtlichen Situation bei der Erinnerung rechtfertigen läßt, die Rechtskraft einer die Erinnerung des Schuldners zurückweisenden Entscheidung auf die neben dem Schuldner erinnerungsbefugten Dritten zu erstrecken.

III. Versuch einer selbständigen Begründung der Rechtskrafterstreckung auf erinnerungsbefugte Dritte aus der besonderen vollstreckungsrechtlichen Situation

1. Ausgangspunkt einer „vollstreckungsautonomen" Untersuchung ist die bereits im ersten Teil der Arbeit gewonnene Erkenntnis, daß Vollstreckungsschuldner und Dritte in unterschiedlicher Intensität vom einzelnen Vollstreckungsakt betroffen werden.

[76] Vgl. auch BGH WM 60, 886.

Bereits bei der Abgrenzung von Passivpartei und Dritten unter Zugrundelegung des materiellen Parteibegriffs in der Zwangsvollstreckung hieß es, daß sich die Betroffenheit von Vollstreckungsschuldner und Dritten dadurch unterschiede, daß aus der Rechtssphäre des ersteren das Substrat des Vollstreckungsakts genommen, gegen ihn „vollstreckt" werde, daß hingegen der Dritte nur „in sonstiger Weise" durch einen Vollstreckungsakt beeinträchtigt werde. Wird in eine Sache vollstreckt, wird sie dem Schuldner *genommen;* den in § 811 ZPO begünstigten Angehörigen des Schuldners entgeht nur die Möglichkeit, sie zu nützen, dem nachpfändenden Gläubiger wird die Aussicht geschmälert, gerade aus dieser Sache Befriedigung für seine Forderung zu erhalten. Wird in eine Forderung vollstreckt, wird sie dem Schuldner *genommen,* den Drittschuldner trifft nur der Nachteil, daß er jetzt an einen anderen zahlen und diesem anderen zusätzlich Auskunft geben muß. Diese Reihe von Unterscheidungen ließe sich beliebig fortsetzen.

Will man die verschiedene Intensität der Beeinträchtigung des Schuldners und Dritter kurz charakterisieren, läßt sich sagen, daß der Schuldner *Haupt-,* der neben ihm beeinträchtigte Dritte *Neben*betroffener ist[77]. Auch das klang in der Arbeit bereits an.

Trotz dieses sachlichen Unterschiedes wurde jedoch den betroffenen Dritten auf Grund ihrer Betroffenheit eben ein solches materielles Recht auf Beseitigung eines unzulässigen Vollstreckungsakts zugebilligt, wie es dem Schuldner zukommt. Diese Nivellierung war deshalb geboten, weil die Zulassung zu einem dem Klageprinzip angehörenden Rechtsbehelf, wie ihn die Erinnerung darstellt, ein derartiges materielles Recht zur Voraussetzung hat.

Angesichts dieser Situation stellt sich die Frage, ob sich nicht die grundsätzlich verschiedene Stärke der Betroffenheit von Schuldner und Dritten in einer *verschiedenen Qualität* ihres mit der Erinnerung geltendzumachenden Rechts widerspiegeln läßt.

Ein derartiger Unterschied in der Rechtsqualität wäre darin zu sehen, daß das Recht der Dritten mit einer potentiellen Rechtskrafterstreckung aus einer das Recht des Schuldners verneinenden Erinnerungsentscheidung belastet ist, das Recht des Schuldners hingegen von einer solchen Belastung — mit umgekehrten Vorzeichen — frei ist.

Eine unterschiedliche *Wertung* formell gleichartiger Rechtspositionen liegt nicht außerhalb allgemeiner Rechtsvorstellungen.

---

[77] Diese Betrachtung setzt die — hier gebotene — typische Betrachtungsweise voraus.

2. Eine unterschiedliche Bewertung von Normen, wichtigen und weniger wichtigen, liegt bereits dem Gegensatzpaar „Nichtigkeit-Anfechtbarkeit" zugrunde.

   Auch bei den Normen, welche die Zulässigkeit von Sachurteilen regeln, findet sich eine ähnliche Differenzierung. Wert und Wichtigkeit der einzelnen Prozeßvoraussetzungen sollen über die Reihenfolge ihrer Prüfung im Prozeß entscheiden[78].

   Den Versuch einer verschiedenen Wertung von subjektiven Rechtspositionen hat neuerdings Martin[79] unternommen. Wenn die Rechtspositionen zweier konkurrierender Gläubiger im Verteilungsstreitverfahren der Zwangsvollstreckung beiderseits fehlerhaft sind, soll der unterschiedliche Grad des einzelnen Fehlers darüber entscheiden, wem der Vorrang gebührt. Maßstab für die Bewertung und Abwägung der beiderseitigen Fehler soll die Wichtigkeit der jeweils verletzten Norm sein.

   Freilich läßt sich auf diese Stellen in der Literatur eine Wertung von der Art, wie sie hier vorgeschlagen wird, noch nicht stützen; soll doch hier der „Minderwert" der einen Rechtsposition gegenüber der anderen darin liegen, daß sie mit dem Damoklesschwert der Rechtskrafterstreckung belastet ist.

   In die vorgeschlagene Richtung weisen schon eher zwei Äußerungen, die sich in der alten Literatur finden.

   Puchta[80] befaßt sich mit dem „Abhilfsinteresse" in der Freiwilligen Gerichtsbarkeit. Seien mehrere Personen in gleicher Weise „beteiligt", sei die richterliche Handlung von *allen* anzufechten. Auch wenn mehrere Personen gemeinsam „interessiert seien", könnten doch die einen „näher", die anderen „ferner" beteiligt sein. Liege die Sache aber so, sei es in erster Linie Sache des „Nächsten und unmittelbar gravierten Subjekts, beschwerdeführend aufzutreten". In diesem Zitat klingt bereits eine unterschiedliche Bewertung von Anfechtungsbefugnissen unverkennbar an.

   In gleicher Richtung liegt die Bemerkung Heffters[81], daß man, wenn sich mehrere Personen zur Prozeßführung drängten, demjenigen die Parteistellung zukäme, den der Richter als den „Nächstbeteiligten erkenne". Bei „gleichem Interesse" gebühre dem „Tauglichsten" die Parteirolle.

---

[78] So z. B. Levy ZZP 20, 87 (99 ff.). Ob der Methode Levys zuzustimmen ist, steht auf einem anderen Blatt und ist hier unerheblich. Für die hier zu behandelnde Frage kommt es allein darauf an, daß eine solche Wertungsmethode auch auf diesem Gebiet einmal eingeschlagen wurde.

[79] Verteilungsverfahren S. 292 ff.

[80] Lb Freiw. Gerichtsbarkeit S. 362.

[81] System S. 1147.

Auch diese Ausführungen mehr sporadischen Charakters tragen natürlich die hier vorgeschlagene Differenzierung nicht. Das allein könnte jedoch einen grundsätzlichen Zweifel an ihrer Zulässigkeit nicht begründen. Schwerwiegender spricht eine andere Erwägung gegen die Tauglichkeit des vorgetragenen Gedankens.

3. Es könnte mit den Kategorien der Rechtsordnung nicht zu vereinbaren sein, auf der einen Seite ein subjektives materielles Recht zu gewähren und auf der anderen Seite dieses Recht mit dem prozessualen Mittel der Rechtskrafterstreckung wieder einzuschränken[82].

Damit ist die Untersuchung an jenem „wunden Punkt“ angelangt, der bereits in der Vorbemerkung der Arbeit in der ihr zugrundeliegenden zweigeteilten Fragestellung gesehen wurde. Der bereits in der oben zitierten Reichsgerichtsentscheidung[83] ausgesprochene Gedanke, daß die Verleihung eines eigenen Rechts an mehrere Personen zur Erreichung *eines* Ziels die technische Form eines Ausschlusses jeglicher Rechtskrafterstreckung sei, könnte einer prozessualen Abwertung des Anfechtungsrechts Dritter in der Zwangsvollstreckung entgegenstehen.

Dieser Gedanke hat vieles für sich, für den Bereich der Zwangsvollstreckung läßt er sich jedoch mit einer vollstreckungseigenen Erwägung entkräften.

4. Grundsätzlich anders als im materiellen Zivilrecht ist die Situation im materiellen Vollstreckungsrecht. Hier verleiht das Gesetz nicht ausdrücklich subjektive Rechte zur Durchsetzung der Zulässigkeitsnormen der Zwangsvollstreckung. Ebenso wie im Verwaltungsrecht müssen hier erst aus den objektiven Zulässigkeitsnormen subjektive Rechte auf ihre Einhaltung im Weg teleologischer Auslegung abgeleitet werden. Maßstab ist dabei die typische Betroffenheit des einzelnen Rechtssubjekts durch den Vollstreckungsakt, dessen Zulässigkeit von den objektiven Zulässigkeitsnormen der Zwangsvollstreckung geregelt wird.

Es hat sich nun im Lauf der Untersuchungen des ersten Teils gezeigt, daß es kein abstraktes Kriterium gibt, mit dessen Hilfe man eindeutig in jedem einzelnen Fall Betroffenheit von Nichtbetroffenheit abgrenzen, die für eine Anfechtungsbefugnis noch ausreichende Beeinträchtigung von derjenigen, die nicht mehr genügt, scheiden kann. Es zeigte sich vielmehr, daß die entscheidende

---

82 Einige solcher „Inkonsequenzen“ kennt das Gesetz als Ausnahmeerscheinungen: Unklagbarkeit, unvollkommene Verbindlichkeit.

83 RG 149, 194.

Grenze irgendwo auf einer *stufenlosen Skala* angesetzt werden muß[84]. Liegt die Sache aber so, ist es nicht einzusehen, warum man nicht auch eine doppelte Grenze sollte ziehen, einen geringeren Intensitätsgrad von Beeinträchtigung zu einem geringeren, „rechtskraftbeschränkten" Anfechtungsrecht sollte genügen lassen, und eine vollwertige, unbeschränkte Anfechtungsbefugnis einem stärker Betroffenen sollte vorbehalten dürfen.

Ein starres „Alles oder Nichts", das mit dem „Recht oder Nicht-Recht" verbunden ist, das dem geschriebenen Zivilrecht eigen ist, wird der stufenlosen Skala, auf der man im Bereich der Zwangsvollstreckung das Anfechtungsrecht des Dritten nach § 766 ZPO zu suchen hat, nicht gerecht. Hier bietet sich vielmehr geradezu der Kompromiß an, den Dritten auf Grund ihrer minderen Betroffenheit ein nur beschränktes materielles Recht zuzubilligen, dessen schlechtere Qualität darin liegt, daß es nach Verneinung des entsprechenden Rechts des Hauptbetroffenen, des Vollstreckungsschuldners, ebenfalls nicht mehr mit Erfolg geltend gemacht werden kann.

Hiermit wird den schutzwürdigen Interessen der betroffenen Dritten durchaus Rechnung getragen. Sie können sich ihrer geringeren Last jederzeit auf Grund eigener Initiative entledigen, solange dem Schuldner diese Möglichkeit noch offensteht. Daß des Schuldners Erinnerungsführung ihnen diese Möglichkeit im Ergebnis nehmen kann, ist erträglich. Denn als Hauptbetroffener wird er regelmäßig den besten Angriff liefern.

So bietet sich aus der besonderen vollstreckungsrechtlichen Situation bei der Erinnerung ein Weg an, auf dem sich eine Rechtskrafterstreckung der gegenüber dem Schuldner ergangenen Erinnerungsentscheidung gegen die erinnerungsbefugten Dritten rechtfertigen und die mit der Zulassung Dritter zur Erinnerung drohende Flut von Erinnerungsverfahren wenigstens eindämmen läßt[85].

---

84 Entsprechendes vertritt neuestens Lerche ZZP 78, 1 (30) für den Parallelbereich der Verwaltung. Das — zur gerichtlichen Geltendmachung befugende — „Recht" sein *kein feststehender Fels,* sondern es gäbe nur *abgestufte Intensitätsgrade* des Betroffenseins; irgendwie sei letztlich jeder Bürger betroffen.

85 Dieser Weg steht mit der Methode Lerches im Einklang, die hinter folgender Bemerkung sichtbar wird (ZZP 78, 30): Der Richter könne aus der Struktur des Rechts Fingerzeige gewinnen, um uferloses Hineinziehen Dritter zu verhindern.

Ergebnis

Das Ergebnis dieses Teils der Arbeit ist also, daß die neben dem Vollstreckungsschuldner, wie im ersten Teil dargelegt, erinnerungsbefugten Dritten dann nicht mehr erfolgreich erinnern können, wenn des Schuldners Erinnerung zurückgewiesen und die dagegen statthafte sofortige Beschwerde versäumt oder der Instanzenzug erschöpft ist.

Mit diesem Ergebnis ist nicht nur dem Nacheinander mehrerer, von verschiedenen Personen angestrengter Erinnerungsverfahren Einhalt getan, sondern auch ein Kompromiß für das Nebeneinander mehrerer Erinnerungsprozesse angebahnt. Wenn schon im ersten Teil der Arbeit eine gesamthänderische Beschränkung der Erinnerungsbefugnisse Dritter abgelehnt werden mußte und deshalb alle Befugten gemeinsam nicht in einen Prozeß nach der 2. Alternative des § 62 ZPO hineingezogen werden konnten, gestattet doch das Ergebnis des zweiten Teils der Arbeit die Anwendung der 2. Alternative des § 62 ZPO (notwendige Streitgenossenschaft wegen Rechtskrafterstreckung[86]). Dadurch ist wenigstens dafür gesorgt, daß über die von mehreren Befugten gleichzeitig eingelegte Erinnerung einheitlich entschieden wird.

Ausblick auf das Verhältnis mehrerer erinnerungsbefugter Dritter zueinander

Die bisherige Untersuchung war entsprechend dem Thema der Arbeit auf das Verhältnis zwischen erinnerungsbefugtem Dritten und Vollstreckungsschuldner beschränkt. Das hier gewonnene Ergebnis, daß ein Dritter nach Zurückweisung einer vom Schuldner eingelegten Erinnerung nicht mehr erfolgreich erinnern kann, gibt Anlaß zur Frage, ob Entsprechendes auch im Verhältnis mehrerer Dritter untereinander gilt, d. h. auch hier die materielle Rechtskraft einer gegen einen Dritten ergangenen Entscheidung gegenüber dem anderen Dritten wirkt.

Bedenken gegen eine Rechtskrafterstreckung in diesem Fall könnten sich daraus ergeben, daß es hier anders als im Ausgangsfall nicht darum geht, einem Nebenbetroffenen die erfolglose Erinnerungsführung des

---

[86] Siehe Stein-Jonas-Pohle § 62 II 1, Baumbach § 62 2 A, Rosenberg Lb § 95 II 1 a, Lent JJb 90, 43 ff. (61, 62), Schwab FS Lent 276 ff., Henckel Parteilehre S. 200 und viele andere.

Hauptbetroffenen zuzurechnen. Damit entfällt hier das Argument, daß eine Rechtskrafterstreckung in diesem Fall deshalb für den Dritten erträglich sei, weil ihm der Prozeßverlust eines solchen Erinnerungsführers zugerechnet werde, der als Hauptbetroffener regelmäßig den besten Angriff liefere. Dennoch kann diese Abweichung im Tatbestand nicht zu einer Verneinung der Rechtskrafterstreckung im Verhältnis erinnerungsbefugter Dritter zueinander führen. Denn auch hier rechtfertigt sich die präsumtive Belastung des Dritterinnerungsrechts mit der Rechtskrafterstreckung aus einer gegen einen anderen Erinnerungsbefugten ergangenen Entscheidung mit der gegenüber dem Recht des Schuldners geringeren Qualität des Erinnerungsrechts, welche wiederum auf dem typischerweise geringeren Grad der Betroffenheit durch den anzufechtenden Vollstreckungsakt beruht. Es muß genügen, daß auch hier den Interessen des Dritten hinreichend dadurch Rechnung getragen ist, daß er sich seiner geringeren Last jederzeit auf Grund eigener Initiative entledigen kann, solange ein anderer Erinnerungsbefugter diese Möglichkeit schlechthin noch nicht verloren hat. Der Unterschied, daß sich der Erinnerungsführer hier anders als im Ausgangsfall den Fehlschlag eines „gleich guten“ und nicht regelmäßig „besten“ Prozeßangriffs zurechnen lassen muß, ist demgegenüber zu gering, als daß er ein anderes Ergebnis geböte, d. h. eine Rechtskrafterstreckung verböte.

Zusammenstellung der Hauptgedanken der Arbeit

1. Da dem Vollstreckungsschuldner vor Erlaß eines mit der Erinnerung anzufechtenden Vollstreckungsakts keine formelle Parteistellung zukommt, ist die Erinnerung als Anfechtungsmittel strukturell Klage, nicht Rechtsmittel.

2. Da die Erinnerung strukturell Klage ist, können auch Dritte selbständig erinnern, d. h., sie sind nicht auf den prozessualen Weg einer Nebenintervention angewiesen.

3. Da die Erinnerung Klage ist, muß ein Dritter ebenso wie der Schuldner ein Recht auf Beseitigung des fehlerhaften Vollstreckungsakts haben, wenn er erinnern will.

4. Es gibt zwei verschiedene Arten von Drittrechten auf Beseitigung von Vollstreckungsakten:

   Der bereits durch einen ordnungsgemäßen Vollstreckungsakt beeinträchtigte Dritte hat ein Recht darauf, daß *alle* bei Erlaß eines Vollstreckungsakts zu beachtenden Normen eingehalten werden. Derjenige Dritte, dessen Beeinträchtigung eine von den bei Erlaß eines Vollstreckungsakts zu beachtenden Normen ausschließen will, hat lediglich ein auf diese Norm *beschränktes* Anfechtungsrecht.

5. Da die Erinnerung strukturell Klage ist, ist die Frage nach der Wiederholung einer bereits zurückgewiesenen Erinnerung kein Problem der Innenbindung oder formellen Rechtskraft, sondern ein solches der materiellen Rechtskraft.

6. Die eine Erinnerung zurückweisende Entscheidung ist materieller Rechtskraft fähig, da ein unabweisbares Bedürfnis nach materieller Rechtskraft aus der Funktion der Erinnerung resultiert und keine vollstreckungsinternen Bedenken entgegenstehen, das Erinnerungsverfahren den Anforderungen materieller Rechtskraft entsprechend auszugestalten.

7. Da die Erinnerung strukturell Klage ist, ist auch die Frage, ob Dritte nach Zurückweisung der schuldnerischen Erinnerung ebenfalls nicht mehr erinnern können, ein Problem der subjektiven Grenzen *materieller Rechtskraft.*

8. Da die erinnerungsbefugten Dritten typischerweise geringer durch den einzelnen Vollstreckungsakt betroffen werden als der Schuldner, ist es gerechtfertigt, auch in ihrem Recht auf Beseitigung des fehlerhaften Vollstreckungsakts ein „geringwertigeres" Recht zu sehen. Dieser geringere Wert in der Rechtsqualität liegt darin, daß das Recht des Dritten mit der potentiellen Rechtskrafterstreckung aus einer gegen den Schuldner ergangenen Entscheidung „belastet" ist. Dies bedeutet, daß Dritte dann nicht mehr erfolgreich erinnern können, wenn die Erinnerung des Schuldners rechtskräftig zurückgewiesen worden ist.

Literaturverzeichnis

Zitierweise: Die Kommentare sind lediglich mit dem Namen des Verfassers, Lehrbücher und Monographien mit den jeweils in Klammern angegebenen Wörtern und Dissertationen mit dem Namen des Verfassers und dem Zusatz Diss. zitiert.

1. Lehrbücher, Kommentare und Einzelabhandlungen

Amira, Karl von: Das altnorwegische Vollstreckungsverfahren, Neudruck der Ausgabe München 1874, Aalen 1964 (Vollstreckungsverfahren).

Arens, Peter: Streitgegenstand und Rechtskraft im aktienrechtlichen Anfechtungsverfahren, Bielefeld 1960 (Streitgegenstand).

Baumbach-Lauterbach: Zivilprozeßordnung mit Gerichtsverfassungsgesetz und anderen Nebengesetzen, begründet von Adolf Baumbach, fortgeführt von Wolfgang Lauterbach, 27. Aufl., München und Berlin 1963.

Baur, Fritz: Freiwillige Gerichtsbarkeit, 1. Buch: Allgemeines Verfahrensrecht, Tübingen 1955 (Lb FG).

Bayer, Hieronymos: Vorträge über den gemeinen ordentlichen Civilprozeß, München 1856 (Vorträge).

Bernatzik, Edmund: Rechtsprechung und materielle Rechtskraft, Wien 1886 (Rechtsprechung).

Bernhardt, Wolfgang: Vollstreckungsgewalt und Amtsbetrieb, Ein Beitrag zum gegenwärtigen und künftigen Vollstreckungsrecht, Leipzig 1935 (Amtsbetrieb).

Bethmann-Hollweg: Der römische Civilprozeß, Erster Band, Legis Actiones, Bonn 1864, Neudruck 1959 (Bethmann-Hollweg Lb).

Bettermann, Karl August: Die Vollstreckung des Zivilurteils in den Grenzen seiner Rechtskraft, Hamburg 1948 (Zivilurteil).

— Handbuch der Theorie und Praxis der Grundrechte, Band III, 2. Halbband: Der Schutz der Grundrechte in der ordentlichen Gerichtsbarkeit (S. 779 ff.), Berlin 1959 (Grundrechte III).

— Rechtshängigkeit und Rechtsschutzform, Detmold, Frankfurt, Berlin 1949 (Rechtshängigkeit, Rechtsschutzform).

Binder, Julius: Die subjektiven Grenzen der Rechtskraft, Leipzig 1895 (Rechtskraft).

Bley, Erich: Klagrecht und rechtliches Interesse, Leipzig 1923 (Klagrecht).

Blomeyer, Arwed: Allgemeines Schuldrecht, 3. Aufl., Berlin-Frankfurt 1964 (Lb Schuldrecht).

— Studien zur Bedingungslehre, Band 2, Berlin und Leipzig 1939 (Bedingungslehre).

— Zivilprozeßrecht, Erkenntnisverfahren, Berlin-Göttingen-Heidelberg 1963 (Lb).

Blomeyer, Karl: Zwangsvollstreckung, 2. Aufl., Berlin 1956 (Lb).

Blumenstein, Ernst: Handbuch des Schweizerischen Schuldbetreibungsrechts, Bern 1911 (Schuldbetreibung).

Boehmer, Gustav: Grundlagen der Bürgerlichen Rechtsordnung, 2. Buch, 2. Abteilung, Praxis der richterlichen Rechtsschöpfung, Tübingen 1952 (Grundlagen).

Böhle-Stamschräder: Konkursordnung, 7. Aufl., München-Berlin 1964.

Bolgiano, Karl: Handbuch des Reichs-Civil-Prozeßrechts auf rationellen Grundlagen mit vergleichender Darstellung des gemeinen deutschen Cicilprozesses, Allgemeiner Theil, Stuttgart 1879 (Handbuch).

Bonin, Paul: Der Prozeßvergleich, Stuttgart 1957 (Prozeßvergleich).

de Boor, Hans Otto: Zur Lehre vom Parteiwechsel und Parteibegriff, Leipzig 1941 (Parteiwechsel).

Bötticher, Eduard: Gestaltungsrecht und Unterwerfung im Privatrecht, Berlin 1964 (Gestaltungsrecht).

— Die Gleichheit vor dem Richter, Hamburg 1961 (Gleichheit).

— Kritische Beiträge zur Lehre von der materiellen Rechtskraft, Berlin 1930 (Krit. Beiträge).

Bruns, Rudolf: Zwangsvollstreckungsrecht, Berlin und Frankfurt 1963 (Lb).

Coester, Robert: Die Rechtskraft der Staatsakte, München und Leipzig 1927 (Rechtskraft).

Danz, Friedrich: Grundsätze des ordentlichen Prozesses, vermehrt und zum Theil umgearbeitet von D. Nic. Thadd. Gönner, 4. Ausgabe, Stuttgart 1806 (Danz-Gönner, Grundsätze).

— Handbuch des deutschen gemeinen Prozesses, 3. Band, Erlangen 1804 (Handbuch III).

Degenkolb, Heinrich: Beiträge zum Zivilprozeß, Leipzig 1905.

— Einlassungszwang und Urteilsnorm, Beiträge zur materiellen Theorie der Klagen, Leipzig 1877 (Einlassungszwang).

Dernburg, Heinrich: Pandekten, 1. Band, Allgemeiner Teil und dingliche Rechte, 2. Band, Obligationsrecht, Berlin 1888/1889 (Pandekten).

Dräger, Dieter: Rechtsbeschwerde gegen Entscheidungen des Mieteinigungsamts, Berlin 1964 (Rechtsbeschwerde).

Emmerich, Hugo: Pfandrechtkonkurrenzen. Nach bürgerlichem, Handels- und Prozeßrecht, Berlin 1909 (Pfandrechtskonkurrenzen).

Endemann, W.: Der deutsche Civilprozeß, Erläuterungen des Gerichtsverfassungsgesetzes und der Civilprozeßordnung, Berlin 1878/79.

Engisch, Karl: Die Einheit der Rechtsordnung, Heidelberg 1935 (Einheit).

Enneccerus-Lehmann: Lehrbuch des Bürgerlichen Rechts, 2. Band, Recht der Schuldverhältnisse, 15. Aufl., Tübingen 1960 (Lb).

Enneccerus-Nipperdey: Lehrbuch des Bürgerlichen Rechts, 1. Band, Allgemeiner Teil, 2. Halbband, 15. Aufl., Tübingen 1960 (Lb).

Erman, Walter: Handkommentar zum Bürgerlichen Gesetzbuch, herausgegeben von Dr. Walter Erman, 2. Band, 3. Aufl., Münster 1962.

Eyermann-Fröhler: Verwaltungsgerichtsordnung, Kommentar, 3. Aufl., München und Berlin 1962.

Falkmann-Hubernagel: Die Zwangsvollstreckung in das bewegliche Vermögen, 3. Aufl., Berlin 1939.

Favre, Antonie: Schuldbetreibungs- und Konkursrecht, Freiburg 1956 (Favre).

Fenn, Herbert: Die Anschlußbeschwerde im Zivilprozeß und im Verfahren der Freiwilligen Gerichtsbarkeit, Bielefeld 1961 (Anschlußbeschwerde)

Fischer, Otto: Recht und Rechtsschutz, Eine Förderung der Grenzgebiete zwischen Privatrecht und Zivilprozeß, Berlin 1889 (Recht).

Fitting, Hermann: Der Reichs-Civilprozeß, 13. Aufl., Berlin 1907 (Lb).

Fleiner, Fritz: Institutionen des Deutschen Verwaltungsrechts, 3. Aufl., Tübingen 1913 (Institutionen).

Förster-Kann: Die Zivilprozeßordnung für das Deutsche Reich, 2. Band. 3. Aufl., Berlin 1926.

Forsthoff, Ernst: Lehrbuch des Verwaltungsrechts, 1. Band, Allgemeiner Teil, 8. Aufl., München und Berlin 1961 (Lb).

Gaul, Hans Friedhelm: Die Grundlagen des Wiederaufnahmerechts und die Ausdehnung der Wiederaufnahmegründe, Bielefeld 1956 (Wiederaufnahme).

Geib, Otto: Rechtsschutzbegehren und Anspruchsbetätigung im deutschen Zivilprozeß, München 1909 (Rechtsschutzbegehren).

Goldschmidt, James: Zivilprozeßrecht, 2. Aufl., Berlin 1932 (Lb).

— Der Prozeß als Rechtslage, Berlin 1925 (Rechtslage).

Goetzeler, Richard: Beiträge zur Lehre von der Nebenintervention nach geltendem und zukünftigem Rechte, Stuttgart 1937 (Nebenintervention).

Guldener, Max: Zwangsvollstreckung und Zivilprozeß, Basel 1955 (Zwangsvollstreckung).

Heffter, August Wilhelm: System des römischen und deutschen Civil- Prozeß rechts, 2. Aufl., Bonn 1843 (System).

Heim, Franz Felician: Die Feststellungswirkung des Zivilurteils, München 1912 (Feststellungswirkung).

Hein, Wolfgang: Duldung der Zwangsvollstreckung, Breslau 1911 (Duldung)

— Identität der Partei, Eine dogmatische Untersuchung mit Beiträgen zur Systematik des Zivilprozeßrechts und zur Lehre von der Urteilsnichtigkeit, Band 1, Berlin 1918 (Identität I), Band 2, Mannheim, Berlin, Leipzig 1925 (Identität II).

Hellwig, Konrad: Lehrbuch des Deutschen Zivilprozeßrechts, 1. und 2. Band Leipzig 1903 und 1907 (Lb I und II).

— Anspruch und Klagerecht, Jena 1900 (Anspruch).

— Die Verpfändung und Pfändung von Forderungen nach gemeinem Recht und der Reichs-Civilprozeßordnung, Leipzig 1883 (Forderungspfändung)

Hellwig-Oertmann: System des Deutschen Zivilprozeßrechts, 1. Teil, Leipzig 1912 (Hellwig-System), 2. Teil, Leipzig 1919 (Oertmann-System).

Henckel, Wolfram: Parteilehre und Streitgegenstand im Zivilprozeß, Heidelberg 1961 (Parteilehre).

Hirsch, Hans Christoph: Die Übertragung der Rechtsausübung, Teil 1, Berlin 1910 (Rechtsausübung).

Hölder, Eduard: Natürliche und juristische Personen, Leipzig 1905 (Personen).

Husserl, Gerhart: Rechtskraft und Rechtsgeltung, 1. Band: Genesis und Grenzen der Rechtsgeltung, Berlin 1925 (Rechtskraft).

Jaeger-Lent: Konkursordnung mit Einführungsgesetzen, Kommentar, 8. Aufl., Erster Band, Berlin 1958.

Jauernig, Othmar: Das fehlerhafte Zivilurteil, Frankfurt 1958 (Zivilurteil).

Jesch, Dieter: Die Bindung des Zivilrichters an Verwaltungsakte, Erlangen 1956 (Bindung).

Ihering, Rudolph von: Der Zweck im Recht, 1. Band, 5. Aufl., Leipzig 1916 (Zweck).

Kelsen, Hans: Reine Rechtslehre, Leipzig und Wien 1934 (Reine Rechtslehre).

Kisch, Wilhelm: Beiträge zur Urteilslehre, Leipzig 1903 (Urteilslehre).

Kleinfeller, Georg: Lehrbuch des Deutschen Zivilprozeßrechts, Berlin 1925 (Lb).

Klinger, Hans: Verwaltungsgerichtsordnung, 2. Aufl., Göttingen 1964.

Koch, C. F.: Der preussische Civilprozeß, Berlin 1848 (Lb preuss. CP).

Koehler, Alexander: Verwaltungsgerichtsordnung, Berlin und Frankfurt 1960.

Kohler, Josef: Pfandrechtliche Forschungen, Jena 1882 (Pfandrechtliche Forschungen).

Kormann, Karl: System der rechtsgeschäftlichen Staatsakte, Berlin 1910 (System).

Kralik, Winfried: Die Vorfrage im Verfahrensrecht, Wien 1953 (Vorfrage).

Kries, August von: Die Rechtsmittel des Zivilprozesses und Strafprozesses nach den Bestimmungen der Deutschen Reichsgesetze, Breslau 1880 (Rechtsmittel).

Krusch, Walter: Das Wesen des Vergleichs zur Abwendung des Konkurses, Mannheim-Berlin-Leipzig 1933 (Vergleich).

— Seite und Einheit, Grundfragen des Rechts, Tübingen 1962 (Seite und Einheit).

Kuntze, Werner: Ansprüche nach beendeter unrechtmäßiger Zwangsvollstreckung, Berlin 1937 (Vollstreckung).

Kunz, Romano: Über die Natur der Gemeinschaft zur gesamten Hand, Bern 1963 (Gesamthand).

Kuttner, Georg: Die privatrechtlichen Nebenwirkungen der Zivilurteile, München 1908 (Nebenwirkungen).

— Urteilswirkungen außerhalb des Zivilprozesses, München 1914 (Urteilswirkungen).

Lang, Julius Joseph Franz: Die Intervention nach den Grundsätzen des gemeinen deutschen Civilprozesses, Landshut 1826 (Intervention).

Langheineken, P.: Der Urteilsanspruch, Leipzig 1899 (Urteilsanspruch).

Larenz, Karl: Lehrbuch des Schuldrechts, Erster Band, Allgemeiner Teil, 7. Aufl., München und Berlin 1964 (Lb).

Lent-Jauernig: Zivilprozeßrecht, 10. Aufl., München und Berlin 1961 (Lb).

— Zwangsvollstreckungs- und Konkursrecht, 9. Aufl. 1963 (Lb).

Linde, Justus Timotheus: Handbuch des deutschen gemeinen bürgerlichen Prozesses, 5. Band, Giessen 1840 (Rechtsmittel II).

Lipsius, Hermann: Das attische Recht und Rechtsverfahren, Dritter Band, Leipzig 1915 (Attisches Recht).

Lux, Walter: Die Notwendigkeit der Streitgenossenschaft, München 1906 (Streitgenossenschaft).

Mainka, Johannes: Vertrauensschutz im öffentlichen Recht, Bonn 1963 (Vertrauensschutz).

Martin, Arno: Pfändungsrecht und Widerspruchsklage im Verteilungsverfahren, Bielefeld 1963 (Verteilungsverfahren).

Martin, Christoph: Lehrbuch des Teutschen gemeinen bürgerlichen Prozesses, 4. Aufl., Göttingen 1812 (Lb).

Maunz-Dürig: Grundgesetz, Kommentar, Band 2, München und Berlin 1964.

Maurer, G. L.: Geschichte des altgermanischen und namentlich altbaierischen öffentlich-mündlichen Gerichtsverfahrens, Heidelberg 1824 (Altgerm. Prozeß).

Meister, Karl: Die Veräußerung im Streit befangener Sachen und die Abtretung rechtshängiger Ansprüche nach § 265 ZPO, Leipzig 1911 (Veräußerung).

Mendelssohn-Bartholdy, Albrecht: Die Grenzen der Rechtskraft, Leipzig 1900 (Rechtskraft).

Menger, Christian: System des verwaltungsgerichtlichen Rechtsschutzes, Tübingen 1954 (System).

Mentzel-Kuhn: Kommentar zur Konkursordnung, 7. Aufl., Berlin und Frankfurt 1962.

Merkl, Adolf: Allgemeines Verwaltungsrecht, Wien-Berlin 1927 (Verwaltungsrecht).

— Die Lehre von der Rechtskraft, Leipzig und Wien 1923 (Rechtskraft).

Mittermaier, C. J. A.: Der gemeine deutsche bürgerliche Prozeß, 3. Beitrag, 2. Aufl., Bonn 1832 (Mittermaier Lb III).

Müller, Wilhelm: Die Wirksamkeit des Pfändungspfandrechts, Berlin 1907 (Pfändungspfandrecht).

Neukamp, E.: Handkommentar zur Zivilprozeßordnung nebst Einführungsgesetzen, 2. Aufl., Leipzig 1911.

Niese, Werner: Doppelfunktionelle Prozeßhandlungen, Göttingen 1950 (Prozeßhandlungen).

Nikisch, Arthur: Zivilprozeßrecht, 2. Aufl., Tübingen 1952 (Lb).

Nussbaum, Arthur: Die Prozeßhandlungen, ihre Voraussetzungen und Erfordernisse, München 1908 (Prozeßhandlungen).

Oetker, Friedrich: Konkursrechtliche Grundbegriffe, Band I: Die Gläubiger, Stuttgart 1891 (Grundbegriffe I).

Pagenstecher, Max: Prozeßprobleme, Mannheim-Berlin-Leipzig 1930 (Prozeßprobleme).

— Zur Lehre von der materiellen Rechtskraft, Berlin 1905 (Rechtskraft).

Palandt, Otto: Bürgerliches Gesetzbuch, 24. Aufl., München und Berlin 1965.

Peters, Egbert: Der sogenannte Freibeweis im Zivilprozeß, Köln-Berlin 1962 (Freibeweis).

Petschek, Georg: Die Zwangsvollstreckung in Forderungen nach österreichischem Rechte, Wien 1901 (Forderungspfändung).

Planck, Julius-Wilhelm: Lehrbuch des Deutschen Civilprozeßrechts, 1. Band, Allgemeiner Teil, Nördlingen 1887 (Lb), 2. Band, Besonderer Teil, Nördlingen 1896 (Lb II).

— Die Mehrheit der Rechtsstreitigkeiten im Prozeßrecht, Göttingen 1844 (Rechtsstreitigkeiten).

Pohle, Rudolf: Pfändungsschutz für Lohn, Gehalt und ähnliche Bezüge nach den vom 1. Januar 1935 an geltenden Vorschriften, Berlin 1935 (Pfändungsschutz).

Puchta, W. H.: Handbuch des gerichtlichen Verfahrens in Sachen der freiwilligen Gerichtsbarkeit, 1. Teil, 2. Ausgabe, Erlangen 1831, (Freiw. Gerichtsbarkeit I).

Radbruch, Gustav: Rechtsphilosophie, Stuttgart 1956 (Rechtsphilosophie).

Reincke, O.: Die Zivilprozeßordnung, Berlin 1910.

Renaud, Achilles: Lehrbuch des gemeinen deutschen Civilprozeßrechts mit Rücksicht auf die neueren Civilprozeßgesetzgebungen, 2. Aufl., Leipzig-Heidelberg 1837 (Lb).

Rickert: Die Grenzen der naturwissenschaftlichen Begriffsbildung, 5. Aufl., Berlin 1929 (Grenzen).

Rosenberg, Leo: Lehrbuch des deutschen Zivilprozeßrechts, 9. Aufl., München und Berlin 1961 (Lb).

Sauer, Wilhelm: Allgemeine Prozeßrechtslehre, Berlin-Detmold-Köln-Minden 1951 (Prozeßrechtslehre).

— Grundlagen des Prozeßrechts, 2. Aufl., Stuttgart 1929 (Grundlagen).

Savigny, Friedrich Carl v.: System des heutigen Römischen Rechts, 6. Band, Berlin 1847 (System VI).

Schlieper, Herbert: Das Landgericht als Beschwerdeinstanz, Berlin-Leipzig-Wien 1942 (Beschwerde).

Schmidt, Reimer: Die Obliegenheiten, Karlsruhe 1953 (Obliegenheiten).

Schmidt, Richard: Lehrbuch des Deutschen Zivilprozeßrechts, 2. Aufl., Leipzig 1906 (Lb).

— Einführung in die Rechtswissenschaft, 2. Aufl., Leipzig 1923 (Einführung).

— Die Klageänderung, Leipzig 1888 (Klageänderung).

Schneider, K.: Über die richterliche Ermittlung und Feststellung des Sachverhalts im Civilprozeß, Leipzig 1888 (Sachverhaltsermittlung).

Schönke, Adolf: Das Rechtsschutzbedürfnis, Detmold, Frankfurt, Berlin 1950 (Rechtsschutzbedürfnis).

Schönke-Baur: Zwangsvollstreckungs-, Konkurs- und Vergleichsrecht, 7. Aufl., Karlsruhe 1963 (Lb).

Schultz, Rudolf: Das Verhältnis der Vollstreckungsbeschwerde zu der sofortigen Beschwerde des Vollstreckungsverfahrens, Berlin 1911 (Vollstreckungsbeschwerde).

Schwinge, Erich: Der fehlerhafte Staatsakt im Mobiliarvollstreckungsrecht, Neudruck Aalen 1963 der Auflage Mannheim 1930 (Staatsakt).

Seuffert, Johann Adam: Kommentar über die bayerische Gerichtsordnung, 2. Aufl., Erlangen 1853 (Bayerischer Civilprozeß).

Seuffert-Walsmann: Kommentar zur Zivilprozeßordnung, 1. und 2. Band, München 1932.

Simeon-David: Lehrbuch der freiwilligen und streitigen Gerichtsbarkeit, 14. und 15. Aufl., Berlin 1927 (Rechtsgang II).

Skonietzki-Gelpcke: Zivilprozeßordnung und Gerichtsverfassungsgesetz für das Deutsche Reich, Berlin 1911.

Sohm, Rudolf: Wesen und Voraussetzungen der Widerspruchsklage, Leipzig 1908 (Widerspruchsklage).

Stein, Friedrich: Der Drittschuldner, Leipzig 1913 (Drittschuldner).

— Grundfragen der Zwangsvollstreckung, Tübingen 1913 (Grundfragen).

— Über die Voraussetzungen des Rechtsschutzes insbesondere bei der Verurteilungsklage, Halle 1903 (Voraussetzungen).

Stein-Jonas-Schönke-Pohle: Kommentar zur Zivilprozeßordnung, begründet von Ludwig Gaupp, fortgeführt von Friedrich Stein und Martin Jonas. *18. Aufl.*, bearbeitet von Adolf Schönke, fortgeführt von Rudolf Pohle, 1. und 2. Band, Tübingen 1953/1956 (Stein-Jonas).
19. Aufl., bearbeitet von Rudolf Pohle, 1. Band, Tübingen 1964 (Stein-Jonas-Pohle).
(Die unterschiedliche Zitierweise beider Auflagen soll verdeutlichen, daß es sich bei der 19. Auflage — s. Vorwort das. — um eine vollständig neue, von Prof. Pohles eigenen Anschauungen geprägte Bearbeitung handelt.).

Stein-Juncker: Grundriß des Zivilprozeßrechts und Konkursrechts, 2. Aufl., Tübingen 1924 (Lb).

Struckmann-Koch: Die Zivilprozeßordnung für das Deutsche Reich, 9. Aufl., Berlin 1910.

Sydow-Busch-Krantz-Triebel: Zivilprozeßordnung und Gerichtsverfassungsgesetz, 2. Band, 21. Aufl., Berlin und Leipzig 1935.

Thomas-Putzo: Zivilprozeßordnung, München und Berlin 1963.

Tinner, Rudolf: Das rechtliche Gehör, Basel 1964 (Rechtliches Gehör).

Tuhr, Andreas von: Allgemeiner Teil des Bürgerlichen Gesetzbuchs, 1. Band, Berlin 1910 (Lb).

Unger, Joseph: System des österreichischen allgemeinen Privatrechts, 2. Band, Leipzig 1892 (System).

Vangerow, Karl Adolf: Leitfaden für Pandecten-vorlesungen, Band I, 1. Abteilung, 3. Aufl., Marburg-Leipzig 1845 (Pandekten).

Wach, Adolf: Vorträge über die Reichs-Civilprozeßordnung, 2. Aufl., Bonn 1896 (Vorträge).

— Der Feststellungsanspruch, Leipzig 1889 (Feststellungsanspruch).

Wach-Laband: Zur Lehre von der Rechtskraft, Leipzig 1899 (Rechtskraft).

Walsmann, Hans: Die Voraussetzungen der Zwangsvollstreckung in das Eingebrachte und das Gesamtgut, Leipzig 1904 (Voraussetzungen).

— Die streitgenössische Nebenintervention, Leipzig 1905 (Nebenintervention).

— Rechtsstreit und Vollstreckung, Leipzig 1936 (Vollstreckung).

— Die Anschlußberufung, Leipzig 1918 (Anschlußberufung).

Weigelin, Ernst: Das Pfändungspfandrecht an Forderungen nach heutigem deutschen Recht, Stuttgart 1899 (Forderungspfandrecht).

Weismann, Jakob: Lehrbuch des deutschen Zivilprozeßrechts, Band 2, Stuttgart 1905 (Lb II).

Westermann, Harry: Sachenrecht, Ein Lehrbuch, 4. Aufl., Karlsruhe 1960 (Lb).

Wetzell, Georg Wilhelm: System des ordentlichen Civilprozesses, 1. Aufl., Leipzig 1861 (System).

Wieczorek, Bernhard: Zivilprozeßordnung und Nebengesetze auf Grund der Rechtsprechung kommentiert, Band IV, Teil 2, Berlin 1958.

Windscheid, Bernhard: Lehrbuch des Pandektenrechts, 1. Band, 9. Aufl., bearbeitet von Theodor Kipp, Frankfurt 1906 (Pandekten I).

Wolff, Hans Julius: Verwaltungsrecht I, Ein Studienbuch, 5. Aufl., München und Berlin 1963 (Verwaltungsrecht Lb).

Wolff, Martin: Die Zwangsvollstreckung in eine dem Schuldner nicht gehörige bewegliche Sache, Berlin 1905 (Sonderdruck aus der Festgabe für Bernhard Hübler) (FS Hübler).

Wolff-Raiser: Lehrbuch des bürgerlichen Rechts, 3. Band, Sachenrecht, 10. Bearbeitung, Tübingen 1957 (Lb).

Wrede, R. A.: Das Zivilprozeßrecht Schwedens und Finnlands, Berlin-Leipzig 1924 (Lb).

Wurzer, Gustav: Nichturteil und nichtiges Urteil, Breslau 1927 (Nichturteil).

Zeuner, Albrecht: Die objektiven Grenzen der Rechtskraft im Rahmen rechtlicher Sinnzusammenhänge, Tübingen 1959 (Obj. Grenzen).

Zöller, Richard: Zivilprozeßordnung, Kommentar, 9. Aufl., München 1958.

2. Aufsätze und Anmerkungen

Althammer, Walter: Zur Rechtskraftwirkung verwaltungsgerichtlicher Urteile, NJW 59, 2046 ff.

Arndt, Adolf: Das rechtliche Gehör, NJW 59, 6 ff

Bachof, Otto: Nachwort zu Fritz Gygis Aufsatz über den bernischen Anfechtungsprozeß, AöR 88, 424.

— Verwaltungsgerichtsbarkeit und Justiz unter besonderer Berücksichtigung des Bonner Grundgesetzes, SJZ 50, 163 ff.

— Justiz und Verwaltungsgerichtsbarkeit, ZZP 65, 1 ff.

— Anmerkung zu BGH JZ 53, 410 in JZ 53, 411.

Balog: Über das konstitutive Urteil, GrünhutZ 34, 123 ff.

Baumgärtel, Gottfried: Die Zulässigkeit der Wiederholung einer Beschwerde nach Erschöpfung des Instanzenzugs, JZ 59, 437 ff.

Baur, Fritz Zur Beschwer im Rechtsmittelverfahren des Zivilprozesses. In: Festschrift für Friedrich Lent, München und Berlin 1957, S. 1 ff.

Beitzke, Günter: Zur Vollstreckung ostzonaler Titel, JZ 58, 53 ff.

Bernhardt, Rudolf: Zur Anfechtung von Verwaltungsakten durch Dritte, JZ 63, 302 ff.

Bettelheim, Ernst: Vorfragen im Eingriffsstreite, GrünhutZ 34, 1 ff.

Bettermann, Karl August: Zur Beweislast im Verwaltungsprozeß, DVBl 57, 84 ff.

— Die Wiedereinweisung des verurteilten Räumungsschuldners als Rechtskraftproblem, MDR 50, 265 ff.

— Difformitätsprinzip und neuer Beschwerdegrund, ZZP 77, 3 ff.

— Gewerberechtliche Nachbarklage? NJW 61, 1097.
— Über die materielle Rechtskraft verwaltungsgerichtlicher Urteile, MDR 54, 7 ff.
— Über die Beiladung im Verwaltungsstreitverfahren oder vom Nutzen der Prozeßvergleichung und einer allgemeinen Prozeßrechtslehre, DVBl 51, 39 ff.
— Wesen und Streitgegenstand der verwaltungsgerichtlichen Anfechtungsklage, DVBl 53, 163 ff., 202 ff.
— Die freiwillige Gerichtsbarkeit im Spannungsfeld zwischen Verwaltung und Rechtsprechung. In: Festschrift für Friedrich Lent, München und Berlin 1957, S. 17 ff.
— Verwaltungsakt und Richterspruch. In: Gedächtnisschrift für Jellinek 1955, S. 384 ff.

Bley, Erich: Anmerkung zu KG JW 33, 1779 das.

Blomeyer, Arwed: Einzelanspruch und gemeinschaftlicher Anspruch von Miterben und Miteigentümern, Archiv für civilistische Praxis 159, 385 f.
— Zum Urteilsgegenstand im Leistungsprozeß. In: Festschrift für Lent, München und Berlin 1957, S. 43 ff.
— Rechtskrafterstreckung infolge zivilrechtlicher Abhängigkeit, ZZP 75, 1 ff.

Blomeyer, Karl: Bemerkungen zu neueren Schriften über das Zivilprozeßrecht und über die Zivilprozeßreform, Arch.Sächs.Rpfl. 1931, 161 ff.

Böhmer, Emil: Gläubiger, Schuldner und Dritte, MDR 63, 96 ff. Die Hereinnahme Dritter in den „Schutzbereich" eines Vertrages — eine Fehlkonstruktion! MDR 62, 345 ff.

Bötticher, Eduard: Inwieweit sichern die Art 102 ff. der Reichsverfassung die Unabhängigkeit des Richters und den Rechtsweg? ZZP 51, 201 ff.
— Buchbesprechung von Jaeger, Konkursordnung, ZZP 71, 314 ff.
— Buchbesprechung von Arwed Blomeyers Zivilprozeß-Lehrbuch, ZZP 77, 428 ff.
— Abänderbarkeit und Rechtskraft im Funktionsbereich der Freiwililgen Gerichtsbarkeit, JZ 56, 582 ff.
— Anmerkung zu OLG Celle MDR 63, 932, das. 933 ff.
— Besinnung auf das Gestaltungsrecht und das Gestaltungsklagerecht. In: Festschrift für Hans Dölle, Tübingen 1963, Band 1, S. 41 ff.
— Die Bindungen der Gerichte an Entscheidungen anderer Gerichte. In: Festschrift zum hundertjährigen Bestehen des Deutschen Juristentages, Karlsruhe 1960, Band 1, S. 511 ff. (FS Juristentag).

Brecht, H.: Wann ist der Arbeitgeber berechtigt und verpflichtet, als Drittschuldner Rechtsmittel gegen Lohnpfändungsbeschlüsse einzulegen? BB 52, 859 ff.

Brox, Hans: Der Schutz der Rechte Dritter bei zivilgerichtlichen Gestaltungsurteilen, FamRZ 63, 392 ff.
— Anmerkung zu OLG Hamburg JZ 60, 749, 751 ff. das.

Bruns, Hans-Jürgen: Erlaubt die Rechtskraft des Strafbefehls die zusätzliche Verfolgung nachträglich eingetretener strafschärfender Tatfolgen? JZ 60, 585 (589).
— Bindet die Rechtskraft deklaratorischer Urteile der Zivil- und Verwaltungsgerichte auch den Strafrichter? In: Festschrift für Lent, München und Berlin 1957, S. 107 ff.

Bruns, Rudolf: Zur Struktur des Prozesses. In: Festschrift für Walter Schmidt-Rimpler, Karlsruhe 1957, S. 237 ff.

— Buchbesprechung von Rosenbergs Zivilprozeßlehrbuch, AcP 151, 187 ff.

Bülow, Oskar: Klage und Urteil, ZZP 31, 191 ff.

Bülow, Arthur: Besprechung von Bruns' Zwangsvollstreckungsrecht, AcP 152, 285 ff.

Cohn, Fritz E.: Kann der rechtskräftig abgelehnte Antrag auf Anordnung eines Arrestes oder Erlaß einer einstweiligen Verfügung auf Grund desselben Sachverhalts erneut gestellt werden? JW 15, 1421 ff.

Dölle, Hans: Neutrales Handeln im Privatrecht. In: Festschrift für Fritz Schulz, 2. Band Weimar 1951, S. 268 ff.

— Die sachliche Rechtskraft der Gestaltungsurteile, ZZP 62, 218 ff.

Dörffler, Wolfgang: Verwaltungsakte mit Drittwirkung, NJW 63, 14 ff.

Donau, Helmut: Prozeßstandschaft und Streithilfe im Vollstreckungsschutzverfahren, NJW 55, 412 ff.

Drechsler, Friedrich: Über die Begriffe „Civilprozeß" und „Rechtsstreit" und ihr Verhältnis zu den sog. Reichsjustizgesetzen, AcP 62, 405 ff.

Ekelöf, Per: Das rechtliche Interesse als Interventionsgrund. In: Festschrift für Hedemann, Jena 1938, S. 206 ff.

Esser, Josef: Heinrich Lehmann und die Lehre vom Prozeßvergleich. In: Festschrift für Heinrich Lehmann, 2. Band, Berlin 1956, S. 713 ff.

Fabian: Die Rechtstellung des Drittschuldners, der trotz Forderungspfändung gutgläubig leistet, JW 14, 451 ff.

Fischer, Otto: Kompetenzkonflikt gegenüber einem Zwangsvollstreckungsverfahren, Recht 1910, Sp. 184.

Fitting, Hermann: Über die Folgen von Mängeln des Verfahrens, ZZP 11, 1 ff.

Flechtheim, J.: Die Zwangsvollstreckung in Forderungen aus gegenseitigen Verträgen, ZZP 28, 262 ff.

Förster, A.: Zur Auslegung des § 739 der C.P.O., AcP 75, 140.

Francke, W. Chr.: Sachpfändung und Gegenverfahren mit besonderer Rücksicht auf die ehegüterrechtlichen Vermutungen, ZZP 29, 86 ff.

— Widerspruch Dritter gegen Zwangsvollstreckungen der deutschen Civilprozeßordnung, ZZP 5, 203 ff.

— Das Wesen der Widerspruchsklage, ZZP 38, 361 ff.

— Die Entstehung des Pfandrechts an gepfändeten Sachen, ZZP 36, 308 ff.

Friesenhahn, Ernst: Über Begriffe und Arten der Rechtsprechung unter besonderer Berücksichtigung der Staatsgerichtsbarkeit nach dem Grundgesetz und den westdeutschen Landesverfassungen. In: Festschrift für Richard Thoma, Tübingen 1950, S. 21 ff.

Fromm, Günter: Verwaltungsakte mit Doppelwirkung, Verw. Arch. 1965, S. 26 ff.

Furtner, Georg: Die Beschwerdeberechtigung im Verfahren nach dem Gesetz über die freiwillige Gerichtsbarkeit, JZ 61, 526 ff.

Gaul, Hans Friedhelm: Materielle Rechtskraft, Vollstreckungsabwehr, zivilrechtliche Ausgleichsansprüche, JuS 62, 1 ff.

Geib, Otto: Die Zwangsvollstreckung ins eingebrachte Gut insbesondere nach 741 C.P.O., AcP 94, 317 ff.

Gerau: Über die Trennung der Urteilsvollziehung von der Urteilsfällung, Zeitschrift für Civil- und Prozeßrecht (Neue Folge) 6, 357 ff.

Gerlach: Über die Zulässigkeit einer Vernehmung der gütergemeinschaftlichen Ehefrau als Zeugin in dem von ihrem Ehemann geführten Prozeß, ZZP 22, 386 ff.

Gernhuber, Joachim: Drittwirkungen im Schuldverhältnis kraft Leistungsnähe. In: Festschrift für Arthur Nikisch, Tübingen 1958, S. 249 ff.

— Gläubiger, Schuldner und Dritte, JZ 62, 553 ff.

Götz, Heinrich: Die innerprozessuale Bindungswirkung von Urteilen im Zivil-, Arbeits- und Verwaltungsprozeß, JZ 59, 681 ff.

Habscheid, Walter J.: Schiedsverfahren und Freiwillige Gerichtsbarkeit, ZZP 66, 188.

— Beschwer des verurteilten Beklagten bei nicht vollstreckungsfähigem Leistungstitel? NJW 64, 234.

— Zum Streitverfahren der Freiwilligen Gerichtsbarkeit, JZ 54, 689 ff.

— Besprechung der 19. Aufl. des Kommentars zur ZPO von Stein-Jonas-Pohle, FamRZ 64, 479 ff.

Haueisen, Fritz: Das Verhältnis von Norm und Verwaltungsakt und seine Bedeutung für Klage und Urteil, DVBl 59, 793 ff.

— Unterschiede in den Bindungswirkungen von Verwaltungsakt, öffentlich-rechtlichem Vertrag, gerichtlichem Vergleich und Urteil, NJW 63, 1329 ff.

Hein, Arno: Ist die Arglisteinrede in den Verfahren nach § 766 und § 765 a ZPO in der Mobiliarvollstreckung in die eigene Abzahlungssache zulässig? ZZP 69, 231 ff.

Heinsheimer: Das Zweiparteienprinzip in Prozeß und Vollstreckung. In: Festschrift für Adolf Wach, Band 3, Leipzig 1913, S. 125 ff.

Heintze, Reinhard: Der vorläufige Rechtsschutz Dritter gegenüber genehmigenden Verwaltungsakten, NJW 63, 1430 ff.

Hellwig, Konrad: Rechtskraft und Einrede der Arglist, Recht 1910, 712 ff.

Henckel, Wolfram: Parteibegriff und Rechtskrafterstreckung, ZZP 70, 448.

Hoffmann, Heinrich: Die Rechtsschutzbehauptung im Verwaltungsprozeß, Verw. Arch. 1962, 297 ff.

Hölder, Eduard: Ist der Handlungsunfähige ein Subjekt rechtlicher Macht? In: Festschrift der Deutschen Juristenzeitung zum 500jährigen Jubiläum der Universität Leipzig, Sp. 178 ff.

— Zur Lehre vom Klagerecht, JJb 51, 315 ff.

— Zur Lehre von der Wollensbedingung, JJb 56, 147 ff.

Jagusch, Heinrich: Über das rechtliche Gehör im Strafverfahren, NJW 59, 265.

Jauernig, Othmar: Auswirkungen von Treu und Glauben im Prozeß und in der Zwangsvollstreckung, ZZP 66, 415 ff.

Josef, Eugen: Die materielle Rechtskraft der Entscheidungen im Streitverfahren der freiwilligen Gerichtsbarkeit im Gegensatz zu der der Urteile in bürgerlichen Rechtstreitigkeiten, ZZP 31, 71.

Jonas, Martin: Der § 840 ZPO gibt dem Gläubiger gegen den Drittschuldner einen selbständigen Anspruch und damit die Klage auf Auskunftserteilung bzw. Beantwortung der darin gestellten Fragen, JW 37, 210 ff.

Jonas, Martin: Anmerkung zu RAG JW 36, 686, das. S. 687 f.

Kamm: Beschwerdeberechtigung in der freiwilligen Gerichtsbarkeit und Klagebefugnis im Verwaltungsprozeß, JuS 61, 146 ff.

Kelsen, Hans: Über Staatsunrecht, GrünhutZ 40, 1 ff.

Kipp, Theodor: Über Doppelwirkungen im Recht, insbesondere über die Konkurrenz von Nichtigkeit und Anfechtbarkeit. In: Festschrift für Martitz zum 50. Doktorjubiläum, Berlin 1911, S. 211 ff.

Kirchberger: Der rechtliche Charakter der Vorpfändung, ZZP 38, 461 ff.

Kleinfeller, Georg: Der Gegenstand der Rechtskraft. In: Festschrift für Adolf Wach, 2. Band, Leipzig 1913, S. 373 ff.

König, Hans-Günter: Der Grundsatz des rechtlichen Gehörs im verwaltungsbehördlichen Verfahren, DVBl 59, 189 ff.

Kohler, Josef: Prozeßhandlungen mit Civilrechtswirkung, ZZP 29, 1 ff.

— Der sogenannte Rechtschutzanspruch, ZZP 33, 211.

— Der Dispositionsnießbrauch, JJb 24, 187 ff.

— Recht und Prozeß, GrünhutZ 14, 1 ff.

— Über die Succession in das Prozeßrechtsverhältnis, ZZP 12, 97 ff.

— Vollstreckungsgegenklage und Simulation, AcP 80, 141 ff.

Kreiling Harald: Rechtsbehelfe gegen Beitreibungsmaßnahmen im Verwaltungsvollstreckungsrecht, NJW 63, 888 ff.

Krückmann: Besprechung von Mendelssohn „Rechtskraft", ZZP 30, 199 ff.

— Die materielle Urteilswirkung, ZZP 47, 1 ff.

— Nachlese zur Unmöglichkeitslehre, JJb 57, 1 ff.

Larenz, Karl: Zur Schutzwirkung eines Schuldvertrages gegenüber dritten Personen, NJW 60, 78 ff.

Lent, Friedrich: Zivilprozeß und freiwillige Gerichtsbarkeit, ZZP 66, 267 ff.

— Die Abgrenzung der Anspruchsmehrheit von der Mehrheit der Klaggründe, ZZP 57, 1 ff.

— Das Urteil auf Duldung der Zwangsvollstreckung, ZZP 70, 401 ff.

Lerche, Peter: Der Anspruch auf rechtliches Gehör, ZZP 78, 1 ff.

Lewald: Anmerkung zu LG Coburg NJW 49, 628 ff. das.

Linde, Justus Timotheus: Über die Appellation von Beiurtheilen, ZCuP 4, 1 ff.

Lotz: Von der Vollstreckung gerichtlicher Erkenntnisse, AcP 13, 432 ff.

Lüke, Gerhard: Die Übereignung der gepfändeten Sache durch den Gerichtsvollzieher, ZZP 67, 356 ff.

— Die Anwendung der bürgerlichrechtlichen Zessionsvorschriften auf die Forderungsübertragung durch Hoheitsakt, JZ 59, 270 ff.

— Die Prozeßführungsbefugnis, ZZP 76, 1 ff.

— Die Versteigerung der gepfändeten Sache durch den Gerichtsvollzieher, ZZP 68, 341 ff.

— Zur Rechtstellung des Drittschuldners bei der Forderungsübertragung durch Hoheitsakt, JuS 62, 418 ff.

— Grundsätze des Verwaltungsprozesses, JuS 61, 41 ff.

Mager, Heinrich: Zwangsvollstreckung von Amts wegen? MDR 59, 262 ff.

— Einheitliche Zwangsvollstreckung, DRiZ 60, 53 ff.

Markert, Kurt: Die Schadenshaftung des Warenherstellers gegenüber dem Verbraucher, BB 64, 231 ff.

Maxen: Die so. accessorische Intervention im Civilprozeß, ZCuP 21, 365 ff. (Neue Folge).

Meiss, Wilhelm: Zum Verhältnis von Zivilprozeß und Verwaltungsprozeß, ZZP 67, 169 ff.

Nessel: Der Interventionsprozeß in der Zwangsvollstreckungsinstanz im Geltungsbereiche des preußischen allgemeinen Landrechts, Gruch Beitr. 28, 83 ff.

Neumann-Duesberg: Die Abstammungs-Feststellungsklage, NJW 50, 14 ff.

Neuner, Robert: Die dogmatische Bedeutung der materiell-rechtlichen und prozessualen Rechtskrafttheorie, ZZP 54, 217 ff.

— Besprechung von Böttichers „Kritischen Beiträgen", AcP 134, 121 ff.

Niedeck: Über die Geltendmachung von Anträgen, Einwendungen und Erinnerungen gegen die Art und Weise der Zwangsvollstreckung gegenüber den Entscheidungen der Gerichte im Zwangsvollstreckungsverfahren, ZZP 18, 369 ff.

Niese, Werner: Über den Streitgegenstand der Anfechtungs- und Vornahmeklagen im Verwaltungsprozeß, JZ 52, 353 ff.

Nikisch, Arthur: Zur Lehre vom Streitgegenstand im Zivilprozeß, AcP 154, 271 ff.

Oehmann, Werner: Die Nachprüfung von Pfändungs- und Überweisungsbeschlüssen durch die Arbeitsgerichte, Arbeit und Recht 56, 16 ff.

Oertmann, Paul: Die Frage der Bereicherungshaftung des Vollstreckungsgläubigers bei Pfändung fremder Sachen, AcP 96, 1 ff.

Pagenstecher, Max: Ist das Pfändungspfandrecht ein akzessorisches Recht? GruchBeitr. 50, 274 ff.

— Besprechung von Nickischs Zivilprozeß-Lehrbuch, NJW 51, 702 ff.

Petermann, Gerhard: Fragen der Zwangsvollstreckung zur Erwirkung von Handlungen und Unterlassungen, Rpfl. 59, 309 ff.

Petschek, Georg: Besprechung von Müllers „Pfändungspfandrecht", ZZP 42, 381 ff.

Planck, G.: Die Bedeutung des § 740 der Civilprozeßordnung, DJZ 00, 77 ff.

Pohle, Rudolf: Der Bürger vor der Vielzahl der Gerichte. In: Festschrift für Willibalt Apelt 1958, S. 171 ff.

— Kann der Drittschuldner aus einem Pfändungsbeschluß die Pfändungsverbote der §§ 850 ff. ZPO entgegenhalten? JZ 62, 344 ff.

— Gedanken über das Wesen der materiellen Rechtskraft. In: Scritti Giuridici in memoria di Piero Calamandrei, Padova 1958, 2. Band, S. 377 ff.

— Zur rechtlichen Bedeutung der Erledigungserklärung nach deutschem Zivilprozeßrecht. In: Festschrift für Maridakis, Athen 1963, S. 427 ff.

— Vollstreckungsrechtliche Zweifelsfragen, JZ 54, 341 ff.

— Die Aufhebung der Haftanordnung im Offenbarungseidverfahren, MDR 52, 513 ff.

— Zur Lehre vom Rechtsschutzbedürfnis. In: Festschrift für Friedrich Lent 1957, S. 195 ff.

— Zur Beweislast im Internationalen Recht. In: Festschrift für Hans Dölle, Band II, 1963, S. 317 ff.

Pohle, Rudolf: Über die Rechtskraft im Zivil- und Strafprozeß, Österreichische Juristische Blätter 1957, 113 ff.

— Besprechung der 3. Aufl. von Rosenbergs „Beweislast", AcP 155, 165 ff.

— Zweifelsfragen des Neuen Beschlußverfahrens in Arbeitssachen. In: Festschrift für Alfred Hueck 1959, S. 175 ff.

— Anmerkung zu LG Wiesbaden JW 36, 1394, das. S. 1395.

— Anmerkung BAG JZ 55, 246 das.

— Anmerkung BAG AP § 322 ZPO Nr. 1.

— Anmerkung BAG AP § 850 ZPO Nr. 4.

— Anmerkung SAE 61, Nr. 4, S. 10.

— Prozeßführungsrecht und Rechtskrafterstreckung bei bedingten Veräußerungen. In: Festschrift für Lehmann, Berlin 1956, S. 738 ff.

Reinhardt: Die Vereinigung subjektiver und objektiver Gestaltungskräfte im Vertrage. In: Festschrift für Walter Schmidt-Rimpler 1957, S. 115 ff.

Röhl, Helmut: Das rechtliche Gehör, NJW 64, 273 ff.

Roller: Über Pfändungen von Forderungen an ausländische Drittschuldner, ZZP 10, 474 ff.

Roquette, Hermann: Vollstreckungsverträge, ZZP 49, 160 ff.

— Die Klagebefugnis bei Mietaufhebungsklagen, DRZ 49, 481 ff.

Rosenberg, Leo: Zur Lehre von der gewillkürten Prozeßstandschaft, JZ 52, 137 ff.

Roth-Stielow: Die verfassungs- und gesetzwidrige zweite Strafverfolgung nach vorausgegangener Verurteilung durch Strafbefehl, DAR 62, 13 ff.

Rudolph: Zur Lehre vom richterlichen Pfandrecht, JJb 20, 311 ff.

Rühl, Helmut: Die Zwangsvollstreckung, JW 31, 3512 ff.

— Besprechung von Schwinges „Fehlerhaftem Staatsakt in der Mobiliarvollstreckung", AcP 133, 251 ff.

Ruhstrat, Franz: Über Natur und Wirkung des Pfändungspfandrechts an Forderungen, ZZP 14, 451 ff.

Rupp, Hans Heinrich: Zur neuen Verwaltungsgerichtsordnung: „Gelöste und ungelöste Probleme", AöR 85, 301 ff.

Schiedermair, Gerhard: Anmerkung zu NJW 58, 277, das. S. 278.

Schlegelberger, Franz: Die Unabhängigkeit der Rechtspfleger. In: Festschrift des „Deutschen Rechtspflegers" aus Anlaß des Inkrafttretens des Rechtspflegergesetzes, Frankfurt 1957, S. 135 ff.

Schneider, K.: Das Beschlußverfahren und die Rechtskraft in privatrechtlichen streitigen Angelegenheiten der freiwilligen Gerichtsbarkeit, ZZP 29, 96.

Schneider, Rudolf: Die Prozeßführungsbefugnis des materiell Berechtigten — eine überholte Sachurteilsvoraussetzung? ZZP 77, 278 ff.

Schnorr von Carolsfeld: Internationalrechtliche Fragestellungen zur Dogmatik des Deutschen Zivilprozeßrechts. In: Festschrift für Lent 1957, S. 245 ff.

Schmidt-Rimpler, Walter: Grundfragen einer Erneuerung des Vertragsrechts, AcP 147, 130 ff.

Schröder, Horst: Die Bindung an aufhebende Entscheidungen im Zivil- und Strafprozeß. In: Festschrift für Nikisch, Tübingen 1958, S. 205 ff.

Schulz, Fritz: System der Rechte auf den Eingriffserwerb, AcP 105, 1 ff.

Schumann, Ekkehard: Das Versäumen von Rechtsbehelfsfristen durch einzelne notwendige Streitgenossen, ZZP 76, 381 ff.

Schwab, Karl Heinz: Rechtskrafterstreckung auf Dritte und Drittwirkung der Rechtskraft, ZZP 77, 124 ff.

— Bindung des Strafrichters an rechtskräftige Zivilurteile, NJW 60, 2169 ff.

Schwartz, Johann Christoph: „Absolute Rechtskraft" und heutiges Deutsches Recht. In: Festgabe für Heinrich Dernburg, Berlin 1900, S. 309 ff.

Sellmann: Entwicklung und Problematik der öffentlich-rechtlichen Nachbarklage im Baurecht, DVBl 63, 273 ff.

Siber, Heinrich: Zur Theorie von Schuld und Haftung nach Reichsrecht, JJb 50, 55 ff.

Simon, Heinrich Veit: Der Schutz des Drittschuldners bei der Pfändung von Forderungen, JW 14, 721.

Strauss, Walter: Das Rechtspflegergesetz, Rpfl. 57, 33 ff.

Strickrodt, Georg: Zum begünstigenden Verwaltungsakt. In: Festschrift für Apelt, München und Berlin 1958, S. 230 ff.

Tezner, Friedrich: Das Rechtskraftproblem im Verwaltungsrechte, Verw. Arch. 20, 102 ff.

Theuerkauf: Abänderung unanfechtbarer Verwaltungsakte und Drittinteresse, DVBl 64, 387 ff.

Thiesing: Zum Begriff des Rechtsverhältnisses bei der Feststellungsklage, JW 09, 158.

Ule, C. H.: Zum Verhältnis von Zivilprozeß und Verwaltungsprozeß, DVBl 54, 137 ff.

— Verfassungsrecht und Verwaltungsprozeßrecht, DVBl 59, 537 ff.

Voss: Über die civilrechtliche Natur der Einsprüche Dritter in der Executionsinstanz, Gruch Beitr. 23, 232 ff.

Wach, Adolf: Urteilsnichtigkeit, RheinZ 3, 373 ff.

Wacke, Gerhard: Gegenstand und Rechtskraft der verwaltungsgerichtlichen Klage, AöR 79, 158 ff.

Walsmann, Hans: Besprechung von Kuttners „Nebenwirkungen", ZZP 39, 545 ff.

Warncke: Entwicklung und Gestaltung des Rechtsschutzes im Deutschen Verwaltungsprozeß im Hinblick auf die Lehre vom Streitgegenstand. In: Festschrift für Lehmann, Band 2, Berlin 1956, S. 869 ff.

Wessel: Der Unpfändbarkeitseinwand des Drittschuldners gegenüber der Klage des Pfändungs- und Überweisungsgläubigers, ZZP 61, 62 ff.

Winterfeld, Achim: Das Verfassungsprinzip des rechtlichen Gehörs, NJW 61, 849 ff.

Wolff, Hans Julius: Die Nichtigkeit von Verwaltungsakten, MDR 51, 523 ff.

Zekorn: Der Einfluß der Nichtigkeitserklärung von Gesetzen durch das Bundesverfassungsgericht auf die Zwangsvollstreckung, ZZP 74, 401 ff.

3. Materialien

Die gesamten Materialien zur Civilprozeßordnung und den Einführungsgesetzen zu denselben vom 30. Januar 1877, herausgegeben von C. Hahn, 1. Abteilung, Band 2, Berlin 1880.

4. Dissertationen

Beseler, Hans Friedrich: Die materielle Rechtskraft von Verwaltungsakten, Münster 1962.

Behringer, Maximilian: Die Wirkungen der notwendigen Streitgenossenschaft, Erlangen 1962.

Braun, Hans Friedrich: Der Parteibegriff in der Zwangsvollstreckung, Mainz 1952.

Erkel, Günter: Die Stellung von Gläubiger, Schuldner und Drittschuldner bei der Zwangsvollstreckung in Forderungen unter besonderer Berücksichtigung von Prozeßstandschaft und Rechtskraft, Frankfurt 1956.

Gehring, Wolfgang: Das Rechtsschutzbedürfnis in der Zwangsvollstreckung, Tübingen 1951.

Götz, Heinrich: Urteilsmängel und innerprozessuale Bindungswirkung, Frankfurt 1956.

Hauck, Die Rechtskraftfähigkeit der Beschlüsse im Zivilprozeß, Heidelberg 1949.

Heintz, Peter Christian: Die Stellung gesetzlicher Vertreter beim prozessualen Offenbarungseid, München 1961.

Hirsch: Die Rechtskraft im Beschlußverfahren, Rostock 1935.

Hümmer, Erwin: Die Rechtskraft der Entscheidungen in der freiwilligen Gerichtsbarkeit, Erlangen 1958.

Holz, Hans: Die Einwendungen des Drittschuldners im Prozeß mit dem Vollstreckungsgläubiger, Heidelberg 1951.

Jung: Die Lohnpfändung, Zürich 1938.

Kuhn, Roland: Die Teilklage und Restklage, Leipzig 1933.

Lüke, Gerhard: Die öffentlichrechtliche Natur des Pfändungspfandrechts, Frankfurt 1952.

Luttner, Heinrich: Die Stellung des Drittschuldners bei der Zwangsvollstreckung in Forderungen, Erlangen 1950.

Pieper, Hellmut: Die materielle Rechtskraft der im Zwangsvollstreckungsverfahren ergehenden Beschlüsse, Mainz 1953.

Schäfer, Günter: Die materielle Rechtskraft der im Zwangsvollstreckungsverfahren ergehenden Beschlüsse, Heidelberg 1955.

Teske, Tilo: Die Revision wegen verfahrensrechtlicher Verstöße, Marburg 1962.

Weber, Heinrich: Rechtsverluste unbeteiligter Dritter in der Zwangsvollstreckung, Köln 1951.

Wieser, Eberhard: Das rechtliche Interesse des Nebenintervenienten, Würzburg 1963.

Register

FSC
www.fsc.org
MIX
Papier | Fördert
gute Waldnutzung
FSC® C083411

Kolibri 360 GmbH
Ferdinand-Jühlke-Straße 7
99095 Erfurt, Deutschland
produktsicherheit@kolibri360.de

Druck:
CPI Druckdienstleistungen GmbH
im Auftrag der
Kolibri 360 GmbH
Ferdinand-Jühlke-Str. 7
99095 Erfurt